अग्निलीक की अगिनकथा

(हृषीकेश सुलभ के उपन्यास 'अग्निलीक' पर केन्द्रित)

अग्निलीक की अगिनकथा

(हृषीकेश सुलभ के उपन्यास 'अग्निलीक' पर केन्द्रित)

सम्पादक

प्रकाश देवकुलिश

लोकभारती प्रकाशन

लोकभारती प्रकाशन
पहली मंज़िल, दरबारी बिल्डिंग, महात्मा गांधी मार्ग
प्रयागराज-211 001
वेबसाइट : www.lokbhartiprakashan.com
ईमेल : info@lokbhartiprakashan.com
शाखाएँ : 1-बी, नेताजी सुभाष मार्ग, दरियागंज
नई दिल्ली-110 002
अशोक राजपथ, साइंस कॉलेज के सामने
पटना-800 006
1, अनमोल सोराबजी सन्तुक लेन, धोबी तलाव,
मरीन लाइंस, मुम्बई-400 002

पहला संस्करण : 2025 **मूल्य :** ₹895

विकास कंप्यूटर एंड प्रिंटर्स
ट्रॉनिका सिटी-201 102
द्वारा मुद्रित

AGNILEEK KEE AGINKATHA
Edited by Prakash Devkulish

ISBN : 978-93-48229-42-7

जीवनसंगिनी रेणु
और
बेटी शाम्भवी के लिए

क्रम

अग्निलीक से गुज़रते हुए

'पत्थर-कट', 'वधस्थल से छलाँग', 'बँधा है काल', 'हलन्त', 'बसन्त के हत्यारे' जैसे कहानी संकलन के रचनाकार और 'अमली', 'बटोही', 'धरती आबा', जैसे नाटकों तथा बिदेसिया की रंगयुक्तियों का प्रयोग कर 'मृच्छ्कटिकम' की पुनर्रचना और 'मैला आँचल' का नाट्य रूपान्तर करने वाले नाटककार एवं रंग समीक्षक हृषीकेश सुलभ का पहला उपन्यास है—'अग्निलीक'। भगवती प्रसाद वाजपेयी ने कहा है—

> कथा-साहित्य यदि जीवन की अभिव्यंजना में जागरूक न हो, यदि वह मानवता का चिर जाग्रत रूप प्रदर्शित न करे, तो हम उसे और चाहे जो कुछ कहें, साहित्य नहीं कह सकते। उपन्यास इस अर्थ में जीवन का पूर्ण चित्र है। ...जीवन की धूप और छाया, कालरात्रि और वर्षा, निदाघ और उसका आतप हमारे लिए ही बना है, बना रहेगा। साहित्य में उपन्यास ही ऐसा क्षेत्र है, जिसमें जीवन के इस रूप की पूर्ण झाँकी हम पाते हैं।

घाघरा के तट पर बसे गाँवों के जीवन, उसमें स्वतंत्रता के पूर्व और पश्चात होने वाले विभिन्न समीकरणों के जोड़-घटाव, ग्रामीण परिवेश में स्थापित सामन्तशाही और उसके बदलते स्वरूप, वहाँ के पुरुषों का वर्चस्ववादी मिज़ाज और स्त्रियों की स्थितियों की विडम्बनाओं का एक सशक्त और जीवन्त रूप प्रस्तुत करता उपन्यास 'अग्निलीक' जीवन और समाज के अलग-अलग आयामों से सामना कराता है। यह उपन्यास पंचायती राज़ जैसी सुखद संकल्पना के पीछे मुखिया, सरपंच के चुनाव में चल रहे जातिगत एवं अल्पसंख्यक-बहुसंख्यक समीकरणों के खेल, धन और वैभव से प्रभावित होती सच्चाई आदि का सूक्ष्म विश्लेषण है। यहाँ घाघरा के किनारे बसे गाँवों देवली, मनरौली, अमरपुर आदि की कथा के बहाने भारतीय गाँवों के अन्दरूनी सच को उजागर किया गया है। जैसे किसी कहानी में व्यक्ति विशेष की कथा रखते हुए पूरे समाज का चित्र उकेर दिया जाता है, वैसे ही यहाँ अंचल विशेष को पात्र बना, उसकी कथा रखते हुए पूरे भारतीय ग्रामीण जीवन की पड़ताल कर दी गई है।

'अग्निलीक' उपन्यास की कहानी शुरू होती है देवली पंचायत के मुखिया लीलाधर यादव के छियासठवें जन्मदिन से, यानी सन् 2013 की एक रात से। उस दिन लीलाधर यादव अपने आठ वर्षीय पोते की ज़िद पर जन्म दिन मनाने पटना में अपने सबसे छोटे बेटे पवन सिंह यादव के यहाँ रहते हैं और लगभग डेढ़ हज़ार घर वाले ज़िला सीवान के गाँव देवली में उसी रात पास ही के गाँव मनरौली के शमशेर साँई की नृशंस हत्या हो जाती है।

यह जन्माष्टमी की रात है। देवली के लीलाधर यादव देवली पंचायत के मुखिया हैं और सरपंच हैं लगभग सौ घर वाले मनरौली गाँव के पैंतीस वर्षीय अकरम अंसारी। अकरम अंसारी ने कलाली चलाने वाले अधेड़ अच्छेलाल साह की जवान बीवी रेशमा से, जो हजामिन से अब कलवारिन बन गई है, नाजायज़ सम्बन्ध बना रखा है। वे अपनी रातें अक्सर रेशमा कलवारिन के यहाँ ही गुज़ारते।

तफ़्तीश के बाद ट्रैक्टर में लदी लाश के साथ दरोग़ा और अकरम अंसारी हसनपुरा थाना पहुँचते हैं। हसनपुरा के थानाध्यक्ष गरभू पांड़े अकरम अंसारी को राय करने के बहाने थाने के कमरे में बुलवाते हैं और अचानक उनके दोनों हाथ उमेठकर डाँड़ में खोंसी पिस्तौल निकलवाकर जब्त कर लेते हैं और शमशेर साँई की हत्या में उसके शामिल होने का आरोप लगाते हैं।

इधर लीलाधर यादव को पटना में ही सुबह-सुबह शमशेर साँई की हत्या की ख़बर मिलती है। बिहार विधानसभा के एम.एल.सी. सुरंजन चौधरी उनके समधी हैं। ये लोग बिहार के डी.जी.पी. से मिलते हैं, राय-बात करते हैं और लीलाधर यादव उस दिन देवली के लिए निकलने का कार्यक्रम स्थगित कर देते हैं।

मुखिया लीलाधर यादव का शमशेर से पुराना रिश्ता था। शमशेर साँई आपराधिक छवि वाला चुनावी गुर्गा था। इस वर्ष के चुनाव से पहले तक वह शेख़ बदरू के साथ जो सरपंच चुने जाते थे, लगा रहता था। शेख बदरू और लीलाधर में गहरी छनती थी। ज़ाहिर है शमशेर साँई भी लीलाधर यादव का मज़बूत हाथ बना रहता। लीलाधर के चलते यादव वोट और शेख़ बदरू के चलते मुसलमानों का वोट सरपंच और मुखिया दोनों के पक्ष में पड़ता। पूरे पंचायत पर दोनों मिल राज़ करते। पर पिछले चुनाव में अकरम अंसारी ने इस गणित को बदल दिया था। पसमांदा मुसलमान उसके पक्ष में आ गए थे और शमशेर साँई भी उसकी तरफ़ आ गया था जिसके कारण लीलाधर हारते-हारते जीत सके थे।

दूसरे दिन पटना से निकलकर लीलाधर यादव सीधे हसनपुर थाना पहुँचते हैं और थानाध्यक्ष गरभू पांड़े से मिलते हैं। थानाध्यक्ष उन्हें बताते हैं कि सरपंच अकरम अंसारी इस केस में फँस चुका है।

इधर असमंजस में पड़े अकरम अंसारी राहत के लिए रेशमा के पास चले गए। देर रात थानाध्यक्ष गरभू पांड़े ने देवली में रेशमा के घर छापा मारा।

रेशमा के साथ पड़े अकरम अंसारी को घसीटकर कमरे से बाहर सिपाहियों के हवाले किया और कमरे में पड़ी रेशमा की देह के साथ बनैले सूअर की तरह जो चाहे किया। पुलिस फ़ोर्स की एक दूसरी टीम ने अकरम अंसारी के गाँव मनरौली में छापा मारा।

इसके लगभग सात महीने बाद लीलाधर के यहाँ एक घटना घटी। लीलाधर की बीस वर्षीया पोती (दूसरे पुत्र भुवन की बेटी) रेवती घर से भागते हुए पकड़ी गई। रेवती सीवान में अपनी बुआ कुन्ती देवी के यहाँ रहकर बी.ए. की पढ़ाई कर रही थी। वह दो तीन दिनों के लिए देवली आई हुई थी। इस बीच मैट्रिक पास कर ठेकेदारी में व्यस्त रहने वाले उसके चचेरे भाई (लीलाधर के बड़े पुत्र रमन सिंह यादव के बेटे) सुजीत ने उसके मोबाइल से उसके प्रेम-प्रसंग की जानकारी पा ली और उसे केश पकड़कर घसीटते हुए पीटा। रेवती इसी प्रतिक्रिया में घर से भाग चली थी। आने पर रोती हुई रेवती ने रात अपनी परदादी जसोदा देवी, जिसे वह आजी कहकर पुकारती थी, की गोद में बिताई। बिसूरती रेवती को गोद में रखे जसोदा नइहर अमरपुर के पुराने दिनों में खो गईं, जहाँ उन्हें प्रेमी लीला साह दिखाई दिये, जसोदा सोचने लगीं प्रेम की यह नदी निरन्तर बहने वाली है, फिर इसमें रेवती का क्या दोष? दूसरे दिन जसोदा देवी ने घर के सभी लोगों के सामने लीलाधर से वचन लिया कि रेवती जितना पढ़ना चाहेगी, वे उसे पढ़ने देंगे और उसकी शादी बिना उसकी मर्ज़ी के नहीं की जाएगी। इस घटना के दूसरे दिन बिना किसी रोग-बीमारी के जसोदा देवी चल बसीं।

उपन्यास में इन सब घटनाओं के बीच पाठक को लगभग 65 वर्ष पीछे ले जाया जाता है जिससे वह जसोदा देवी के कौमार्य से लेकर उनके लीला साह से असफल प्यार के बाद अकलू यादव से उनके ब्याह की कहानी तथा परिस्थितिवश अकलू यादव के डकैत बन जाने और कुछ वर्षों बाद इसी डकैती में मारे जाने की कहानी भी जान पाता है। इस समय लीलाधर की उम्र लगभग 10 वर्ष थी। जसोदा देवी अमरपुर की थीं। उनका रामजस साह के बेटे लीला साह के साथ प्यार परवान चढ़ रहा था कि एक दिन घाघरा के किनारे उन दोनों को एक साथ जसोदा देवी के पिता राम आसरे यादव ने देख लिया। उसके बाद से जसोदा और लीला साह कभी न मिल सके और राम आसरे यादव ने पूरे जतन से उसी वर्ष वर खोजकर जसोदा देवी की शादी देवली के अकलू यादव से कर दी। लीला साह उस दिन के बाद एक-दो दिन गाँव में दिखे और फिर कहाँ लोप हो गए, पता न चला। दिल में पले इसी प्यार को जीवन-भर संजोने के लिए जसोदा देवी ने अपने पुत्र का नाम लीलाधर रखा था।

रेवती के प्रेम-प्रसंग की जानकारी के बाद सुजीत रेवती को अब पढ़ने के लिए बुआ कुन्ती देवी के यहाँ नहीं जाने देना चाहता था, पर परिवार के मौन विरोध के बाद भी

लीलाधर यादव ने पढ़ाई जारी रखने के लिए रेवती को कुन्ती के साथ सीवान भेज दिया। कुन्ती को अपने समय की याद ताज़ा हो आई जब देवली में स्कूल के शिक्षक मुचकुन्द शर्मा से उसके प्रेम-प्रसंग का आभास मिलते ही उसकी शादी करवा दी गई थी और एक रात मुचकुन्द शर्मा की स्कूल में ही हत्या कर दी गई थी। कुन्ती अभी तक जीवन में आए उस झंझावात को भूल नहीं पाई थी और उस बिरवे को भतीजी रेवती में फलते-फूलते देखना चाहती थी।

इधर शमशेर साँई की हत्या के क़रीब सोलह महीने बाद सरपंच अकरम अंसारी को ज़मानत मिली। लगभग हफ्ता दिन बाद अकरम अंसारी अच्छे साह की कलाली अर्थात रेशमा कलवारिन के यहाँ घुसने की कोशिश करने लगे। जब रेशमा अकरम से जेल में मिलने पहुँची थी, अकरम ने उसे दरोग़ा के साथ देह साझा कर ख़ुद को मुक्त कराने को कहा था, इस पर रेशमा ने क्रोध में भरकर अकरम को जेल में ही भला-बुरा कहा था और वह दिल में गाँठ बाँधकर बैठी थी। आज उसने अकरम को अन्दर घुसने से रोका और अकरम नहीं माने तो अचानक ही धक्का देकर अकरम को गिराकर ख़ूब पीटा, फिर अकरम को खींचकर रोड पर पटककर भी पीटा। पूरा देवली बाज़ार देखता रह गया।

रेवती की बी.ए. की परीक्षा ख़त्म होने वाली थी, तो दादा लीलाधर यादव कुन्ती (रेवती की बुआ) के घर आए और रेवती को परीक्षा के बाद वापस अपने घर देवली आने को कहा। पर रेवती ने बताया कि वह बी.ए. के बाद एम.ए. के साथ-साथ सिविल सर्विस की तैयारी करना चाह रही है, जिसके लिए दिल्ली नहीं तो पटना में रहकर पढ़ाई करनी होगी। अपने पोते सुजीत के मुखर विरोध के बावजूद लीलाधर ने अपने दामाद मनन चौधरी के साथ पटना जाकर रेवती को कोचिंग सेंटर में एडमिशन दिलाया और रहने की व्यवस्था एक प्राइवेट गर्ल्स हॉस्टल में कर दी। इसी कोचिंग सेंटर में मनोहर रजक ने भी एडमिशन लिया था। मनोहर रजक सीवान में रेवती के साथ पढ़ता था और कुन्ती देवी के यहाँ आता-जाता भी था। वह सुशील, विनम्र, मेधावी और परिश्रमी था। रेवती के साथ इसी मनोहर रजक का प्रेम-प्रसंग चल रहा था जिसे उसके चचेरे भाई सुजीत ने रेवती के मोबाइल से जान लिया था और रेवती को पीटा था, जिसकी चर्चा ऊपर की जा चुकी है। इस बीच रेशमा ने पति अच्छेलाल साह को मनाकर कलाली बन्द करवा दी और उसकी जगह 'रेशमा सिंगार स्टोर' खोल दिया, जो ख़ूब चल निकला। उसने मन्दिर के यज्ञ में ख़ूब दान भी दिया था और इधर पूरे नियम से छठ भी किया था। देवली के समाज में उसकी जगह बनती जा रही थी।

शमशेर साँई की हत्या को लगभग तीन साल बीत चुके थे, सन् 2016 आ चुका था और शमशेर साँई की हत्या की स्मृति धुँधली हो चुकी थी। इसी समय देवली-मनरौली पंचायत में चुनाव की अधिसूचना जारी हो गई और सरपंच तथा मुखिया दोनों ही

पद महिला के लिए आरक्षित घोषित हो गए। लीलाधर ने चाल चलते हुए रेशमा को सरपंच के लिए खड़ा किया तथा दामाद मनन चौधरी के साथ मिलकर रेवती को मुखिया पद के लिए चुनाव लड़ने को मना लिया। बड़े भावुक पल के बीच, यहाँ तक कि दादा-पोती के रुदन के बीच यह फ़ैसला हो सका।

देवली मन्दिर के सामने बड़ी चुनावी सभा हुई, और उसके बाद बड़ा भोज, पर इस पूरी गहमागहमी के बीच लीलाधर को अपना पोता सुजीत नज़र नहीं आ रहा था, जिससे लीलाधर चिन्तित थे। चुनाव की तैयारियाँ ज़ोर-शोर से चलती रहीं। चुनाव प्रचार के अन्तिम दिन की शाम लीलाधर एक फ़ोन पर आई सूचना से लड़खड़ाकर गिर पड़े। सूचना थी कि उनके पोते सुजीत ने पटना के लॉज में मनोहर रजक नाम के लड़के की गोली मारकर हत्या कर दी।

रेवती के सपने टूटकर बिखर गए, आजी जसोदा का झुर्रीदार चेहरा, उसमें जलधार की जगह भरे रेत के बीच मनोहर के गड्डमड्ड होते चेहरे को देखती रेवती की चीख़ उठी जो अग्निलीक की तरह धरती से आसमान की ओर चली गई।

इसके अतिरिक्त अकलू यादव के रामबरन सिंह की विधवा बहन रामझरी के साथ दैहिक सम्बन्ध (जिसके कारण अकलू झूठे मुकदमे में फँसे और प्रकारान्तर से डकैत बने), रेशमा के चन्दन तिवारी और पिंटु सिंह से सम्बन्ध, अकरम अंसारी के अपनी फूफीजाद बहन मुन्नी बी को रखैल बनाकर रखने, मुन्ने मियाँ और नबीहा के सफल प्रेम सम्बन्ध तथा शमशेर साईं की बेवा गुल बानो का रेशमा और मुन्नी बी से बनते रिश्ते की उपकथाएँ भी मुख्य कहानी के साथ बुनी हुई हैं।

मुख्य कथा महज़ तीन साल की है पर पूरे उपन्यास का वितान चार पीढ़ियों का है जो लगभग सौ वर्षों का है। यह उपन्यास का शिल्प है जो बार-बार पाठक को वर्तमान से अतीत के उथल-पुथल की ओर खींच लेता है और एक बड़े अन्तराल को महसूस करने और समझने को तैयार करता है।

उपन्यास में मुखर रूप से तीन धाराएँ चलती हैं—एक ओर है चार पीढ़ी गुज़र जाने के बाद भी स्त्रियों को प्रेम की स्वतंत्रता का अभाव, दूसरी ओर ग्रामीण परिवेश में लगभग सौ सालों में सामन्तशाही का एक वर्ग से दूसरे वर्ग में खिसकते जाना और तीसरी ओर है पूरी विपरीतताओं में परिस्थितियों की मारी स्त्रियों में पनपता बहनापा तथा पीढ़ी-दर-पीढ़ी स्त्री अस्मिता की क्रमशः पुख़्ता होती आवाज़।

उपन्यास के अन्त में रेवती की चीख़ जो अग्निलीक बन जाती है, वो लीक सच पूछा जाय तो एक पीढ़ी से लेकर चौथी पीढ़ी तक की एक ही कहानी की लीक है, वह कहानी है आगे बढ़ जाने के सारे दावों के बाद भी स्त्रियों के प्रेम की दुनिया पर पुरुषवादी वर्चस्व का ठप्पा। जब-जब स्त्री ने अपनी भावनाओं की दुनिया में साँस लेना चाहा उसे एक शर्त से गुज़रना पड़ा—यह भावना अपनी मान-मर्यादा के लिए परिवार और परिवार में पल रहे अहंकार के अनुकूल है या प्रतिकूल!

यदि प्रतिकूल है तो निर्ममता से उसे मटियामेट कर दिया जाएगा—वो चाहे अस्सी वर्ष पूर्व जसोदा के जीवन में आई सरसता हो या लगभग पचास वर्ष पूर्व कुन्ती के अन्दर फूटता प्रेम का बिरवा हो या आज सिविल सर्विस की तैयारी कर रही लड़की के जीवन में मादक सुगन्ध देता प्यार का पौधा हो। मर्यादा और इज़्ज़त की पुरुष की बनाई सीमा-रेखा ही कड़वा सच है जिसके उल्लंघन पर हत्या तक पहुँच जाना कोई बड़ी बात नहीं। उपन्यास में कुन्ती के प्रेमी—एक शिक्षक मुचकुन्द शर्मा और रेवती के प्रेमी सिविल सर्विस की तैयारी कर रहे होनहार युवक मनोहर रजक को जीवन से हाथ धो लेना पड़ता है। हृषीकेश सुलभ का यह उपन्यास आज भी लगातार हो रही ऑनर किलिंग की घटनाओं पर एक करारी चोट है।

ख़ास बात यह है कि यहाँ मामला सिर्फ़ इश्क़ का नहीं, बल्कि स्त्री के अपने स्व का भी है, तभी एक ओर जसोदा अपने पुत्र का नाम अपने प्रेमी लीला साह के नाम पर लीलाधर रखती है तो दूसरी ओर अपनी परपोती रेवती की पढ़ाई जारी रखने और बिना उसकी मर्ज़ी के शादी न कर देने का वचन लेकर संसार से विदा लेती है। उसी प्रकार कुन्ती भी रेवती के मन की स्वतंत्रता के संरक्षित होने का स्वप्न देखती है और रेवती को मानसिक बल देती है और जहाँ तक सम्भव है उसका साथ देती है—अपने जीवन में लगे अंकुश को वह इस तरह टूटते हुए देखना चाहती है। यह उपन्यासकार की विशेषता है कि उसने प्रेम-प्रसंग को कोरा भावुक मामला न रखकर स्त्री के स्वाभिमान से भी जोड़ा है।

सामन्ती सोच और जातिगत बन्धन पूरे समाज को एक अमरबेल की तरह जकड़े होता है। गाँवों में इनकी जड़ें और गहरी होती हैं। उदाहरणस्वरूप इस उपन्यास में चन्दन तिवारी, पिंटू सिंह, रामबरन सिंह, सुजीत जैसे कई चरित्र हैं। सोलह-सत्रह साल की रेशमा हजामिन जब दो साल के अन्दर गंडक पार के सत्तर साल के बूढ़े पति को छोड़कर अपने नइहर टंड़वा भाग आई थी, तो गाँव के चन्दन तिवारी से उसका मेल-जोल बढ़ा और दबदबा दिखाते हुए चन्दन तिवारी 'छाती तान के खड़े हो गए'। रेशमा भी बेधड़क चन्दन तिवारी के यहाँ घुस जाती। सामन्ती सोच के चन्दन तिवारी ने उसे इतनी छूट दे रखी थी कि "तिवारी की जनाना और बड़की तिवराइन माथ झुका के देखती रह जातीं"। इतना ही नहीं एक दिन जब रेशमा को उन लोगों ने टोक दिया तो "चन्दन तिवारी ने उस दिन अपनी जनाना को इतना मारा कि गोपालपुर से डॉक्टर बुलाना पड़ा।" स्त्री पर ये आधिपत्य गाँव में बार-बार देखने को मिलता है। रेशमा जब अच्छेलाल साह की पत्नी बनकर देवली आई तब भरा पूरा परिवार रहते हुए पिंटू सिंह रेशमा के साथ गुलछर्रे उड़ाने लगे, पर जब 'बबुआन टोला के रामबरन सिंह के पोता पिंटू सिंह को विस्थापित कर अकरम अंसारी रेशमा कलवारिन की सेज पर जा बसे'...तो "मन मारकर रह गए थे पिंटू सिंह। उनका जी कर रहा था कि भरे देवली बाज़ार में रेशमवा का झोंटा पकड़कर

खींचें और उसकी साड़ी खींचकर उसे लँगटे घुमाएँ पर...।" पर बदलते ज़माने के चलन ने उन्हें आगे नहीं बढ़ने दिया। ये पूरा रूप एक सामन्ती चरित्र का चित्र खींचता है। देवली के बबुआन टोला के रामबरन सिंह द्वारा अकलू यादव को डकैती के झूठे केस में फँसाकर सात साल जेल की सज़ा दिलवा देना भी सामन्तशाही का ही नमूना है, जो गाँवों में अक्सर देखने मिल जाता है। हृषीकेश सुलभ ऐसी कथा रचते हैं कि अभिप्रेत स्वयं दिखाई पड़ने लगता है और पाठक तक सम्प्रेषित हो जाता है। वर्चस्व और दबदबे का यह सिलसिला एक वर्ग तक सीमित नहीं रहता। गाँव के राजपूतों, ब्राह्मणों, कायस्थों की बदलती स्थिति वर्चस्व के केन्द्र को एक जगह से दूसरी जगह खिसका देती है—

> यादवों सहित देवली और मनरौली की पिछड़ी जातियों और मुसलमानों के नेता के रूप में उभरे लीलाधर यादव। अपने समरस व्यवहार और अपनी मधुर बोली-बानी के चलते ब्राह्मण वोटों में भी उन्हें हिस्सा मिला। राजपूतों की ऐंठ और बात-बेबात फ़ौजदारी करने पर उतारू रहने की आदत के कारण ब्राह्मणों के कई परिवार भीतर ही भीतर लीलाधर के पक्ष में थे। जी खोलकर दान-दक्षिणा देने वाले देवली के कायस्थ खेती-बाड़ी और घर-दुआर बेचकर शहर जा बसे थे। राजपूतों के पास अब ख़ाली जीभ बच गई, जो कतरनी की तरह चलती थी। ...सन् अठहत्तर के चुनाव में राजपूतों से गठबन्धन के बावजूद कई ब्राह्मण परिवारों का वोट लीलाधर के हिस्से में आया। (पृ. 91)

इस तरह सत्ता का केन्द्र एक वर्ग से दूसरे वर्ग की ओर आने लगा। सत्ता और आधिपत्य के इस बदलाव के बावजूद सामन्तशाही का चरित्र वही रहा। सुलभ अपने उपन्यास में इसे रेखांकित करने में सफल दिखते हैं।

शमशेर साँई की हत्या के बाद उसकी बेवा गुल बानो रोज़ आधी रात सँपही नदी के किनारे विलाप करते-करते थक चुकी थी। इधर रेशमा कलवारिन थानाध्यक्ष गरभू पांड़े द्वारा रेड के दिन उसके शरीर के साथ किये अत्याचार से टूट चुकी थी। रेशमा ने गुप्त सन्देश भेजकर गुल बानो को बुला भेजा था। एक दिन साँझ के झुटपुटे के बाद गुल बानो रेशमा से मिलने पहुँची। दुख के मारे दोनों एक-दूसरे से मिले। साथ रोना हुआ, बिना ज़्यादा बोले दोनों ने एक-दूसरे से बातें कीं—

> उस दिन रेशमा कलवारिन के सामने बिना कुछ कहे-सुने बिलख-बिलख कर रोती रही थी गुल बानो। आँसुओं से तरबतर उसके ताँबई चेहरे को रेशमा ने छाती से सटा लिया था और उसके उलझे केशों को बिना कुछ बोले सहलाती रही थी। (पृ. 113)

गुल बानो के वहाँ से जाते समय रेशमा ने उसे जबरन खेती-बाड़ी के लिए कुछ रुपये दिये तथा एक गाय भी देने का वादा किया, कहा—"इसे बहिन का प्यार समझना...और कुछ नहीं।" इधर अकरम अंसारी की बीवी नाज़ बेगम ने जब अकरम की रखैल, मुन्ने मियाँ की बहन बेवा मुन्नी बी को घर से निकाल बाहर किया और वह रात भर सँपही नदी के किनारे पड़ी रही, फिर सुबह जब साहेब साँई (शमशेर साँई के अब्बा) ने नदी किनारे पड़ी एक जवान औरत को देखा, उसे दया आ गई और उसने उसे अपने घर पनाह दे दी। गुल बानो ने मुन्नी बी के यहाँ आने को इस तरह लिया—

> मेरे नसीब से मेरे घर आई है। मुझ करमजली के नसीब में साथ रहने वाला कोई अपना-पराया लिखा ही नहीं था अल्ला मियाँ ने। ...पर अब विपत की घड़ी में किसी को जब भेज दिया है, तो यह अल्ला मियाँ की मेहरबानी ही है। (पृ. 119)

मुन्नी बी ने घर के कई काम-काज सँभाल लिये और उसमें और गुल बानो में बहनापा बढ़ता गया। यहाँ तक कि जब मुन्नी बी से गुल बानो के देवर नौशेर साँई ने निकाह कर लिया और मुन्नी बी से बातों-बातों में गुल बानो को पता लगा कि मुन्नी बी की कुँआरे में ही अकरम से ठहरे गर्भ को गिराने में बच्चादानी ही निकाल दी गई है और वो माँ नहीं बन सकती, तो एकबारगी तो गुल बानो इस बात को बर्दाश्त नहीं कर पाई, उसे अपने गर्भ में बच्चे के मर जाने के बाद माँ बनने की अपनी कूवत नष्ट हो जाना याद हो आया, पर तुरत ही उसने अपने को सँभाला और बोल उठी—

> मुन्नी बी, ये अल्ला मियाँ भी ग़ज़ब का खिलाड़ी है! देखो, कैसे एक जैसी दो दुखियारियों को एक ही धागे में बाँध दिया। किसका दुख बड़ा और किसका छोटा? किस बाट और किस तराजू से कौन तौलेगा इस दुख को?...अब हमीं दोनों को जीना-मरना और निभाना है एक साथ। (पृ. 196)

विपत्ति भरे दिनों में गुल बानो का मुन्नी के साथ और रेशमा का गुल बानो के साथ आकार लेता सम्बन्ध रिश्तों का ऐसा त्रिकोण बनाता है जो प्रकारान्तर से स्त्री शक्ति को स्थापना देता है। परिस्थितियों की मारी इन तीनों स्त्रियों के बीच भावनाओं की क़द्र का यह रूपांकन इस उपन्यास की अतिरिक्त शक्ति है।

जसोदा से कुन्ती और फिर कुन्ती से रेवती तक आते-आते प्रेम चुप्पी और घुटन तोड़कर अभिव्यक्त होने लगता है। छली जाती और हवस का शिकार होती रेशमा अन्त में उग्र हो जाती है और नये जीवन की ओर क़दम बढ़ाने में सफल होती है।

इस तरह तीन अलग-अलग आयामों को स्वरूप देता है यह उपन्यास।

कहानी हो या उपन्यास रचना का प्राण होता है उसका कथातत्त्व। कथा रचना की वह मुख्यधारा है जो रचना में डूबते पाठक की उत्सुकता की प्यास बुझाती है पर उसके साथ ही आवश्यक है कथा में पाठक को समा लेने की क़िस्सागोई। यह क़िस्सागोई एक अलग शिल्प की माँग करती है जो कथा को महज़ एक ख़बर नहीं रहने देती, वरन उसे अन्दर तक भिगो देने वाली एक रसधार बना देती है। 'अग्निलीक' उपन्यास जिस तरह कंटेंट में समृद्ध है प्रस्तुति के शिल्प में भी वैसा ही कौशल से पूर्ण है।

कथा की धार के साथ भूगोल, इतिहास का सचित्र वर्णन कथा की स्वाभाविकता और विश्वसनीयता में चार चाँद लगाता चलता है। पूरा उपन्यास ऐसे कला-कौशल से भरा पड़ा है जो पठनीयता को डोर की भाँति आगे-आगे खींचता चलता है। उदाहरण हैं—दुधही पोखर का इतिहास, लँगटू ब्रह्म से जुड़े देवली, मनरौली के लोगों के अन्धविश्वास के पीछे की घटना का विवरण, लीलही कोठी (नील की खेती से सम्बद्ध—नील के उत्पादन के कारख़ाने के लिए कच्चा माल जमा करने का गोदाम और उपज का हिसाब-किताब रखने वाले एजेंट साहब बहादुर के लिए बँगला) और फिर उसके खँडहर में बदल जाने की ऐतिहासिकता, देवली और उसके आसपास के गाँवों में ईख की उपज के पीछे का पूरा इतिहास, 1857 के विद्रोह के समय छपरा के मजिस्ट्रेट और सीवान के डिप्टी मजिस्ट्रेट के भागने और देवली, मानिकपुर, महरौली, पुरैना, अरजल के अहीरों और राजपूतों के बीच अंग्रेज़ों के ख़िलाफ़ भीतर ही भीतर एका बनने का विश्वसनीय वर्णन, घाघरा का मानवीकरण रचती उसके उद्गम और प्रस्थान की कहानी, गाँव अमरपुर के नामकरण की कहानी आदि।

उपन्यास की बुनावट ऐसी है कि कहानी कुछ आगे बढ़ती है और फिर कथा में जुड़ते पात्रों का इतिहास, इतिहास से जुड़ी अतीत की घटनाओं का विवरण मिलता है। इस तरह दो तरह के स्वाद के साथ उपन्यास आगे बढ़ता है। दो तरह का स्वाद इसलिए कि इतिहास को कथाकार इतिहास की रोचकता डालकर नैरेटर की तरह लिख रहा होता है, जहाँ से झाँक रहा होता है फ़्यूडलिज़्म का एक नया घिनौना रूप या फिर अलग-अलग वर्ग (कमज़ोर जाति, स्त्री) की करुण कथाएँ, जबकि वर्तमान कथा यात्रा में घटनाओं के आगे बढ़ने से जुड़ी उत्सुकता की प्यास बुझती चलती है और चलता है पात्रों के संवादों में घुला रस, पात्रानुकूल भाषा के कारण स्वाभाविकता का आनन्द—

> पतोह को कहिए मलिकाइन कि अपने भतार को बाकस-पेटी में ताला मारकर रखें। हम तो हजामिन हैं,...घरघुमनी। (पृ. 20)

रेशमा ये जवाब बड़की तिवराइन को दे रही थी जब वो चन्दन तिवारी से मिलने 'छाती उठान करके उस आँगन में दिन-दुपहरिया घुसती और तिवारी से बतिया आती।'

> ...इस गाँव का डोम साला इतना मुँहज़ोर है कि पुलिस-परसासन की बात सुनने को तैयार नहीं। पकड़ के ठेल दें तो आपही लोग करेजा कूटने लगिएगा कि सिडीयुल कास्ट पर पुलिस अत्याचार कर रही है। (पृ. 22)

दरोग़ा ने चिढ़ते हुए अकरम अंसारी को कहा जब डोम बिना दारू के शमशेर साँई की लाश उठाने तैयार नहीं हो रहा था।

> हुजूर, हम कवनो सरकारी साहेब तो हैं नहीं कि आँख नचाए..., जीभ हिलाए...काम खतम। लहास उठाने के लिए कठकरेज बनना पड़ता है। ...बिना दारू के कलेजे में बूता आएगा भला! (पृ. 22)

गाँव में एक साल जब चैत में ओले गिर रहे थे..दिन गर्म और रातें ठंडी... पककर तैयार खलिहान के दाने जलकर राख होने लगे—

> "तोहार खोंईछ भरऽब हो सती माई...पूड़ी-मिठाई से भरऽब हो", कोई आवाज़ उठती और चौतरफी हवा को भेदती हुई वर्तुलाकार ऊपर जाकर गुम हो जाती।" गुहार लगा रहे थे लोग, "अपना कोप तजिए ए लँगटू बाबा। ...कहँवा लुका गए ए जोगी पीर? दसों नोह जोड़ के अरज बा हो जोगी पीर!" (पृ. 198)

एक सनहा पर मौक़ा पाकर गाँव के पिंटू सिंह को केस में फँसाकर उसके चचिया श्वसुर को हसनपुरा का थानाध्यक्ष गरभू पांड़े जाल में कस रहा है—

> ...डिस्ट्रीक जज भी बेल नहीं देगा बाबू साहब। ई क़ानून मादरचोद बहुते ख़तरनाक है। अजगर बूझिए। साफ़ निगल जाने वाला क़ानून है। ...केस डायरी दाख़िल करने के समय हम ध्यान रखेंगे। ...आप हमारा ध्यान रखिए। (पृ. 185)

एक ओर तो क़लम का यह नमूना है और दूसरी ओर जब ऐतिहासिक विवरण सामने आता है तो लेखनी बिलकुल अलग अन्दाज़ में चलती है—

> इसी दुधही पोखर के पूरब वाले भीट पर कभी लिलही कोठी हुआ करती थी। फिर उसका खँडहर हुआ करता था। अब से लगभग सवा दो सौ साल पहले अंग्रेज़ों ने इस ज़िले में, जब यह सारण का हिस्सा था, नील की खेती शुरू की थी। ...यह कोठी उन्हीं दिनों बनी थी...दरौली थाना

के गंगुआ के ज़मींदारों के विद्रोही तेवर की ख़बर देवली तक पहुँच चुकी थी। लिंच और मैकडोनियल अपनी जान बचाने के लिए इसी कोठी में छिपने आए थे। ...लगभग सौ साल पहले अंग्रेज़ों ने नील की माँग कम होने और गांधी बाबा के आन्दोलन के चलते जब नील का कारोबार समेटा, यह कोठी वीरान हो चुकी थी। (पृ. 14)

इस उपन्यास में जिस भी ऐतिहासिक परिप्रेक्ष्य का वर्णन उपन्यासकार कर रहा होता है, वह इतिहास उपन्यास की कथा के साथ ऐसा विन्यस्त रहता है कि उपन्यास की मुख्यधारा-सा ही लगता है और पाठक को उसमें भी उपन्यास की रोचकता मिलती है।

यह उपन्यास घाघरा के किनारे बसे गाँवों की आन्तरिक कथा है। हृषीकेश सुलभ के उपन्यास या कहानियों की ख़ूबी है कि वे घटना के स्थल को भौगोलिक रूप से स्थापित करते हैं, जो कथा की स्वाभाविकता और विश्वसनीयता में इज़ाफ़ा करता है। घाघरा की छाड़न धाराओं के किनारे बसे गाँवों के जीवन की उथल-पुथल को सामने रखते हुए घाघरा के उद्‌गम की कहानी भी मूल कहानी के समानान्तर रख दी गई है—

...मानसरोवर का जल रिस-रिसकर रावणह्रद में पहुँचता और इसी रावणह्रद से विवर बन फूटतीं कर्णाली नदी बनकर। फिर तिब्बत की दुर्गम भूमि में लहराती-बलखाती आगे बढ़तीं। ...धौलगिरि के पश्चिमी क्षेत्र व्यास हिमाल और मानसखंड के अनन्त जल-स्रोतों की विशाल जलराशि को धारण कर कर्णाली जब चूरे पहाड़ के शिखर से घर्घर नाद करती हुई गिरतीं, उन्हें घर्घरा विशेषण मिलता। ...यही विशेषण आगे चलकर संज्ञा बनता और कर्णाली घर्घरा बन जातीं। (पृ. 37)

सौ साल से अधिक की अवधि में फैले इस उपन्यास में स्वाभाविक रूप से पात्रों की संख्या काफ़ी है। इतने पात्रों के मनोभावों को पढ़ना, सहेजना फिर उसे सही स्थल पर अभिव्यक्त करना...बदल जाती परिस्थिति में मन के उस बदलते आयाम को रखते हुए कथा को नये कलेवर में आगे ले जाना विशिष्ट क्षमता की माँग करता है। पीड़ा हो या सुख, आनन्द हो या विषाद उसे शब्द देने को रचनाकार ऐसे बिम्बों का चयन करता है और उनमें ऐसे सटीक शब्दों को गूँथता है कि वे भाव पाठक के अन्दर गहरे उतरते हैं।

ख़ून में पसरते ज़हर से नीली होती उसकी गोरी देह की छवि कौंधी। गुल बानो ने अपने को सँभाला और अपनी पीड़ा की गठरी अपनी पीठ पर लादकर उठती हुई बोली,...(पृ. 196)

जल के अभाव नें नंगे पत्थर के छोटे-छोटे टुकड़ों से भरा पेट लिये सँपही का तट पीछे छूट रहा था। (पृ. 196)

देवली और आसपास के गाँवों के जिन घरों में तमाम मुसीबतों के बाद भी हँसी पुरईन पात पर शीत के दानों की तरह छलछल करती थी, वे घर-आँगन काँसे की ख़ाली बटलोही की तरह उदास हो गए थे। (पृ. 200)

मनोहर कम बोलते और मन-ही-मन रेवती और अपने भावी जीवन की चादर बुनते रहते। कभी तानों में बाना का धागा अझुरा जाता, तो कभी भरनी धोखा दे देती। अगर चादर बुन भी जाती तो अक्सर उनकी बुनी चादर छोटी पड़ जाती और उदासियाँ उन्हें घेर लेतीं। (पृ. 212)

ऐसी कई अभिव्यक्तियाँ इस उपन्यास में जगह-जगह आती हैं और पाठक तथ्य, भाव और कथ्य की इस बुनावट में बँधा आदि से अन्त तक उपन्यास के साथ चलने को मजबूर हो जाता है।

ग्रामीण परिवेश से जुड़े शब्दों का विपुल भंडार है हृषीकेश सुलभ के पास— 'डीह बसगित की ज़मीन पर', 'नाभि के नीचे उदर में चिल्हकन हो रहा था', 'पानी-पनिहर का दिन है। बाढ़-बूड़ा का मौसम है', 'नेहरू पंडित दुल्हन बनी भारत माता का घूघ हटाने वाले थे', 'गायों और भैसों में से एक बिसुकती, तबतक दूसरी लगहर हो जाती', 'हलवाही, दो बीघा धनहर, एक बीघा गोंयड़ की बँटाई खेती' जैसे वाक्यांशों का पूरे उपन्यास में इस्तेमाल संरचना को स्वाभाविक बनाता है।

इसी तरह, एक नाटककार होने के कारण सुलभ दृश्य के एक-एक डिटेल को ऐसा रखते हैं कि दृश्य मूर्तिमान हो उठता है—

आग लाने के लिए घंटा भर पहले घर से निकली जसोदा की बुढ़िया सास सुलगते उपले का एक धुआँता टुकड़ा बाँस की टोकरी में छिपाए गिरती-पड़ती वापस लौटी थी। रक्त-जल में लथपथ जसोदा की ओर देखे बिना बुढ़िया लीलाधर को निहार रही थी। ...आहट पाकर करवट बदलने की कोशिश करती जसोदा ने जब कराह भरी, तब बुढ़िया का सम्मोहन टूटा। कोने में आग रखकर वह दौड़ी। बग़ल की अपनी झोंपड़ी में जाकर सितुहा ले आई। (पृ. 30)

गाँव के स्कूल में पिंटू सिंह ने शिक्षक अनिल माँझी पर हाथ उठाने के बाद थाने में थानाध्यक्ष के पास जब आवेदन दिया तो थानाध्यक्ष ने उसे ही हवालात में बन्द कर दिया और अब शिक्षक अनिल माँझी और स्कूल के मालिक बँटी मिसिर पर फन्दा डालने की कोशिश में लग गया। दृश्य है—

> स्वर के उतार-चढ़ाव में नाटकीयता पैदा करने में माहिर था गरभू पांड़े। उसकी बोली जितनी मुलायम होती जाती, वह उतना ही धूर्त और नृशंस होता जाता। उसकी आँखें सिकुड़कर ज्यों ही छोटी होतीं, उनकी बेधक क्षमता तीव्र हो जाती। (पृ. 183)

सुलभ सिर्फ़ दृश्य नहीं रखते हैं, प्रकृति को परिवेश के अनुरूप बुन देते हैं या एक सदृश बिम्ब की रचना कर डालते हैं जिससे दृश्य चाक्षुष हो उठते हैं—

> नाज़ बेगम के कलेजे से उठती यह बे-आवाज़ हूक गहरी साँसें बनकर बाहर निकलतीं और आसमान की ओर उठती नबीहा के रुदन-स्वर में जा मिलतीं। टकरातीं जाकर भादो के साफ़-शफ़्फ़ाफ़ आकाश में चमकते सितारों से और फिर बदली बन नबीहा की आँखों से वैसे ही बरसतीं, जैसे रेशमा कलवारिन की आँखों से देवली में बरस रही थीं। (पृ. 106)

> खप्पर लेकर नाचती किसी डाइन के लहराते सफ़ेद बालों की तरह पल्लों की दरारों से आती चाँदनी उनके सामने लहरा रही थी। (पृ. 104)

बिहार में पनपे जातिवाद, नया रूप लेती सामन्तशाही और राजनीति तथा पुरुषों की स्त्रियों पर वर्चस्ववादी मानसिकताओं को पर्दाफ़ाश करता यह उपन्यास व्यवस्था की भी पोल खोलता है। थाने में झूठ का सच और सच का झूठ का व्यापार, पुलिस का अनाचार और सरकार की योजनाओं का सच भी यह उपन्यास बख़ूबी रखता है। रेशमा के साथ थानाध्यक्ष का अनाचार, लीलाधर यादव की प्रभुता के आगे समर्पण कर अकरम अंसारी को मर्डर केस में फँसा लेना, 'भोजपुरी माध्यम से अंग्रेज़ी' पढ़ाए जाने वाले स्कूल में हुए हाथापाई के मामले में दोनों ही पक्षों—पिंटू सिंह, और बँटी मिसिर से एक साथ घूस की रकम ऐंठ लेना और ये बताना कि ये पैसे डी.एस.पी., एस.पी. के पास चले जाएँगे, ऐसे ही उदाहरण हैं। फ़सल बीमा योजना की निरर्थकता तब सामने आती है जब नष्ट होती फ़सल पर बँटाईदारों की विडम्बना को उपन्यास में बताया जाता है—

> बँटाई की खेती में अक्सर जोतदार को छूँछे हाथ ही रहना पड़ता है। खाद-बीज लगाओ और मेहनत-मजूरी करो,...खेत से खलिहान तक अगोरवाही करो,...दौनी-ओसवनी कर अनाज के दाने सहेजो और फिर अधिया ले जाकर भर दो मालिकों की देहरी-बखरी में। बँटाईवाली ज़मीन की फ़सल के लिए बीमा का काग़ज़, मालिकों के ही नाम बना था। ...जो जोते-बोए और पसीने से सींचे, वो छूँछे का छूँछा। (पृ. 199)

इस उपन्यास में गढ़े गए एक और शिल्प की चर्चा आवश्यक है। वह है मार्मिक स्थलों पर लोक गीतों की प्रस्तुति का नया अन्दाज़। जसोदा की शादी, लीलाधर का जन्म, छठी...आदि ऐसे कई मौक़े हैं जो सामान्य परिस्थिति में सम्पन्न नहीं हो रहे हैं, इन मौक़ों से जुड़े जो तथ्य हैं, उनका जो विरोधाभास है...और कहीं-कहीं उनमें जो करुणा छिपी है उसके असर को तीव्र करती हैं लोक गीतों की लचीले गद्य के रूप में प्रस्तुतियाँ, जिन्हें अलग से समझने के लिए इटैलिक्स में प्रस्तुत किया गया है। यह प्रसंगों की प्रभावोत्पादकता में इज़ाफ़ा करता है।

कई छोटे-छोटे प्रसंग ऐसे हैं इस उपन्यास में, जो मन के कोमल तन्तुओं को छूते हैं। रेशमा का अपने पहले बूढ़े पति के यहाँ से भागने में नदी पार करते वक़्त एक युवक से भाई का रिश्ता और रेवती का हॉस्टल में रहते हुए बाला से बहनापा ऐसे ही प्रसंग हैं।

विभिन्न आयामों के साथ लोक जीवन के परिवेश, विरोधाभास और विडम्बनाओं की ओर ध्यान खींचता यह उपन्यास अपनी पठनीयता, सम्प्रेषणीयता, कथातत्त्व, क़िस्सागोई और सोद्‌देश्यता की वजह से न सिर्फ़ अपने समय के लिए, बल्कि आने वाले समय के लिए भी एक सार्थक रचनाकार्य प्रतीत होता है।

2

अपनी प्रभावोत्पादकता के कारण इस उपन्यास ने कई समीक्षकों-आलोचकों का ध्यान खींचा और इस उपन्यास पर डेढ़ दर्जन से ज़्यादा आलेख विभिन्न पत्र-पत्रिकाओं और ई-मैगज़ीन में आए।

ये आलेख 'अग्निलीक' उपन्यास को समझने और व्याख्यायित करने में सहायक तो हैं ही, उपन्यास ने ग्रामीण सामाजिक संरचना में होते जिन परिवर्तनों और उसके साथ-साथ स्थापित जिन वैचारिक जड़ताओं को कथा-सूत्र में पिरोया है, उसे और आगे ले जाते हैं। स्वतंत्रता पूर्व और स्वतंत्रता पश्चात गाँवों की विडम्बनाओं को इन समीक्षकों, आलोचकों ने इस उपन्यास के बहाने गम्भीरता से देखा-परखा और अभिव्यक्त किया है। इन आलेखों को समग्रता में देखना एक साहित्यिक उद्‌देश्य की पूर्ति करता है, यही कारण है कि इन्हें एक साथ रखकर प्रस्तुत करने की यह कोशिश की गई है। किसी रचना पर टिप्पणी सिर्फ़ उस रचना का भला या बुरा नहीं करती यह उस विधा की समझ को भी विस्तार देती है। समीक्षाओं का यह संकलन इन्हीं उद्‌देश्यों से सामने रखा गया है।

समीक्षाओं-आलोचनाओं का यह संकलन रचना और आलोचना की परस्परता पर भी टिप्पणी है।

हृषीकेश सुलभ ने लगभग 1975 से लेखन शुरू किया। उनके लगभग 40 वर्षों के परिश्रम, अनुभव, आसपास की सामाजिक उथल-पुथल पर पैनी दृष्टि और उससे जुड़ा रचनाकार का दायित्व बोध आदि के बाद यह उपन्यास आया। आलोचक रचनाकार की उस मन:स्थिति की पड़ताल कर पाया है या करता है, जिसने इस रचना को जन्म दिया और जो पूरी रचना प्रक्रिया में साथ चला या अपनी टिप्पणी रखते समय समीक्षक/आलोचक भी अपनी मन:स्थिति और मान्यताओं की कसौटी से निर्देशित हो जाता है। यह प्रश्न इसलिए कि इन समीक्षाओं के संकलन में एक ही शिल्प, शैली, ट्रीटमेंट, घटनाओं की प्रस्तुति, उनके विस्तार और उनके स्वरूप पर अलग-अलग और कभी-कभी परस्पर विरोधी राय/ऑब्जर्वेशन देखने को मिले हैं। यह संकलन, इसलिए, रचनाकार को आलोचकों की चिन्ता और समय-समय पर व्यक्त उनके निर्देशों के सम्मान के बाद भी अपनी तपस्या, अपने अनुभव और स्वत:स्फूर्त, पर सजग चेतना पर चलने का स्वर देता है।

एक और कारण है जिसके लिए इन समीक्षाओं को एक जगह लाना आवश्यक लगा। इन आलेखों को पढ़ने पर पता चलता है कि एक ही बिन्दु पर अलग-अलग आलोचकों की राय अलग-अलग है। कहीं भाषा को लेकर अलग नज़रिया है तो कहीं पूरी प्रस्तुति को लेकर, कहीं पात्रों की अधिकता और इसलिए किसी भी चरित्र के स्थापित होने के अभाव की बात की गई है तो कहीं अपनी जगह बनाते मज़बूत पात्रों की विवेचना की गई है। एक ओर जब कि दृष्टिकोण की भिन्नता स्वाभाविक है, वहीं ये जानना भी ज़रूरी है कि ऐसी भिन्नता रचना को परखने के किन पहलुओं की परतें खोलती है। इसलिए आगे जब आलोचकों/समीक्षकों की राय का सार रखा गया है तो इन भिन्नताओं और समानताओं को भी दिखाने की कोशिश की गई है। विचारों के इस वैविध्य को समग्रता में देखना रचना को सही कसौटी पर परखना तो है ही, आलोचना के विविध आयामों और सम्भावनाओं को सामने रखना भी है।

राहुल सिंह 'अग्निपथ नहीं अग्निलीक' शीर्षक अपने लेख में यह विचार रखते हैं कि 'अग्निलीक' आख्यानों-उपाख्यानों का उपन्यास है जिसमें ये दोनों (आख्यान और उपाख्यान) उपन्यास के केन्द्र और हाशिए पर आवाजाही करते हैं, गौरतलब है कि अनघ शर्मा ने अपनी समीक्षा का शीर्षक ही दिया है 'अग्निलीक : केन्द्र का हाशिया और हाशिये का केन्द्र'। राहुल सिंह ने बड़ी स्वाभाविकता के साथ कथा और इतिहास के परस्पर मेल को तथा चार पीढ़ियों की कथा पर नज़र रखते हुए उपन्यास में अंचल के ब्योरे के डॉक्यूमेंटेशन को, उपन्यास की विशिष्टता के रूप में रेखांकित किया है। पठनीयता की चर्चा करते हुए वे लिखते हैं कि शमशेर की हत्या से शुरू हुआ यह उपन्यास आरम्भ से ही पाठकों को अपनी पकड़ में ले लेता है और फिर क़िस्सागोई और कहन की शैली से उसे बाहर नहीं निकलने देता।

हाँ, कई पात्रों के परस्पर सम्बन्धों को समझने के लिए यह उपन्यास पाठकों की सजगता की माँग करता है। उनकी नज़र में अग्निलीक जैसे एक रेख बनकर विलुप्त हो जाता है, इस उपन्यास में 'मर्दों और उनकी मर्दानगी का दबदबा' के बावजूद 'स्त्री अस्मिता का जो अंडरकरेंट मौजूद है' और उनकी ओर से किया जाता जो चैलेंज है, वह वैसा विलुप्तप्राय नहीं है। राहुल सिंह हृषीकेश सुलभ के नाटककार को भी सामने लाते हैं जब वे बताते हैं कि जैसे ही कोई पात्र केन्द्रीयता प्राप्त कर रहा होता है, सुलभ एक व्यवधान पैदा करते हैं मानो बर्तोल्त ब्रेख्त का नाटकों वाला 'एलिनिएशन प्रभाव' पैदा किया जा रहा हो।

'पहल' में आई सूरज पालीवाल की समीक्षा 'बदलते गाँवों में राजनीति और स्त्री' में वे कहते हैं कि उपन्यास में जातिगत समीकरणों और दाँव-पेच का ऐसा प्रभावी चित्रण है कि "यदि कोई यह कहे कि जातियाँ समाप्त हो रही हैं तो उसे भारत के गाँवों का गहराई से अध्ययन करना चाहिए, जहाँ जाति आज भी निर्णायक स्थिति में है तथा जहाँ व्यक्ति की पहचान उसकी जाति को समाहित करके जानी जाती है। ...'अग्निलीक' के लीलाधर यादव जो चार दशकों से पंचायत के मुखिया बने हुए हैं, उसके मूल में जातीय समीकरण ही है, जिसे साधने में वे अब तक सफल रहे हैं।" लीलाधर यादव के चरित्र की बुनावट ऐसी है कि कहीं उनके नाम की चर्चा नहीं होकर भी शमशेर साँई की हत्या पर पाठक की उँगली उनकी ओर ही उठती है। शातिर 'राजनेताओं की चतुराई' से यह साम्य रचकर सुलभ ने राजनीति में हत्या और आतंक के खेल को सामने लाया है। वे लिखते हैं—"लीलाधर लालू यादव तो नहीं हैं...लालू के आगे के नेता हैं। ...आजकल की राजनीति शब्दावली में इसे कूटनीति कहते हैं, लेकिन इसकी जड़ें कुटिलता से जुड़ती हैं।"

सूरज पालीवाल को उपन्यास में दो धाराएँ दिखती हैं—'गाँव की राजनीति' और 'स्त्री-पुरुष सम्बन्धों की सामाजिकी'। वे असफल प्रेम को ही प्रेम-कथा की अमरता का कारण बताते हैं, जैसा कि 'उसने कहा था' में सूबेदारनी और लहना सिंह का प्रेम। उपन्यास के लगभग दर्जन भर स्त्री पात्रों की स्थिति का आकलन कर वे एक निष्कर्ष रखते हैं—"मनुष्य के विकास के इतिहास को देखें तो स्पष्ट हो जाता है कि जैसे-जैसे पुरुष ताक़तवर होता गया, वैसे-वैसे वह अपनी औरतों पर पहरे-दर-पहरे लगाता गया। इसलिए आदिवासी समाज में आज भी स्त्री अन्य समाजों की अपेक्षा अधिक स्वतंत्र है।"

ज्योतिष जोशी ने 'सिसकियों की संगत पर प्रेम की पुकार' शीर्षक से लम्बी समीक्षा लिखी है जो 'कथाक्रम' में आई थी। उनकी नज़र में वर्चस्ववादी जड़ता और सामाजिक परिवर्तनों के साथ आई विकृतियों पर केन्द्रित है हृषीकेश सुलभ का उपन्यास 'अग्निलीक'। सुलभ की लोक चेतना जो उनके नाटकों और कथा-संकलनों में दिखती है, यहाँ भी मौजूद है। ज्योतिष जोशी ने स्पष्ट किया है

कि प्रेम के विस्तार को रखते इस उपन्यास में प्रेम की पहली बलि लीला साह की होती है, जिन्हें जसोदा के ब्याह से पहले रास्ते से इस तरह हटा दिया गया कि उनके ग़ायब होने के विषय में बस अफ़वाहें ही बचीं। हालाँकि मेरे विचार से एक शंका लीला साह द्वारा आत्महत्या की भी होती है जिसका सुराग़ उपन्यास में लीला और जसोदा के घाघरा के किनारे चल रहे प्रेम-प्रसंग के बीच लीला साह के इस वाक्य से लगता है—"हम लोग नदी के पेट में समा जाएँगे।" (पृ. 40) अकलू यादव जो इस उपन्यास के प्रमुख पात्र हैं, की कथा को इस लेख में थोड़ा लम्बा कहा गया है पर साथ-साथ यह भी है कि इससे आज़ादी के आसपास के समय को समझने में सुविधा होती है। इसी तरह प्रमुख पात्र लीलाधर यादव के बारे में कहते हुए ज्योतिष जोशी उपन्यास के एक महत्त्वपूर्ण हिस्से को इन पंक्तियों में रखते हैं— लीलाधर की महत्त्वाकांक्षाओं की भेंट चढ़ती मनुष्यता को लक्षित करता उपन्यास केवल सामाजिक बदलाव और सत्ता केन्द्रों के स्थानान्तरण को ही नहीं देखता, वरन परिवर्तन की बयार में मनुष्य और समाज की वासनाओं को भी भेदता है जिसमें सभ्यता के संकट की आहट सुनाई देती है।

उनके लेख में रेशमा कलवारिन, मुन्नी बी, गुल बानो, नबीहा जैसे उन चरित्रों की अलग से चर्चा है जो उपन्यास में हाशिये पर होते हुए भी एक अलग मूल्य की लीक रचते हैं और यादगार बन पड़े हैं।

'अग्निलीक पर चलने की मुश्किलें' शीर्षक से ई मैगज़ीन 'समालोचन' में आई राकेश बिहारी की आलोचना और फिर 'परिवर्तन और निरन्तरता का परिपक्व आख्यान' शीर्षक से संजीव कुमार की 'हंस' में। राकेश बिहारी ने 'अग्निलीक' को उपन्यासों की परम्परा में रखते हुए आलोचना की अपनी पैनी नज़र से पड़ताल की है। उन्हें शिकायत है कि सीवान को "सत्तापोषित एक दुर्दान्त अपराधी के आतंक की छाया में लम्बे समय तक जैसे-तैसे साँस लेकर जीता" रहने वाला कस्बा बताने के बावजूद ('अग्निलीक' पृ. 152) उपन्यास की कथा उससे कन्नी काटकर क्यों निकल जाती है। राकेश तो इस सन्दर्भ में हृषीकेश सुलभ को रेणु के बरअक्स खड़ा कर देते हैं, गोया एक सुलभ हैं जो कन्नी काटकर निकल जा रहे हैं और एक रेणु हैं जो साफ़ कह रहे हैं कि 'मैं किसी से दामन बचाकर निकल नहीं पाया।' ऐसा इसलिए कि प्रकाशकीय प्रस्तावना में कहा गया है—रेणु ने कोसी तट के आसपास बसे गाँवों को अपना कथा-विषय चुना था, सुलभ जी ने अपने इस पहले उपन्यास में घाघरा नदी के किनारे बसे गाँवों की कथा कही है। राकेश यह भी कहते हैं—समकालीन राजनीति के उस बीहड़ में बिना धँसे सन्दर्भित जनपद के राजनीतिक-सामाजिक बदलावों को रेखांकित करने की रूमानी रचना-प्रविधि ने उपन्यास को कथानक की उन गहराइयों तक नहीं पहुँचने दिया है जिसकी जड़ें 1857 के सिपाही विद्रोह से लेकर बिहार में 2016 में लागू हुई शराबबन्दी तक फैली हुई हैं।

यहाँ ध्यान देने की बात है कि दुर्दान्त अपराधी और उसके साए से जनपद में छाये आतंक को सीधे-सीधे उपन्यास के कथानक में नहीं समेटे जाने से उन्हें उपन्यास की पूरी प्रस्तुति मात्र 'रूमानी रचना-प्रविधि 'लगती है।

इस संकलन में 'परिवर्तन और निरन्तरता का परिपक्व आख्यान' शीर्षक से जो संजीव कुमार की समीक्षा/आलोचना है उसमें वे मानते हैं कि ऐसी आलोचना दृष्टि यह बताती है कि आलोचक का काम 'समय के यथार्थ' को पकड़ना और 'उस यथार्थ के प्रति उपन्यास की निष्ठा की जाँच करना भर है।' वे यह भी कहते हैं— "...गरज कि उपन्यास तो पाठ है, पर आलोचक ने 'समय का यथार्थ' जहाँ से हासिल किया है, वे पाठ नहीं, तथ्य-सत्य-संग्रह हैं तभी तो वह एक पाठ की अन्य पाठों से भिड़न्त कराने की बजाय उनके बीच धातु और कसौटी का सम्बन्ध स्थापित करना चाहता है। ...यह पद्धति नई पीढ़ी में भी पर्याप्त प्रचलन में है कि किसी उपन्यास को पढ़ने के बाद उसकी कथा-भूमि बनने वाले इलाक़े के सामाजिक-राजनीतिक घटनाओं-परिघटनाओं के एक पहले से सुलभ आख्यान-विमर्श के साथ उसका मिलान किया जाए और उसके आधार पर उपन्यास के प्राप्तांक तय कर दिये जाएँ। ये बातें मैं इसलिए कह रहा हूँ कि समीक्ष्य उपन्यास 'अग्निलीक' इस पढ़त-पद्धति का शिकार हुआ है। मेरे मित्र राकेश बिहारी को सीवान से जुड़े गाँव की कथा कहने वाले इस उपन्यास से शिकायत है... (इशारा राजद से जुड़े शहाबुद्दीन की ओर है, हालाँकि राकेश ने उसका नाम लेने से ख़ुद भी कन्नी काट ली है!) यह शिकायत हल्के में नहीं की गई है।"

संजीव आगे कहते हैं—"...यानी आलोचक यह मानता है कि एक स्थान-विशेष की अवधि-विशेष का जो आख्यान उसे पहले से हासिल है, वही 'यथार्थ' है और उपन्यास में जिसके न मिलने का मतलब है, यथार्थ की अनुपस्थिति और 'रचना-प्रविधि' का 'रूमानी' होना। उपन्यास से आपको कथावतार में अपनी बातें सुनने मिलें, यह बहुत स्वाभाविक इच्छा है, पर समस्या वहाँ आती है जहाँ आप उन बातों को सुनने के चक्कर में उपन्यास की अपनी बातों के प्रति बधिर हो जाते हैं..."

मुझे लगता है उपन्यास की अपनी बातों को जानना-सुनना किसी भी पाठक का मूल कन्सर्न है और तभी तटस्थता से उपन्यास और उसके असर का मूल्यांकन किया जा सकता है। कुछ इसी तटस्थता से देखते हुए संजीव कुमार को "अमृतलाल नागर और राही मासूम रज़ा वाली रवाँ कथा-भाषा, जो इन दिनों दुर्लभ हो चली है, इस कथाकार के यहाँ अपने पूरे आस्वाद के साथ उपस्थित" दिखती है। जबकि 'अग्निलीक' की कथा-भाषा को लेकर राकेश बिहारी कई तरह की दिक्क़तें बताते हैं—"...'अग्निलीक' में भाषा की यह दिक़्क़त तीन स्तरों पर पेश आती है। पहली दिक़्क़त यह कि एक राजनीतिक गुणधर्म वाले कथानक के यथार्थ का वहन करने के लिए जिस भाषा का उपयोग यहाँ हुआ है वह अपने स्वभाव और संरचना में बेहद रूमानी है। कथानक के यथार्थ और कथा-भाषा के बीच स्थित इस दूरी का ही परिणाम है कि

प्रेम के नैसर्गिक सौन्दर्य, देह के प्राकृतिक आकर्षण और त्याग-समर्पण की अश्रुविगलित कारुणिकताओं के उत्सवीकरण की कई-कई छवियों से सुसज्जित इस उपन्यास में ख़ुद को बचाए रखने के संघर्ष से दीप्त प्रेम का कोई चेहरा मौजूद नहीं है। अपनी भाषा के नाजुक सौन्दर्य के प्रति अटूट लेखकीय मोह यहाँ जिस तरल सहजता से परिवेश और प्रकृति के ख़ूबसूरत लैंडस्केप की रचना करता है, उसी प्रभावोत्पादकता के साथ यथार्थ की विभीषिकाओं की भीतरी तहों में नहीं उतर पाता...अपनी तमाम ख़ूबसूरती के बावजूद उपन्यास की भाषा की दूसरी दिक़्क़त है—नैरेटर और पात्रों की भाषा का लगभग एक जैसा होना। ...परिणामतः पूरा उपन्यास और उसके पात्र जैसे एक ही भाषा में बोलते प्रतीत होते हैं...दृश्य, परिवेश और पात्रों के बदलने के बावजूद 'चाँदनी का बरसना', 'खल्वट माथा', 'नेह-छोह', 'लोप होना', 'कज्जल जल' जैसे कई शब्द-पदों की बार-बार आवृत्ति उपन्यास की भाषा की तीसरी दिक़्क़त है, जिससे कई बार इसके एकरस होने का एहसास भी होता है। 'अग्निलीक' की इन भाषाई दिक़्कतों पर बात करते हुए यह भी कहा जाना ज़रूरी है कि यह अकेले इस उपन्यास की दिक़्क़त नहीं है, भाषा का निजी मुहावरा और 'सिग्नेचर' विकसित करने वाले लगभग सभी लेखकों के साहित्य में ऐसे उदाहरण देखे जा सकते हैं।"

हालाँकि इसी संकलन में प्रियदर्शन अपनी समीक्षा में सबसे ज़्यादा इस उपन्यास की भाषा से प्रभावित हैं और सर्वप्रथम इसी की चर्चा करते हैं। प्रियदर्शन 'अग्निलीक' की भाषा को विलक्षण मानते हैं और इसकी पात्रानुकूलता एवं विविधता को रेखांकित करते हैं। एक ओर शास्त्रीयता तो दूसरी ओर सहजता से बुनी 'अग्निलीक' की भाषा ऐसी है मानो सुलभ 'शास्त्रीय अध्ययन के अलावा घर-गृहस्थी, खेती-बाड़ी, किसानी-मज़दूरी, लोहारी-सुनारी, गाँव-जवार,नदी-नालों, पोखर-तालाबों, लताओं और वृक्षों की भाषा से भी परिचित हों।'

हृषीकेश सुलभ के इस उपन्यास से गुज़रते हुए इन पंक्तियों के लेखक (सम्पादक) का अनुभव रहा कि यह उपन्यास कथा, क़िस्सागोई, इतिहास और भूगोल को एक साथ साधते चलता है और यह साध लेना सफल, आकर्षक और प्रभावपूर्ण इसलिए है कि यहाँ इन अलग-अलग स्ट्रीम के लिए भाषा के अलग-अलग रूप मिलते हैं। जब पात्रों का ऊहापोह, उनका दर्द और भावातिरेक रखा गया है तो वहाँ एक संवेदनशील कथाकार की लेखनी चलती दिखती है और जब भौगोलिक या ऐतिहासिक सूचनाएँ जानने मिलती हैं तो वहाँ एक नैरेटर अवस्थित दिखाई देता है। लीलही कोठी का इतिहास, 1857 के विद्रोह के समय सीवान के अंग्रेज़ अधिकारियों के भागने की कहानी, अमरपुर के नामकरण की कथा आदि सन्दर्भ इसके उदाहरण हैं, जिनकी चर्चा पूर्व में की जा चुकी है। संजीव कुमार भी अपनी आलोचना में 'अग्निलीक' को 'नैरेटिव प्रजेंट' और 'नैरेटिव पास्ट' का अच्छा नमूना बताते हैं। वे लिखते हैं—"...लेकिन कोई भी वर्तमान बिना अतीत के तो है नहीं!

इसलिए कहीं पात्रों और कहीं घटना-विकासों की पृष्ठभूमि बताते हुए कथाकार अक्सर आपको बहुत पीछे तक ले जाता है। यह काल विचरण इतना सहज है कि कथा में घुला हुआ इतिहास-बोध आपके भीतर नामालूम तरीक़े से उतर आता है।"

पर इन सबके साथ संजीव उपन्यासकार से कुछ नये की जो उम्मीद कर रहे थे, वहाँ वे निराश होते हैं, जो उनके आलेख को पढ़कर देखा जा सकता है। सराहना के अनेक बिन्दुओं के होते हुए भी उन्हें 'कोई नई ज़मीन तोड़ने जैसी बात नहीं' दिखती।

राकेश बिहारी सारे रिज़र्वेशन के बावजूद 'अग्निलीक' को उपन्यासों की एक लम्बी परम्परा में ख़ास जगह बनाती रचना मानते हैं—'मैला आँचल' का प्रकाशन महज़ एक उपन्यास का छपना नहीं था बल्कि हिन्दी उपन्यास के इतिहास में यह एक ऐसी परिघटना थी, जिसने 'देहाती दुनिया' (शिवपूजन सहाय) से शुरू हुई आंचलिक उपन्यासों की परम्परा को एक ऐसी ठोस रचनात्मक दिशा दी जिसमें आज 'आधा गाँव' (राही मासूम रज़ा), 'डूब' (वीरेन्द्र जैन), 'इदन्नमम' और 'चाक' (मैत्रेयी पुष्पा) जैसे उपन्यासों की महत्त्वपूर्ण कड़ियाँ मौजूद हैं। ...पर ग़ौर किया जाना चाहिए कि इन उपन्यासों में महाकाव्यों की तरह किसी चरित्र-विशेष को नायकत्व नहीं प्राप्त है, बल्कि 'कथा-भूमि' और 'कथा-समय' ख़ुद ही यहाँ नायक की तरह कथा के केन्द्र में विन्यस्त हैं। पात्र के बजाय स्थान और समय को नायकत्व प्रदान करने की इसी विशेषता के कारण 'अग्निलीक' को हिन्दी उपन्यास की इस समृद्ध परम्परा की अद्यतन कड़ी के रूप में शामिल होने का हक़ और हुकूक स्वत: ही हासिल हो जाता है।"

इसी सिलसिले में आंचलिकता को पूरा विस्तार देते हुए वे बहुत महत्त्वपूर्ण बात रखते हैं, जिसकी रेणु की जन्म शताब्दी गोष्ठियों, समारोहों में भी बार-बार चर्चा होती रही है—"यहाँ यह भी ध्यान दिये जाने की ज़रूरत है कि किसी अंचल विशेष की भाषा, लोक-व्यवहार, आचार-संस्कार, रीति-रिवाज़ आदि की मुखर अभिव्यक्ति के कारण इन्हें आँचलिक उपन्यास भले कहा जाता हो, पर इन उपन्यासों में व्यक्त चिन्ताएँ सन्दर्भित अंचल के कूल-कछारों का अतिक्रमण कर मनुष्य और मनुष्यता की बृहत्तर सीमाओं में घुलमिल जाती हैं।"

कुछ ऐसी ही बात प्रियदर्शन भी रखते हैं। वे 'अग्निलीक' की 'आंचलिकता में समाई विश्वजनीनता' की बात करते हुए रेणु और हृषीकेश सुलभ दोनों को आंचलिकता के घेरे से बाहर क़रार देते हैं। उनकी दृष्टि में ग्रामीण परिवेश और मानसिकता में रेणु और हृषीकेश सुलभ के रचनाकाल के अन्तराल में आए परिवर्तन से इस उपन्यास की कथा बुनी गई है जिससे यह उपन्यास 'नये सामाजिक उभारों को' रज्जन पासवान, पिंटू सिंह, सुजीत सिंह, रेवती, मनोहर जैसे पात्रों के मार्फ़त सामने लाता है। जो बात प्रियदर्शन को खटकती है वह है उपन्यास में पात्रों की अधिकता, जिनको समेटकर चलना एक उपन्यासकार के लिए कठिन कार्य है लेकिन इसे वह 'अग्निलीक' के फ़लक की विशालता के साथ स्वाभाविक भी मानते हैं।

'आंचलिकता में समाई विश्वजनीनता' को वन्दना राग ने अपने लेख 'ये नये मिज़ाज की धरती है' में इस तरह रखा है—"जो स्थानीय है वही वैश्विक है!" यह सिर्फ़ कथन नहीं एक निहायत गम्भीर फ़लसफ़ा है और इस फ़लसफ़े की अनुगूँज इस उपन्यास में हर पड़ाव पर बहुत साफ़ दिखलाई पड़ती है। उपन्यास स्थानीयता की बात स्थानीय भाषा में करते हुए जाने कब आपको पर्यावरण और मनुष्य के अछोर बन्धनों, मनुष्य जीवन की क्रूरताओं, चालाकियों, दमन और प्रेम के उस वैश्विक फ़लक से इस मज़बूती से जोड़ देता है कि आप चकित रह जाते हैं।

वन्दना सामाजिक-राजनीतिक जीवन में जाति की पकड़, चाहे हिन्दू हों या मुसलमान उनके बीच जातिगत दाँव-पेंच, राजपूत, ब्राह्मण, कायस्थ, यादव तो सैयद, पठान, अंसारी, पसमांदा के खेल और उसके दुष्परिणाम को लक्षित करती हैं। सामन्ती सोच के स्थायित्व को वे इस तरह रखती हैं—"बस कभी एक जात तो कभी दूसरी एक को कोहिनिया के वही करने लगती है, जिसको नष्ट करने का दावा करते हुए वह सत्ता पर क़ाबिज़ हुई थी।"

रेशमा कलवारिन को वह इस उपन्यास की ऐसी मज़बूत स्त्री पात्र मानती हैं जो इस सच की स्थापना करती है कि—

> स्त्री की मजबूरी या मनमर्ज़ी पर यदि ज़ोर आज़माइश की जाए तो विस्फोट भी हो सकता है।

सन्तोष दीक्षित ने 'ग्रामीण जीवन का एक ख़ूबसूरत लैंडस्केप' शीर्षक से समीक्षा लिखी है जो 'कथादेश' में आई थी। उनकी नज़र में पुराने सारण ज़िले के सीवान जनपद के एक गाँव देवली के बाशिन्दों की चार पीढ़ियों की कहानी रखता यह उपन्यास दरअसल 'मानव निर्मिति एवं मानवीय चेतना की विराट कथा' है जिसकी 'भाषायी भंगिमा' विशिष्ट है। 'हमारे साथ फगुआ नहीं खेलोगे?' जैसी छोटी सी इच्छा चार पीढ़ियों के रक्त में बहती प्रेम की रसधार की प्रतीति कराती है। राजनीति और सामाजिक परिवर्तन इस उपन्यास के और रंग हैं जो उपन्यास में आए एक कटु सत्य की ओर इशारा करते हैं—1857 में जिस क्षेत्र में अंग्रेज़ों के छक्के छुड़ा दिये गए थे, स्वतंत्रता के एक दशक बाद उस क्षेत्र की विडम्बना यह है कि वह डकैतों के आतंक का क्षेत्र बन गया। यह भी कि प्रेम को लेकर पुरुषों के सामन्ती संस्कारों में कोई परिवर्तन नहीं आया। हाँ, यह अन्तर ज़रूर आया है कि जहाँ चार पीढ़ी पूर्व जसोदा अपने प्रेम को लेकर चुपचाप घुटती है वहाँ आज की रेवती उसे अधिकार की तरह अभिव्यक्त करती है। उपन्यास में आए राजनीतिक घटनाक्रम का असर थाने या पंचायत तक रह जाने को वे इस उपन्यास की एक सीमा के रूप में देखते हैं, जबकि उन दिनों के उस जनपद की राजनीति में सत्ता के बाहुबली विधायक का आतंक था।

अरविन्द कुमार 'अतीत के कालखंडों में वर्तमान की दस्तक' शीर्षक अपनी समीक्षा में जसोदा, कुन्ती और रेवती के प्रेम की क्रूर असफलता का ज़िक्र करते हुए कहते हैं कि साबित होता है कि असहमति की कोई जगह कहीं भी नहीं है। सन्तोष दीक्षित की तरह अरविन्द कुमार भी इस विडम्बना की तरफ़ इशारा करते हैं कि 1857 में घाघरा का जो तट अंग्रेज़ों के विरुद्ध बग़ावत का केन्द्र बना हुआ था, वही सौ वर्ष बाद, स्वतंत्र भारत में 'डाकुओं के बड़े गिरोह का आश्रय-स्थल हो गया है'। यहीं से जसोदा के प्रेमी लीला साह ग़ायब हुए और यहीं जसोदा के पति अकलू यादव की गोली से हत्या हुई। 'अग्निलीक' में मनोहर रजक की हत्या यह साबित करती है कि अति पिछड़े यदि बराबरी पर आना चाहें तो उन्हें ऐसे अंजाम भुगतने पड़ेंगे। राजनीति के खेल में शुचिता और पवित्रता की जगह बस दाँव-पच को तरजीह है, तभी तो लीलाधर हजामिन से कलवारिन बनी रेशमा को सरपंच पद के लिए खड़ा करते हैं जो मुखिया पद की उनकी पोती रेवती की भी ढाल बनी रहे।

'अपनी ही राख से पुनर्सृजित होने का स्वप्न' शीर्षक से प्रज्ञा का लेख 'परिकथा' में आया। प्रज्ञा इस उपन्यास को ऐसे प्रेमग्रन्थ के रूप में देखती हैं जो प्रेम को दुनियावी हार और जीत से परे ले जाता है। भौतिक रूप से मिलन की असफलता के बाद भी यह चिंगारी बुझती नहीं है और जैसे अग्नि सूखी घास के किसी भी छोर में कहीं भी सुलग पड़ती है, वैसे ही प्रेम की आग भी पीढ़ी-दर-पीढ़ी के अन्तराल को लाँघते प्रज्वलित होती रहती है एक अग्निलीक बनाती हुई। प्रेम की इसी चमक और आकर्षण के कारण उपन्यास में जसोदा और उसकी चौथी पीढ़ी की रेवती कब समय के अन्तराल को पारकर एक-दूसरे में घुलमिल जाती हैं, यह पता ही नहीं चलता। इसी के साथ प्रज्ञा उपन्यास में रेखांकित चार पीढ़ियों के बड़े अन्तराल और विकास की पुष्ट होती धारणाओं के बाद भी स्त्री स्वातंत्र्य की स्थिति के दयनीय बने रहने के (भले ही ऐश्वर्य, सम्पन्नता में बदलाव आया हो) तथ्य को चिन्हित करते हुए कहती हैं—"समय की भूमि पर भौतिक विकास की रेखाएँ अवश्य दृढ़ होती हैं। शक्ति, सम्पन्नता, ऐश्वर्य, वर्चस्व सभी जसोदा की स्थितियों से आगे बढ़कर रेवती की पीढ़ी देखती है पर स्त्री जीवन में प्रेम की सहज लीक बना पाना, उसे समग्रता में जीना चौथी पीढ़ी में भी असम्भव जान पड़ता है। ...स्त्री के लिए शिक्षा के रास्ते भले ही सुगम और कुछ लचीले हुए हैं पर ख़ुदमुख़्तारी के रास्ते आज भी कंटकित हैं। इसलिए उपन्यास स्त्री के सन्दर्भ में एक ऐतिहासिक जड़ता और स्त्री पराधीनता की लीक को भी सामने लाता है।"

प्रज्ञा की नज़र में रेवती के चरित्र में एक विरोधाभास है जो खटकता है और उपन्यास में स्त्री के आत्मबल, उसके जुझारूपन, स्वतंत्रता और अस्मिता की जिस छटपटाहट की समानान्तर धारा चलती है, उसमें अवरोध उत्पन्न करता है। रेवती जब मनोहर से कहती है—मेरा लक्ष्य पहले भी आई.ए.एस. बनना नहीं था।

आज भी नहीं है। मैं जानती हूँ कि पढ़ाई में तुम्हारे मुकाबले बहुत पीछे हूँ। बस एक साध थी...तुम्हारे साथ पढ़ते रहने की साध। मेरा लक्ष्य तुम हो मनोहर। केवल तुम। (पृ. 243), तो जसोदा के बाद की चौथी पीढ़ी तक आकर भी स्त्री अस्मिता का यह कमज़ोर/तरल रूप दिखाई देता है। प्रज्ञा के शब्दों में—"इस तरह रेवती एक सामान्य स्त्री की तरह पुरुष की अनुगामिनी और प्रेयसी बनने को अपना लक्ष्य मान लेती है। यह बात इसलिए खटकती है कि एक ओर वह जाति की बन्दिशें तोड़ रही है तो दूसरी ओर अपनी अस्मिता के प्रति उसकी ऐसी उपेक्षा उसे एक तरह से पितृसत्ता के बनाए किले की औरतों में शामिल कर देती है।"

इसे इस तरह देखा जा सकता है कि इस उपन्यास के नारी पात्रों में प्रेम एक मुख्य स्वर है। अपनी अस्मिता की पुकार पर समर्पण, साथ और प्रिय को लक्ष्य मान लेने जैसे प्रेम के उदात्त तत्त्वों की उपेक्षा स्वतंत्रता और अस्मिता की कामना को एकांगी बनाता है। उपन्यासकार ने रेवती के प्रेम के रूप को कैसा रँगा है, देखा जा सकता है—

"बाला रे, गूँगे के मुँह में गुड़ का स्वाद होता है प्रेम।"

"...प्रेम के बाद क्या सचमुच दुनिया बदल जाती है?"

"औरों की बात नहीं जानती, पर मेरी तो बदल गई। हर रोज़ इस दुनिया में अलग-अलग दिशाओं में सूरज उगता और डूबता है। कभी चन्द्रमा से शीत, तो कभी आग झरती है। ...मेरे पैर के तलवों में तो फफोले निकल आए हैं बाला। लाख सम्भलकर पैर रखती हूँ पर...।"

प्रेम का यह रूप और असर शाश्वत है, तभी तो इन बातों का बाला पर यह असर पड़ता है—

> उसके कानों में मद्धिम स्वर में गूँज रहे थे रेवती के शब्द। वह सोच रही थी कि अगर किसी दिन उसकी दुनिया बदल गई तो!...तो वह फफोलों से भरे तलवे वाले पैर कैसे रख पाएगी धरती पर! (पृ. 222)

'जाति और पितृसत्ता की जकड़नों में स्त्री' शीर्षक अपने लेख में श्रद्धांजलि सिंह ने उपन्यास में परिलक्षित सामन्ती चरित्र का बारीकी से विश्लेषण किया है। उन्होंने गाँवों में बदलते शक्ति-सन्तुलन पर सूक्ष्मता से विचार किया है और उसके विरोधाभासों पर टिप्पणी की है। उन्होंने लिखा है कि उपन्यास इस बात को स्पष्ट करता है कि गाँवों में यह परिवर्तन तो देखने को मिलता है कि पिछड़ी जातियाँ जागरूक हुई हैं और नव धनाढ्यों में शामिल हुई हैं। इस बल पर सत्ता समीकरण में उन्होंने अगड़ी जातियों को पीछे धकेला है। सत्ता के जिन केन्द्रों पर और ग्रामीण समाज के जिन क्षेत्रों में राजपूत और ब्राह्मण का बोलबाला था, वहाँ अब निचली जातियों ने पैर जमा लिये हैं। लेकिन विरोधाभास यह है कि ऊपरी जातियों में जो

सामन्ती चरित्र था और जिसकी निचली जातियाँ शिकार थीं, वे स्वयं भी उसी चरित्र के साथ जीने लगी हैं...वे लिखती हैं—"उपन्यास में मौजूद सूक्ष्म विश्लेषणों पर ध्यान दें तो समझा जा सकता है कि अपने हुनर और मेहनत के बल पर नई आर्थिक शक्ति बनकर उभरी पिछड़ी जातियों ने राजपूत और ब्राह्मणों को अपदस्थ करके अपनी सामाजिक-राजनीतिक सत्ता तो स्थापित की लेकिन सत्ता के उस सामन्ती चरित्र से ख़ुद को बचा नहीं पाईं, जिसका शिकार वे स्वयं थीं। सत्ता के सामन्ती चरित्र को बदलने के बजाय उसके मूल्यों-मानदंडों को आत्मसात करने वाली पिछड़ी जातियाँ नव सामन्तवाद की ध्वजवाहक बनती गईं।"

इसी तरह उपन्यास में स्त्रियों के जीवन और चरित्र का जो चित्र खींचा गया है, उसको भी बारीकी से इन्होंने देखा-परखा है और लिखा है— "गाँव की सामाजिक संरचना और शक्ति-समीकरणों के बदलने के बावजूद स्त्रियों की स्थिति में अपेक्षित परिवर्तन नहीं होने का एक बड़ा कारण इनके संघर्ष की जटिलता है। हृषीकेश सुलभ की बड़ी उपलब्धि स्त्रियों के संघर्ष की इस जटिलता की पहचान कराना है।"

वास्तव में इस उपन्यास के स्त्री चरित्रों—छोटकी तिवराइन (चन्दन तिवारी की पत्नी), रेशमा, मुन्नी बी, नबीहा, जसोदा, कुन्ती, गुल बानो, नाज़ बेगम, रेवती के चरित्रों को समग्रता में देखा जाय तो पता लगता है कि स्त्रियों की समस्याओं में घर और बाहर के समंजन की एक जटिलता है, जिसके कारण उनकी दशा में अपेक्षित परिवर्तन सहजता से नहीं आता।

जहाँ कुछ आलोचकों ने इस उपन्यास में पात्रों की अधिकता और इस कारण सन्तुलन की कमी का ज़िक्र किया है, वहीं 'केन्द्र का हाशिया और हाशिये का केन्द्र' शीर्षक लेख में अनघ शर्मा ने सभी पात्रों को बख़ूबी रचे और गढ़े जाने की बात की है—"इतने सारे पात्रों के साथ चलती कथा में भटकाव और लहक की गुंजाइश बन जाती है पर सुलभ जी ने इस कथा के एक-एक पात्र को जैसे निकष पर चढ़ाकर गढ़ा है..."

वे 'अग्निलीक' की कथा रूपी भवन की नींव और छत के रूप में इसके दो पात्रों जसोदा और रेवती को मानते हैं पर साथ ही रेशमा कलवारिन को उस क्षैतिज रेखा की तरह मानते हैं जो अतीत और वर्तमान के भिन्न-भिन्न समीकरणों के बीच उपस्थित है। उनकी नज़र में इस उपन्यास में जीवन और राजनीति के ऐसे सूत्र हैं जिन्हें बार-बार पढ़कर डीकोड किया जा सकता है।

राकेश बिहारी की तरह सुधांशु गुप्त ने भी 'जनसन्देश टाइम्स' में छपी अपनी समीक्षा 'नई लीक स्थापित करेगा 'अग्निलीक' ' के आरम्भ में रेणु द्वारा 'मैला आँचल' में लिखी भूमिका को उद्धृत किया है। 'अग्निलीक' पढ़ते समय उन्हें 'मैला आँचल', सुरेन्द्र वर्मा का 'मुझे चाँद चाहिए' और तेलुगु उपन्यासकार केशव वर्मा लिखित 'भू देवता' याद आते हैं।

उपन्यास में जसोदा और उसके प्रेमी लीला साह के संवाद में यह वाक्यांश आता है—"मेरे साथ फगुआ नहीं खेलोगी?" और फिर जसोदा की परपोती रेवती भी मनोहर से यही पूछती है, "मेरे साथ फगुआ नहीं खेलोगे?" सुधांशु गुप्त की नज़र में यह वाक्यांश पाठक को प्रभावित तो करता ही है, उसे घटनाओं की अन्तर्धारा को जोड़ने में भी मदद करता है। पर वे साथ-साथ यह प्रश्न भी उठाते हैं कि क्या चार पीढ़ियों के बाद भी संवाद बिलकुल नहीं बदला? कई और प्रश्नों के उठाने के साथ-साथ वे उपन्यास को एक नाटककार की क़लम से उपजा नाट्य-तत्त्वों से भरा, पाठक को जोड़ता, उपन्यासों की दुनिया में एक नई लीक स्थापित करने वाला उपन्यास मानते हैं।

'अग्निलीक' की प्रासंगिकता' शीर्षक से रत्नेश कुमार सिन्हा का आलेख साहित्यिक पत्रिका में शीघ्र प्रकाश्य है। इस आलेख में उन्होंने 'अग्निलीक' के कंटेंट पर चर्चा के साथ यह भी कहा है कि कई बार किसी नई कृति के मूल्यांकन के पूर्व पुरानी कृतियों के आधार पर स्थापित सिद्धान्त का व्यामोह नई कृति के मूल्यांकन में बाधक बन जाता है। 'अग्निलीक' का मूल्यांकन एक निरपेक्ष दृष्टि के साथ होना चाहिए। जाति और धर्म के जिस खेल ने हमारे समाज और देश की समरसता को भंग कर रखा है, घाघरा के आँचल में बसे गाँवों में जड़ जमाए इसी कुचक्र को 'अग्निलीक' में सुलभ न सिर्फ़ सामने लाते हैं बल्कि रोचकता और उत्सुकता से कथा को ऐसा पिरोकर ले चलते हैं कि पठनीयता इस उपन्यास की ख़ासियत बन जाती है। पंचायती राज़ व्यवस्था के पीछे चल रहे दाँव-पेंच, स्त्रियों के लिए सुरक्षित सरपंच—मुखिया पदों को लेकर पुरुषवादी वर्चस्व का खेल आदि दिखाकर हृषीकेश सुलभ ने ग्रामीण अराजकता की पोल खोल दी है। उन्होंने लिखा है—लेखक ने महसूस किया है कि पिछले कुछ दशकों से गाँवों में दलितों-पिछड़ों के बीच से एक ऐसा सम्पन्न वर्ग तैयार हुआ है जो समय की माँग के अनुसार स्वाभाविक तो है, किन्तु उसकी अपनी विशेषताएँ तथा विडम्बनाएँ भी हैं। इन्हीं विशेषताओं एवं विडम्बनाओं को कथाकार सुलभ ने अपनी विशेष शैली में हू-ब-हू प्रस्तुत कर दिया है, बिना किसी लाग-लपेट के। यही कारण है कि 'अग्निलीक' के पात्र वास्तविक जीवन का आईना दिखाने में सक्षम हैं।

इसके अतिरिक्त रत्नेश, राकेश बिहारी द्वारा उपन्यास में प्रयुक्त कुछ शब्दों पर उठाई गई कुछ आपत्तियों पर भी अलग विचार रखते हैं। रेशमा के लिए एक ख़ास अवसर पर लेखक द्वारा प्रयुक्त शब्द 'सम्भोग-प्रिया 'को लेकर वे कहते हैं कि यहाँ लेखक की मंशा रेशमा के व्यक्तित्व के उस पक्ष को रेखांकित करना है जिसके द्वारा वह अपने जीवन में विभिन्न पुरुषों—चन्दन तिवारी, पिंटू सिंह, अकरम अंसारी—से अपनी शर्त पर और जीवन के मोड़ से समझौता करते हुए सम्बन्ध बनाती है। उसी तरह रचना में 'हरिजन 'शब्द के प्रयोग पर आपत्ति को भी वे ख़ारिज करते हैं।

रत्नेश शमशेर की हत्या के रहस्य और लीलाधर के बीच की गुत्थी को इन शब्दों में सामने रखते हैं—"शमशेर की हत्या के समय उसका राजधानी में होना, मौक़े पर फ़ोन बन्द रखना और पूरा जुगाड़ बिठाकर गाँव लौटना यह सिद्ध करता है कि वह राजनीति का घाघ खिलाड़ी है और यही वर्तमान का सच भी है। शमशेर की हत्या के बाद सारा कुछ लीलाधर की योजना के अनुसार सम्पन्न होता है क्योंकि शमशेर तो एक मोहरा मात्र है।

कुछ आलोचकों ने यह प्रश्न उठाया है कि उपन्यास के अन्त तक यह पता नहीं चल पाता कि शमशेर की हत्या किसने करवाई। पर इस उपन्यास के घटनाक्रमों से गुज़रते हुए यह धारणा बन जाती है कि लीलाधर यादव एक शातिर खिलाड़ी हैं और सारा खेल उन्हीं का है। पूरे उपन्यास में ख़ास-ख़ास मौक़ों पर उनकी अनुपस्थिति-उपस्थिति, चुप रहना और थोड़ा बोलना यह बताता है कि वे वैसा खेल खेलना जानते हैं जिससे साँप भी मर जाए और लाठी भी न टूटे। जिस रात शमशेर साँई की हत्या होती है वे देवली से अनुपस्थित रहते हैं। सुबह शमशेर साँई की हत्या की सूचना पर वे समधी के साथ राज्य के डी.जी.पी. से मिलते हैं और उस दिन पटना में अपनी उपस्थिति के रिकॉर्ड के रूप में विधानसभा की कार्यवाही में दर्शक के रूप में उपस्थित रहते हैं। दूसरे दिन वे हसनपुरा होते हुए देवली आते हैं और हसनपुरा में थानाध्यक्ष से मिल लेते हैं। बेटे भुवन के द्वारा शमशेर साँई के घर पर महीने भर का राशन पहुँचवाने की व्यवस्था करते हुए उसी की गाड़ी से साहेब साँई को थानाध्यक्ष के पास स्टेटमेंट के लिए पहुँचा देते हैं, जिसके बाद थानाध्यक्ष अच्छेलाल साह के यहाँ छापा मारता है और अकरम अंसारी को गिरफ़्तार कर लेता है।

उपन्यास में यह भी स्पष्ट होता है कि कई चुनावों में सरपंच पद के लिए शेख़ बदरू और मुखिया पद के लिए लीलाधर यादव में गठबन्धन रहता है और शमशेर साँई इन दोनों का बाहुबली बना रहता है। पर आख़िरी चुनाव में सरपंच पद के लिए लड़ते हुए अकरम अंसारी ने शमशेर को तोड़ लिया था जिससे शेख़ बदरू तथा लीलाधर की साँठगाँठ का खेल बिगड़ गया था, शेख़ बदरू तो हार ही गए थे, लीलाधर बड़ी मुश्किल से जीत पाए थे—

> जिस शमशेर को वह पालते रहे,...जिसे उन्होंने समसेरवा से शमशेर साँई बनाया वही पाला बदलकर अकरम के साथ हो गया। (पृ. 93)

स्पष्ट है कि शमशेर साँई लीलाधर यादव की राह का काँटा बन गया था। और उन्होंने इस काँटे को निकालकर हमेशा के लिए गाड़ देना ज़रूरी समझा क्योंकि अपनी भविष्य की राजनीति को भी सुरक्षित रखना था।

'अग्निलीक' के स्त्री पात्रों पर केन्द्रित प्रज्ञा पांडेय की समीक्षा है "साहस भरे फ़ैसले लेती हैं 'अग्निलीक' की स्त्रियाँ" शीर्षक से। घाघरा और गंडक के कछार

पर बसे गाँवों के कड़वे यथार्थ के बीच स्त्रियों की क्षमता की स्थापना को वे इस उपन्यास की ख़ास बात मानती हैं। उपन्यास के हर स्त्री पात्र—जसोदा, रेवती, कुन्ती, रेशमा, गुल बानो, नबीहा, नाज़ बेगम, मुन्नी बी आदि ने मौक़े पर अपने साहस और मानवीय चरित्र का परिचय दिया है। जहाँ रेशमा और गुल बानो को बैर पालना था, वहाँ वे नया मानवीय सम्बन्ध रचती हैं और सौहार्द्रपूर्ण रिश्तों की ताक़त पर उपजी परिस्थितियों का सामना करती हैं।

कुछ-कुछ प्रज्ञा पांडेय की तरह ही कुमारी उर्वशी भी 'अग्निलीक' को यथार्थ की कठोर ज़मीन पर उगते प्रेम और संवेदना के छायादार पेड़ की तरह देखती हैं। वे इसे प्रेम से पगा और इसलिए जीवन के पक्ष में रचा उपन्यास मानती हैं। 'अग्निलीक' के नारी पात्रों पर फोकस करते हुए वे बताती हैं कि इन नारी पात्रों की व्यथा अलग-अलग होते हुए भी एक बात जो सब में कॉमन है, वह है इनकी शक्ति और संघर्ष क्षमता। यही वजह है कि ये पात्र मन-मस्तिष्क में स्थायी जगह बना लेते हैं। और यहीं हृषीकेश सुलभ अपने 'पूर्ववर्ती कथाकारों से' अलग जगह बनाते हैं। रेशमा कलवारिन स्त्री पात्रों में से सबसे सशक्त पात्र है जिसका चरित्र खुलकर उभरता है। 'टूटते सामन्तवाद के युग' में वर्चस्व और वंशवाद की राजनीति पर भी विस्तृत टिप्पणी रचता है यह उपन्यास।

अग्निलीक को स्त्री संवेदना का दस्तावेज मानते हुए उषा रानी राव हृषीकेश सुलभ के स्त्री पात्रों को प्रेमचन्द और रेणु के स्त्री पात्रों के बरक्स खड़ा करती हैं और पाती हैं कि अग्निलीक की स्त्रियाँ अन्याय और शोषण को सिर्फ़ सहती नहीं, उसका प्रतिकार करती हैं, इस तरह सुलभ सिर्फ़ करुणा नहीं पैदा करते बल्कि बदलते सामाजिक यथार्थ को समक्ष लाते हैं। यहाँ नाज बेगम प्रतिकार करती है, रेशमा प्रतिकार करती है, गुल बानो संघर्ष करती है, जसोदा अपने समय की हार की कसक रेवती की जीत में आरोपित करने का भरसक प्रयत्न करती है। इस तरह "स्पष्ट होता है कि मुख्य रूप से यह स्त्री संवेदना की व्यथा-कथा के साथ-साथ बदलते समय की वर्ग चेतना की चेतावनी भी है।" उषा जी ने अग्निलीक के आवरण पर अलग से दृष्टि डाली है और इसे "स्त्री के तरुणावस्था से होते हुए वार्धक्य-ग्रस्त चेहरे" तक की संघर्ष कथा को व्यंजित करता माना है।

चन्द्रेश्वर फ़ेसबुक पर डाली "बिहार के एक ग्राम्यांचल का सजीव दस्तावेज़" शीर्षक से लिखी अपनी समीक्षा में यह मानते हैं कि गंडक और घाघरा के कछार पर बसा जो पुरबिया इलाक़ा इस उपन्यास के केन्द्र में है, हृषीकेश सुलभ ने उसकी पूरी सामाजिक संरचना, प्रकृति, परिवेश, बोलचाल, रस्म-रिवाज़, दाँव-पेच, बनते बिगड़ते जातीय समीकरण सभी को 'उठाकर रख दिया' है। उन्हें इस उपन्यास में सतर्कता और सजगता के साथ प्रेमचन्द और रेणु की तराशी गई शैली का अक्स नज़र आता है।

'देशज दुनिया की महागाथा 'शीर्षक समीक्षा, जो 'कादम्बिनी' में आई थी, में नागेन्द्र प्रश्न तो उठाते हैं कि वर्तमान समय में जब सामाजिक और राजनीतिक चुनौतियाँ सिर उठा रही हैं तब इस उपन्यास में वह राजनीति और 'वह देशकाल-समाज' अनुपस्थित क्यों है, पर स्वयं ही इसका उत्तर भी पाते हैं कि बड़े फ़लक को लेकर चलने वाले इस उपन्यास में देशज गँवई यथार्थ को व्यापकता के साथ रखकर ज़्यादा ज़रूरी काम किया गया है, जिसकी एक लम्बे समय से अनुपस्थिति बनी हुई थी। नागेन्द्र 'अमली' (सुलभ की आरम्भिक कहानी) से लेकर 'अग्निलीक' तक हृषीकेश सुलभ की जादुई भाषा के कायल हैं। अनघ शर्मा की तरह ही इनकी नज़र में अलग-अलग मिज़ाज के स्त्री पात्रों को सिलसिले से संगुम्फित कर पाना भी उपन्यासकार की विशिष्ट क्षमता है।

'क़यामत से क़यामत तक जीवन 'शीर्षक से गीताश्री की समीक्षा है, जो उन्होंने फ़ेसबुक पर पोस्ट की थी। वे चर्चा करती हैं हृषीकेश सुलभ की उस क्षमता की जिससे वे एक ओर नदी को, उसके वेग को, वेग में छिपी उसकी आकुलता को, उसके जुझारूपन को, स्त्री से एकाकार कर देते हैं तो दूसरी ओर नदी के उद्गम और प्रवाह को बताते समय काव्य और भूगर्भशास्त्र को एक कर देते हैं। प्रकृति और मनुष्य को एक कर देने का नमूना उपन्यास में बार-बार आता है, तब भी जब सुलभ जसोदा की अभिसार क्रीड़ा को रचते हैं। गीताश्री इसे लेखक की मौलिक सौन्दर्य-दृष्टि के रूप में रेखांकित तो करती ही हैं, इस प्रस्तुति के औचित्य पर बात करती हुई इसकी आलोचना को ख़ारिज भी करती हैं। इस दृश्य को वे एक कलात्मक पेंटिंग-सा देखती हैं। 'समय की शिनाख़्त' करते विराट फ़लक के इस उपन्यास के केन्द्र में है स्त्री, जो उपन्यास की प्रगति के साथ क्रमशः सशक्त होती जाती है।

'दुख, दुख को टेर रहा था' शीर्षक से राजा राम भादू की फ़ेसबुक पर आई टिप्पणी में वे 'अग्निलीक' को ई.एम. फ़ॉस्टर, फील्डिंग, मार्क्सवादी आलोचक रॉल्फ़ फ़ॉक्स, फ्लाबेयर आदि के निकष पर खरा उतरता पाते हैं, जैसे—कला चूँकि एक दूसरी प्रकृति है, इसलिए इस प्रकृति के स्रष्टा को भी वैसे ही तरीक़ों से काम लेना चाहिए; हर एक अणु, इसके हर पहलू में, उसके गुप्त और अनन्त अस्तित्व का बोध होना चाहिए और 'हृषीकेश इसे सहजता से साध लेते हैं'—'अग्निलीक' में लेखक का कहीं प्रत्यक्ष दख़ल नहीं है, जबकि वे हर कहीं हैं।'

'हमारे समय की खंड-खंड-पाखंड कथा' शीर्षक से श्रीनारायण समीर ने इस उपन्यास की आलोचना प्रस्तुत की है। वे इस उपन्यास को जनमानस की सामाजिक चेतना को जाग्रत करने वाले परिवर्तनकारी उपकरण के रूप में देखते हैं। वे इसे सारण, सीवान की कथा होने के बाद भी पूरे हिन्दुस्तान की कहानी मानते हैं—"...मगर देवली गाँव और पंचायत से अधिक एक प्रतीक है। देवली हिन्दुस्तान का कोई भी गाँव और पंचायत हो सकता है। ...'अग्निलीक' उपन्यास क्या है? यूँ समझिए कि आज के ग्रामीण भारत का कच्चा चिट्ठा है।"

अन्य समीक्षकों की तरह इन्होंने भी इस उपन्यास में सामन्ती चरित्र के बदलते स्वरूप के सफल चित्रण की ओर इंगित किया है, पर ये उपन्यास में कार्य-कारण सम्बन्ध की आवश्यकता पर बल देते हुए, यहाँ भदेस गँजहे चरित्रों के उचित विकास की अपेक्षा करते हैं, जो "कथा के रसोद्रेक में गुणात्मक वृद्धि तो करते ही, कथानक के फ़लक को भी व्यापक बनाते।" वैसे इस उपन्यास में इस दृष्टि से कथा-सूत्र छूटते हुए तो नहीं दिखते, साथ ही गँजहों में जो एक प्रमुख पात्र है—नौशेर साँई—वह तो कथानक में भूमिका के अनुरूप ही स्वरूप पाता दिखाई देता है। आलोचक ने राकेश बिहारी और सन्तोष दीक्षित की तरह ही 'उस दौर में एक चरित्र...जिसकी गाँव से शहर और राजधानी तक तूती बोलती थी' की छाया तक न दिखना इस रचना की एक सीमा माना है।

पंकज पराशर 'नये सामाजिक यथार्थ और हिन्दी उपन्यास' शीर्षक अपनी समीक्षा में इस उपन्यास के स्त्री पात्रों को शिवपूजन सहाय की 'देहाती दुनिया' और रेणु के 'मैला आँचल' के स्त्री पात्रों की ही रेखा में, पर आगे के समय के अनुरूप बदलता हुआ पाते हैं। इसी के साथ वह रेशमा जैसी स्त्री की, अपनी शर्तों पर पुरुषों से सम्बन्ध बनाने की ताक़त को स्थापित करते हुए, उपन्यासकार द्वारा उसके लिए 'सम्भोग-प्रिया' जैसे शब्द-युग्म के इस्तेमाल को वाजिब ठहराते हैं और अन्य आलोचक द्वारा ऐसे शब्द-युग्म के इस्तेमाल को 'मर्दवादी लोलुपता' बताना निराधार मानते हैं। इस शब्द-युग्म के प्रयोग पर समीक्षक रत्नेश कुमार सिन्हा द्वारा भी पंकज पराशर जैसे ही विचार रखे गए हैं। अपनी समीक्षा के अन्त में पंकज पराशर दो बातों पर प्रश्न खड़े करते हैं—शमशेर साँई के हत्यारे का अन्त तक पता न चलना तथा सीवान में तीन दशक तक चल रही दुर्दान्त माफ़ियाग़िरी की कोई चर्चा का न होना।

'अग्निलीक' को पढ़कर और इस पर आई समीक्षाओं/आलोचनाओं से गुज़रकर यह तो माना ही जा सकता है कि 'भाषा और कथ्य के अद्‌भुत सम्मिलन का नमूना है यह उपन्यास जो सहज ही साहित्य जगत् का ध्यान खींचता है।' आलोचकों/समीक्षकों द्वारा अपने-अपने दृष्टिकोण से रखी गई कतिपय सीमाओं के बाद भी उन्हीं की राय में ख़ास अंचल की कहानी के बहाने यह उपन्यास पूरे भारतीय परिवेश की बात करता है। गाँव, जहाँ अभी भी भारत की अधिकांश आबादी जीवन व्यतीत कर रही है, राजनीतिक दाँव पेच, जातिगत समीकरणों की उठापटक, नये रूपों में सामन्तशाही जैसी कई विडम्बनाओं के शिकार हैं। विकास के नारों, महानगरों की चमक-दमक में धरातल की चिन्ता से हम विस्मृत न हो जाएँ, घटनाओं की सजीवता और भाषा की गत्यात्मकता के साथ रचा यह उपन्यास उसकी ओर इशारा करता है। साथ ही, विकास और राजनीतिक-सामाजिक परिवर्तन के सारे दावों के बाद भी पितृसत्तात्मकता की पकड़ में पिसती नारी को उससे बाहर निकालने के लिए जिस

सशक्त मानसिकता की आवश्यकता है, उसके सार्थक संकेत के रूप में मज़बूत नारी चरित्रों की रचना इस उपन्यास की एक महत्त्वपूर्ण देन है; इस पर मतैक्य भी साफ़ दिखता है। किसी रचना में एक ओर यदि उत्सुकता की डोर और रोचकता का प्रवाह हो और दूसरी ओर कथ्य की सोद्देश्यता और समस्याओं की जागरूकता हो तो कहा जा सकता है रचनाकार ने अपना कार्य कर दिया है। 'अग्निलीक' के साथ हम यह निष्कर्ष निकाल सकते हैं। रही बात रचनाकार पर टिप्पणी की तो इस सिलसिले में प्रियदर्शन की बातों को रखना उपयुक्त होगा—"...उनका नया उपन्यास 'अग्निलीक' हमें मजबूर करता है कि हम उन्हें समकालीन उपन्यासकारों की भी प्रथम पंक्ति में रखें।"

—प्रकाश देवकुलिश

बदलते गाँवों में राजनीति और स्त्री

सूरज पालीवाल

'अग्निलीक' हृषीकेश सुलभ का पहला उपन्यास है। उनके कई कहानी संग्रह इससे पहले प्रकाशित हो चुके हैं। वे रंगमंच से गहरे रूप में जुड़े हैं। 'मैला आँचल' के नाट्यान्तर के साथ उन्होंने भिखारी ठाकुर के 'विदेसिया' का आधुनिक सन्दर्भों में प्रयोग किया है। शूद्रक के 'मृच्छकटिक' से लेकर रवीन्द्रनाथ ठाकुर की कई कहानियों को नाट्यरूप दिया है। नाटक दृश्य विधा है, इसलिए वह कठिन भी है, उसका सीधा सम्बन्ध जनसमूह से है। इस परिचय के बाद मैंने जब उनका यह उपन्यास पढ़ा तो मेरा विश्वास दृढ़ हुआ कि रंगमंच से जुड़ा व्यक्ति उपन्यास की वृहद् कथा-भूमि को सँभालने में सक्षम हो सकता है। 'अग्निलीक' की कथा के मूल में बदलता ग्रामीण जीवन है। यह आज़ादी के तुरन्त बाद के भारत का गाँव नहीं है, बल्कि आज़ादी के चार दशक के बाद के भारत का गाँव है, जो पाँच पंचवर्षीय योजनाओं के परिणाम देख चुकने के बाद भी बहुत नहीं बदला है। यदि कुछ बदलाव आए भी हैं तो सत्ता पर बैठे लोगों में आए हैं, जिन्होंने पंचवर्षीय योजनाओं का लाभ सर्वाधिक रूप से उठाया है, जिसके संकेत 'मैला आँचल' और 'परती परिकथा' में रेणु बहुत पहले दे चुके हैं। हृषीकेश सुलभ ने आज़ादी के चार दशक के बाद के भारत को एक बार फिर एक ग्राम पंचायत समिति को प्रातिनिधिक रूप में चुनकर उसका सामाजिक-आर्थिक और राजनीतिक विश्लेषण किया है। यह कार्य कठिन था, गाँव जिस प्रकार बदले हैं उस बदलाव को गाँव से गहरे तक जुड़ा व्यक्ति ही पहचान सकता है। सरकारी परियोजनाओं में काम कर रहे अधिकारी-कर्मचारी या एन.जी.ओ. में काम कर रहे लोगों के लिए यह सम्भव नहीं है। गाँव के कुछ व्यक्तियों से मिलकर, गाँव में पक्के मकान, सड़क और खड़ंजा, घरों में रखे ट्रैक्टर या खेतों में बिजली से चलने वाले नलकूप देखकर गाँव के विकास का आँकड़ा सरकारी आँकड़ा ही होगा।

'अग्निलीक' में किसी ज़मींदार का वर्णन नहीं है, जिसके आसपास गाँव की दुनिया अब तक घूमती रही है। यह सुविधाजनक स्थिति भी है इसलिए यह देखना

ज़रूरी है कि जातियों में बँटे गाँव में अब परम्परागत जातियों की स्थिति क्या है?

> ब्राह्मणों के पास खेती कम थी। पहले भी अधिकांश परिवारों का जीवन जजमानों के भरोसे कट रहा था। और आज भी लगभग वही स्थिति थी। कुछ परिवारों के बच्चे पढ़-लिखकर बाहर निकल गए थे, पर जो बचे थे आज भी पोथी-पतरा और शंख-घड़ीघंट के भरोसे जी रहे थे। पर बात अब पहले वाली नहीं थी। राजपूतों का जीवन सबसे विचित्र हो गया था। पूर्वजों की जंग लगी प्रतिष्ठा और गुरूर का बोझ लादकर जीवन की गाड़ी खींचने में कमर टूट रही थी। शादी-ब्याह और मरनी-जीनी में खेती बिकने लगी थी। जवान लड़कों की निकम्मी और जाहिल फौज रोज़ी-रोज़गार और खेती-किसानी के बदले गाँजे की चिलम में उलझी हुई थी। कोई ऐसा परिवार नहीं था, जो कलह में आकंठ डूबा हुआ नहीं हो। जवान बेटे बूढ़े बाप को पीटते और बहुएँ सास को भात के एक-एक कौर के लिए तरसातीं। पूरा बबुआन टोला गँजहों से भरा हुआ था। बात-बेबात झगड़ा-फसाद और फ़ौजदारी आम बात थी।

तथा

> लगभग बीस घरों का कायस्थों का टोला उजड़ चुका था। कायस्थों की अस्सी प्रतिशत भूमि बिक चुकी थी। अधिकांश खेती यादवों और अंसारियों के हाथ थी। जो थोड़ी-सी खेती बची थी उसकी उपज लेने वाले बहुत दूर जाकर बस गए थे। केवल डीह बची थी। मकान ढह चुके थे या ढह रहे थे।

यह गाँव की जातिगत स्थिति है, जिसमें दलितों का केवल टोटहा टोला है, जिसकी उपस्थिति गाँव में लगभग नदारद है। मुसलमानों के घर मनरौली में हैं, जो देवली ग्राम पंचायत का ही हिस्सा है या कहें कि दोनों गाँवों को मिलाकर एक पंचायत बनती है। गाँव का पूरा सामाजिक-राजनीतिक चक्र जातियों के इर्द-गिर्द ही घूमता है। यदि कोई यह कहे कि जातियाँ समाप्त हो रही हैं तो उसे भारत के गाँवों का गहराई के साथ अध्ययन करना चाहिए, जहाँ जाति आज भी निर्णायक स्थिति में है तथा जहाँ व्यक्ति की पहचान उसकी जाति को समाहित करके जानी जाती है। तभी तो बहुत से राजनेताओं की ज़मीनी हक़ीक़त जातियों में ही छुपी हुई है। वे अपनी जाातियों के नेता पहले हैं बाक़ी जनता के बाद में। 'अग्निलीक' के लीलाधर यादव जो चार दशकों से पंचायत के मुखिया बने हुए हैं, उसके मूल में जातीय समीकरण ही हैं, जिसे साधने में वे अब-तक सफल रहे हैं।

'अग्निलीक' में अनेक घटनाएँ हैं और ख़ूब सारे पात्र। हृषीकेश सुलभ की दृष्टि बिहार के सीवान ज़िले के गाँव देवली और उसके आसपास के गाँवों की छोटी से छोटी घटना पर केन्द्रित है इसलिए बहुत सारी घटनाएँ और उनसे जुड़े हुए पात्रों का आना स्वाभाविक ही है। गाँवों में कितना ही इकलखोरापन आ जाए, कितना ही हम भूमंडलीकरण की बात कर लें और कितना ही टी.वी. और मोबाइल को कोस लें लेकिन गाँव में अब भी सामूहिक ज़िन्दगी बची हुई है। यह सही है कि वह सामूहिकता पहले की तरह नहीं रह गई है लेकिन जो है वह भी अपने-आप में पर्याप्त है। इसलिए छोटी-छोटी घटनाएँ भी सामूहिक चर्चा और सामूहिक प्रभाव के कारण पूरे गाँव और आसपास के गाँवों में अपनी बतकही के साथ लोगों की ज़ुबान पर होती हैं। मसलन उपन्यास की शुरुआत शमशेर साँई की हत्या की सूचना के साथ होती है। हत्या जन्माष्टमी की रात के अँधेरे में हुई। गाँव के किसी आदमी ने न हत्यारे को देखा और न हत्या होते किसी ने देखी। पर कनबतियों में हत्या के कारण और उसके प्रमाण ढूँढ़े जा रहे हैं, जिन्हें केवल पुलिस की नज़र से नहीं देखा जा सकता। गाँव के लोगों में सीधाई और चतुराई दोनों एक साथ होती हैं इसलिए न जानते हुए भी वे जानने का भ्रम देते हैं और जानते हुए भी यह सन्देह उपस्थित करते हैं कि उन्हें कुछ नहीं मालूम। शमशेर साँई की हत्या भी इसी सन्देह के धुँधलके में अफ़वाहों में जीती है जिसका लाभ मुखिया लीलाधर यादव उठा रहे हैं। उपन्यास में राजनेताओं की चतुराई को दिखाने के लिए मुखिया जी का सम्बन्ध हत्या से कहीं नहीं जोड़ा गया है, गाँव का कोई आदमी और यहाँ तक कि शमशेर साँई का पिता, उसकी पत्नी या उसका भाई नौशेर भी मुखिया जी पर सन्देह नहीं कर रहे हैं। गाँव की सबसे वाचाल जगह अच्छेलाल साह की कलाली की दुकान पर भी मुखिया जी के नाम की कोई चर्चा नहीं होती। पर सुलभ ने मुखिया जी के चरित्र को जिस प्रकार रचा है, उससे उँगली मुखिया जी की ओर ही उठती है।

लीलाधर यादव 1978 से 2016 तक गाँव पंचायत के मुखिया रहे। राजनीतिक हलक़े में उनकी गहरी पैठ है। पिछड़ी जातियों के साथ मुसलमानों के भी वे संरक्षक हैं। लीलाधर लालू यादव तो नहीं हैं, पर यह तो सच है कि लालू की राजनीति का आधार भी पिछड़ी जातियों के साथ दलित और मुसलमान ही थे, जो बदलते हालात और उन पर लगे तमाम भ्रष्टाचार के आरोपों के कारण धीरे-धीरे छिटक गए। लीलाधर यादव लालू से आगे के नेता हैं, वे किसी से बुरा नहीं बोलते, दूसरों की ज़मीन और सम्पत्ति से उनका कोई लेना-देना नहीं है, दूसरों की बहन-बेटियों का वे सम्मान करते हैं तथा गाँव के सुख-दुख में हमेशा शरीक होते हैं। इसलिए उनकी राजनीति पर कोई उँगली उठाने वाला नहीं है। सरपंच के चुनाव को लेकर लोग पाले बदलते रहते हैं पर मुखिया जैसे महत्त्वपूर्ण पद पर अब-तक लीलाधर यादव का ही क़ब्ज़ा रहा है। कहना न होगा कि लीलाधर यादव का कोई परम्परागत

राजनीतिक आधार नहीं रहा है, वे किसी बड़े नेता के पिछलग्गू भी नहीं रहे हैं पर उनकी सूझबूझ और चाल-चलन उनकी राजनीति को लगातार मज़बूत बनाता रहा है। देखा जाए तो पारिवारिक रूप से लीलाधर यादव की पृष्ठभूमि बहुत ख़राब रही है, उनके पिता अकलू यादव डकैती में मारे गए थे और गाँव की बबुआन टोली की रामझरी से उनके देह सम्बन्ध थे। उपन्यास में अकलू यादव की डकैती के क़िस्से, रामझरी से प्रेम सम्बन्ध तथा उनकी माँ के प्रेम सम्बन्धों के चित्रण में लगभग सौ पृष्ठ भरे गए हैं। इसलिए पहली बार उपन्यास पढ़ते हुए यह भ्रम और शंका लगातार बनी रहती है कि उपन्यास के केन्द्र में लीलाधर यादव हैं तो चित्रण उनके पिता की डकैतियों और माँ के प्रेम सम्बन्धों का क्यों हो रहा है? यहाँ यह स्पष्ट कर देना ज़रूरी होगा कि लीलाधर की माँ जसोदा के प्रेम सम्बन्धों में हृषीकेश सुलभ रस लेते हैं, इसलिए प्रेम सम्बन्धों के चित्रण में उनका मन रमता है। इसी रमते मन के कारण वे लम्बे-लम्बे दृश्य उपस्थित करते हैं। इन अर्थों में सामान्य परिवार में जन्म लेने वाली जसोदा अपने समय की विलक्षण युवती थी, जो अपने ही गाँव के लीला साह से खुला प्रेम करती थी। यह लगभग एक शताब्दी पहले की घटना है जब ससुराल से विदा होती—

> जसोदा ने आँखें मूँदकर मन को स्थिर करने की कोशिश की थी। पर मन था कि थामे नहीं थम रहा था। बार-बार लौटता था पीछे। पहली बार नइहर से विदा होकर ससुराल देवली के लिए जाती हुई जसोदा ने राह में मन ही मन तय कर लिया था कि न सही लीला साह के हाथों माँग में सेनुर, पर बेटा हुआ तो उसका नाम लीला ही होगा। ...लीला...लीलाधर।

गाँव की राजनीति में सम्बन्ध शहर और देश की राजनीति की तरह नहीं होते। वहाँ दलगत राजनीति भी कोई ख़ास मायने नहीं रखती। गाँव की राजनीति में अधिकतर सम्बन्ध व्यक्तिगत राग-द्वेष या स्वार्थ के आधार पर होते हैं। कोई बहुत बड़ा एजेंडा या बहुत सोची-समझी राजनीति गाँव में काम नहीं आती। इसलिए जो शहराती लोग गाँव में जाते हैं वे यदि ताक़तवर नहीं हैं तो वहाँ से जल्दी ही उखाड़ भी दिये जाते हैं। ऐसे कई लोगों के उदाहरण हैं, जो आजीवन शहर में रहे लेकिन अन्तिम समय में अपने गाँव की याद आई और भावुकता में गाँव में बसने चले गए। चले तो अपने मन से गए पर वहाँ से भागे दूसरों के मन से। गाँव में बहुत ज़्यादा चुप भी नहीं रहा जा सकता और न बहुत वाचाल होकर जिया जा सकता है। वहाँ हरदम दुधारी तलवार पर चलना होता है, जिसे यह गुर आता है वह सफल होता है—लीलाधर यादव इसलिए सफल व्यक्ति हैं। इस सफलता के पीछे कई कारण हैं पर पहला कारण तो यही है कि वे अपने काम से काम रखते हैं, दूसरों के फटे में अपनी टाँग कम उलझाते हैं। अपने मन की बात शायद ही वे किसी से कहते होंगे।

इसलिए शमशेर साँई की हत्या के समय वे अपने छोटे बेटे पवन के यहाँ अपना 66वाँ जन्मदिन मनाने चले गए थे। जन्मदिन तो गाँव में भी मनाया जा सकता था पर भावी घटनाओं के चक्र से बचने के लिए वे पोते की ज़िद का बहाना बनाकर पटना चले गए। सुलभ लिखते हैं—

> शमशेर साँई की हत्या की रात देवली पंचायत के मुखिया लीलाधर यादव पटना में अपने एम.एल.सी. समधी के घर अपना छियासठवाँ जन्मदिन मना रहे थे। तीन बेटों और एक बेटी और उनकी सन्तानों से भरे-पूरे परिवारवाले लीलाधर यादव अपने आठ वर्षीय पोते अंशु की ज़िद पर अपना जन्मदिन मनाने पटना पहुँचे थे। अंशु उनके सबसे छोटे बेटे पवन सिंह यादव की इकलौती सन्तान था। पवन सिंह यादव के श्वसुर सुरंजन चौधरी सत्ताधरी दल के एम.एल.सी. थे। सुरंजन चौधरी मुख्यमंत्री के नज़दीकी लोगों में थे, सो पिछला विधानसभा चुनाव हारने के बाद भी मुख्यमंत्री ने उन्हें विधान परिषद में नामित करवा दिया था। इसके पहले वे दो बार विधानसभा का सदस्य और पिछले मंत्रिमंडल में मंत्री रह चुके थे। पवन सिंह यादव की शादी के बाद से मुखिया लीलाधर यादव के रुतबे में अचानक बढ़ोतरी हुई थी। मुखियागीरी का दबदबा पहले से था ही, पर मंत्री का समधी बनते ही पूरे जवार में डंका पिट गया था। लोगों की नज़र बदल गई थी। जो लोग पहले हाथ जोड़ने में महटियाते-हिचकिचाते थे, वे अब लपककर मिलते और हाथ जोड़ते हुए अघाते नहीं थे।

यह जानकारी केवल यह बताने के लिए है कि लीलाधर यादव गाँव में रहते हुए भी अब कितने बड़े आदमी और रसूख़दार बन गए थे। रंगून माँझी ने शमशेर साँई की हत्या की सूचना मुखिया जी को सुबह ही दे दी थी और मुखिया जी ने अपने समधी को। सुरंजन चौधरी शमशेर साँई को वर्षों पहले से जानते थे। उन्होंने ज़िला मुख्यालय सीवान में अपने लोगों से मोबाइल पर सम्पर्क किया और पुलिस-प्रशासन का रुख़ पता किया। वे लीलाधर यादव को साथ लिये विधानपरिषद पहुँचे। शून्यकाल तक परिषद में रहे। लीलाधर दर्शकदीर्घा में बैठे परिषद की कार्यवाही देखते रहे। दोनों वहाँ से निकलकर डी.जी.पी. के ऑफिस गए। लगभग आध घंटे तक डी.जी.पी. के पास रहे। वहाँ से निकलने के बाद मुखिया लीलाधर यादव ने अपना मोबाइल चालू किया। सुरंजन चौधरी ने कहा—अब आप आज जाने का प्रोग्राम कैंसिल कीजिए। कल भोर में निकल जाइएगा।

मुखिया जी अपना मोबाइल बन्द कर जिस प्रकार भागदौड़ कर रहे हैं उसका कारण या तो वे जानते हैं या उनके समधी। उपन्यास पढ़ते हुए कहीं यह आभासा

नहीं होता कि शमशेर साँई की हत्या के तार मुखिया जी की कूटनीति से जुड़े हुए हैं। पर मन में यह शंका ज़रूर होती है कि हत्या के समय मुखिया जी न तो गाँव में थे और न गाँव में उनका कोई नाम ही ले रहा था, तब उनकी सक्रियता का कारण क्या है? कुछ भोले लोगों की समझ में शायद यह बात न आए पर ग़ौर से देखने पर सारे रहस्यों से पर्दा उठ जाता है। उपन्यास में बहुत छोटी घटना का ज़िक्र है—

> थानाध्यक्ष गरभू पांड़े ने अकरम अंसारी से पूछा—डाँड़ में कवन हथियार खोंसे हो? ...पिस्तोल...अकरम घिघियाए। थानाध्यक्ष गरभू पाँड़े ने उनका दायाँ हाथ छोड़ते हुए कहा—निकालो। अकरम अंसारी ने पिस्तौल निकालकर थानाध्यक्ष की मेज पर रख दिया। तीन सिपाही अकरम अंसारी के आगे दीवार की तरह तने थे। पीछे अकरम अंसारी की पीठ से छाती सटाए थानाध्यक्ष डटा था। थानाध्यक्ष गरभू पांड़े के इशारे पर एक सिपाही आगे बढ़ा और काग़ज़ से पिस्तौल की नली पकड़ते हुए उठाकर मेज के ड्राअर में बन्द कर दिया।

और परिणाम यह निकला कि अकरम की पिस्तौल हत्या वाली जगह पर पाई गई, जो इस बात का सबूत है कि शमशेर साँई की हत्या सरपंच अकरम अंसारी ने की है। मुखिया जी इस बात को जानते थे कि अपने गाँव देवली में बैठकर यह सब प्रबन्ध इतने कौशल के साथ नहीं कर सकते थे। अकरम अंसारी का दोष यह था कि वह उनकी इच्छा के बगैर सरपंच पद पर जीतकर आया था और शमशेर साँई का अपराध यह था कि हमेशा मुखियाजी के साथ रहते हुए इस बार अकरम के साथ चला गया। मुखिया जी को यह स्वाभाविक रूप से अच्छा नहीं लगा होगा पर उन्होंने कभी कुछ नहीं कहा।

उपन्यास में मुखिया जी के मन की टीस को बताना ज़रूरी लगा कि—

> शमशेर साँई को अकरम असांरी ने तोड़ लिया था। जिस शमशेर को वह पालते रहे,...जिसे उन्होंने समसेरवा से शमशेर साँई बनाया वही पाला बदलकर अकरम के साथ हो गया।

शमशेर साँई के पाला बदलने और अकरम की जीत के कारण इस बार मुखिया जी की जीत आधी रह गई थी। प्रभावशाली नेता न केवल चुनाव जीतना चाहता है बल्कि यह भी चाहता है कि वह सर्वाधिक मतों से जीते। इससे उसकी धाक जमती है और वह चर्चा में रहता है। मुखिया जी चर्चा में इसलिए बने रहना चाहते थे कि गाँव में हुए सारे परिवर्तनों के बाद उन्हें हरा सकने की हिम्मत किसी में नहीं थी। वे न केवल अपनी पंचायत में बल्कि पटना तक यह सन्देश भिजवा देना चाहते थे कि पंचायत के अधिकांश वोटों पर उनका अधिकार है, जो आगे भी बना रहेगा।

यह अधिकार विधानसभा और लोकसभा के चुनावों में स्थानीय नेता के वर्चस्व का आधार होता है, पटना या दिल्ली में इसी आधार पर उसका रुतबा बढ़ता है। इसलिए लीलाधर यादव उस मुसीबत को ही जड़ से उखाड़ देना चाहते थे, जिससे आगे चलकर उन्हें कोई परेशानी न हो। आजकल की राजनीतिक शब्दावली में इसे कूटनीति कहते हैं लेकिन इसकी जड़ें कुटिलता से जुड़ती हैं। बगैर कुटिल राजनीति के अपने प्रतिद्वंद्वी और उसके समर्थक को एक ही तीर से समाप्त नहीं किया जा सकता। गाँव में स्थानीय चुनावों की राजनीति विधानसभा और लोक सभा के चुनावों से अधिक गन्दी और भयावह होती है। आज़ादी के बाद मुखिया और सरपंच घर फूँक तमाशा देखते थे, सरकार की ओर से कोई विशेष अनुदान पंचायतों को नहीं मिलता था। वे केवल नाम भर के मुखिया या सरपंच होते थे पर उन्हें इस बात पर गर्व होता था कि वे इस देश के लोकतांत्रिक मूल्यों की रक्षा कर रहे हैं। पिछले कुछ दशकों से ग्राम पंचायतों और ग्राम सभाओं को इतना धन मिलना शुरू हो गया है कि अब वहाँ भी कई प्रकार का भ्रष्टाचार फैल गया है। चुनावों में वोट ख़रीदे जाते हैं और चुनावों के बाद योजनाएँ ख़रीदी और बेची जाती हैं। यह सब बड़े राजनेताओं के सरक्षण में जिस कुशलता से होता है, उससे न किसी को कोई शिकायत है और न किसी के लिए परेशानी का कारण। इसलिए कहा भी जाता है कि भ्रष्टाचार का चक्र जिस भाईचारे और समन्वय से घूमता है, उतना ईमानदारी का नहीं।

2016 का पंचायत चुनाव मुखिया जी के लिए महत्त्वपूर्ण था। इससे पहले 2011 के चुनाव को वे देख चुके थे, जिसमें उनके अपने ही आदमी ने उनके अपने चहेते सरपंच को हरवा दिया था। पाँच वर्षों में उन्होंने गाँव पंचायत में हो रहे परिवर्तनों के साथ समाज और बिरादरी में हो रहे परिवर्तनों को निकट से देखा था। 2011 में वे 1978 वाले मुखिया जी नहीं रह गए थे, इस बात का उन्हें गहरा एहसास भी था और दुख भी। इसलिए 2016 के चुनाव में वे अपने प्रतिद्वंद्वियों से हिसाब भी चुकता करना चाहते थे और अपनी धाक को फिर से क़ायम भी करना चाहते थे। 2016 में बड़ा परिवर्तन यह हुआ कि देवली पंचायत के दोनों पद महिलाओं के लिए आरक्षित कर दिये गए। महिलाओं के लिए दोनों पद सुरक्षित होने पर उन्होंने निर्णय लिया कि अपनी पोती रेवती को मुखिया पद के लिए और रेशमा को सरपंच पद के लिए चुनाव लड़वाएँगे। इस निर्णय के पीछे छुपे रहस्य उपन्यास में एक जगह नहीं बल्कि कई जगह बिखरे पड़े हैं। पोती रेवती पटना में कोचिंग कर रही थी, वह अपने साथ कोचिंग कर रहे मनोहर रजक से प्रेम करती थी, यह बात पूरे ख़ानदान को पता थी। मुखिया जी का पोता सुजीत इस बात से बेहद क्रुब्द्ध रहता था। पर मुखिया जी क्रोध में या जल्दबाज़ी में कोई निर्णय लेने के आदी नहीं थे। उनकी माई ने उनसे वचन लिया था जिसका वे निर्वाह करते हुए दिखना चाहते थे और चाहते थे कि आसानी से काँटा भी निकल जाए। उनकी माई ने अपनी मृत्यु के तीन दिन पहले उनसे कहा था—

हमको नहीं पता कहिया तक जिनगी है हमारी! आज हैं, कल न रहें। ...बस एक बचन दो कि इसके साथ घर-परिवार में कौनो आदमी अनियाय ना करेगा। ...इसकी पढ़ाई हर हाल में बन्द ना होगी। जितना चाहे पढ़ना, उतना पढ़ाओगे। ...इसका बियाह बिना इसकी मरजी के मत करना।

और लीलाधर ने अपनी माई की ओर सजल आँखों से देखा और बोले, "तुम्हारा कहा कहियो टाले हैं माई? जो तुम कह रही हो, वैसा ही होगा। और तुमको अभी सौ बरिस पूरा करना है।" रेवती को भरोसा था कि उसके बाबा उसके मन की बात पूरे घर में सबसे अधिक समझते हैं, इसलिए वे उसके साथ खड़े हैं। इसी कारण वह सुजीत या घर के किसी अन्य सदस्य के विरोध की परवाह नहीं करती थी। लेकिन बाबा जानते थे कि धोबी के लड़के को प्यार करने का मतलब क्या होता है? वे चुप थे लेकिन इसका यह अर्थ कदापि नहीं था कि वे रेवती के समर्थन में थे। इसलिए मुखिया का पद महिलाओं के लिए आरक्षण होने पर उन्होंने मन ही मन प्रसन्नता का अनुभव किया और रेवती को पटना से हमेशा के लिए छुट्टी दिलाकर मुखिया का चुनाव लड़ाने का निर्णय किया। अकेले जाने का साहस वे अपने अन्दर नहीं समेट पाए इसलिए अपने दामाद मनन चौधरी के साथ रेवती के पास पहुँचे और उसे अपने आने का मन्तव्य सुनाया। रेवती के फ़ूफ़ा मनन चौधरी ने उसे समझाया कि—

> अभी तुमको इंसाफ-नाइंसाफी की समझ नहीं है बबुनी। चुनाव के बाद... जीतने के बाद भी तुम्हारी पढ़ाई चलती रहेगी। आई.ए.एस. बनकर किसी नेता के पीछे डोलने से बेहतर है राजनीति। यह शुरुआत होगी तुम्हारी। छपरा से अंग्रेज़ी में एम.ए. कर लेना। देवली और छपरा के बीच दूरी ही कितनी है। जब जी किया आना-जाना करना। देवली में तुम्हारा तीन सौ पैंसठ दिन रहना ज़रूरी नहीं। तुम्हारे बाबा देखेंगे सारा काम। हम लोग सब देख लेंगे। तुम पढ़ी-लिखी हो। तुम्हारा परिवार राजनीतिक परिवार है। मुखिया की कुर्सी जल्दी ही बहुत छोटी हो जाएगी तुम्हारे लिए। तुम बस हामी भर दो। एक लीक पकड़कर चलने से कुछ नहीं होता। कई बार बेहतरी के लिए रास्ता बदलना पड़ता है।

घर के दो बुज़ुर्ग रेवती को उसका भविष्य समझा रहे थे पर उसकी कुछ समझ में नहीं आ रहा था। वह हतप्रभ थी, अपने ही बाबा के निर्णय से, जिनके बल पर वह अपने भाई और समाज से लड़ सकने का साहस रखती थी। पर बाबा एक तीर से दो निशाने साध रहे थे—रेवती के मुखिया बनने पर मुखियागीरी उनके पास ही रहेगी तथा रेवती के पटना छोड़ने पर मनोहर रजक का झंझट भी ख़त्म हो जाएगा।

इतनी दूर तक रेवती देख नहीं पा रही थी इसलिए वह हतप्रभ थी। राजनीति में व्यक्तिगत सम्बन्धों का कोई अर्थ नहीं होता इसलिए कहा जाता है कि युद्ध और प्रेम में कुछ ग़लत नहीं होता, मैं इसमें राजनीति को भी जोड़ना चाहता हूँ। राजनीतिक निर्णय मानवीय सम्बन्धों से परे होते हैं, जो नितान्त व्यक्तिगत स्वार्थ से भरे होते हैं जिनमें किसी की भी बलि चढ़ाई जा सकती है चाहे वह कितना भी अपना हो।

सरपंच पद के प्रत्याशी के लिए मुखिया जी ने रेशमा को चुना। इससे पहले रेशमा से उनकी सामान्य बातचीत तक नहीं थी। कलाली पर वे जाते नहीं थे और औरतों के प्रति आसक्ति जैसी कोई बीमारी उनके अन्दर थी नहीं। रेशमा के क़िस्से ज़रूर सुनते थे, जो ग्रामीण जीवन में आम बात थी। लेकिन जब सरपंच के प्रत्याशी के चयन का समय आया तो उनकी कूटनीतिक बुध्दि ने रेशमा का नाम तय किया। यह निर्णय न केवल रेशमा के लिए वरन पूरी गाँव पंचायत के लिए आश्चर्यजनक था। रेशमा से अकरम अंसारी के सम्बन्ध थे, इस बात को सारा गाँव जानता था, अकरम अपनी बीवी नाज़ बानो और रखैल मुन्नी बी के होते हुए भी रेशमा के यहाँ पड़ा रहता था, यह भी जगज़ाहिर था। लेकिन यह भी जगज़ाहिर था कि रेशमा ने ही उसे सड़क पर पटक कर पीटा भी था। मुखिया जी यह ज़रूरी बात भी जानते थे कि रेशमा ने नाराज़ होकर अकरम को कह दिया है कि वह उसके विरुद्ध गवाही देगी। रेशमा और अकरम के इन बिगड़े हुए सम्बन्धों का लाभ मुखिया जी उठाना चाहते थे। इसलिए उन्होंने अच्छेलाल साह और उसकी पत्नी रेशमा को अपने दामाद की उपस्थिति में घर पर बुलाया और दामाद को साह से अपने सम्बन्धों का परिचय देते हुए कहा—

> पाहुन, अच्छेलाल साह भाई मेरे संगतिया हैं। हमउमिरिया भी हैं। एक-दो साल आगे-पीछे होंगे। हम लोग मिडिल स्कूल तक साथ पढ़े हैं। हम देवली में मिडिल तक पढ़ने के बाद सहुली हाई स्कूल में पढ़ने लगे और अच्छेलाल भाई अपने बाबू की गद्दी सँभाल लिये। कुछ प्राइवेट बात थी, सो बुलवाए।

रेशमा की ओर मुखातिब होते हुए ये कहा—'तुमको चुनाव लड़ना है इस बार। सरपंच का चुनाव।' उपन्यासकार मुखिया जी के इस निर्णय पर टिप्पणी करते हुए लिखते हैं—"महाजाल फेंककर जैसे कोई सधा हुआ मछुआरा धीरज के साथ दम साधे इन्तज़ार करता है, वैसे ही मुखिया लीलाधर यादव ने अपनी बात कहकर चुप्पी तान ली और निहारते रहे रेशमा को। मनन चौधरी की भी नज़र रेशमा पर टिकी हुई थी। वे अपनी नज़रों से रेशमा को तौल रहे थे।"

> रेशमा ने बहुत सोच-विचार कर कहा—'हम तैयार हैं। लड़ेंगे सरपंच का चुनाव। आपका आसीरवाद मिल रहा है यही बड़की बात है मेरे लिए। रेशमा ने अपना मौन तोड़ा। इस बीच उसकी आँखों के सामने सरपंच

अकरम अंसारी की सूरत नाचती रही। सीवान जेल के मुलाकाती फाटक के सामने वह दृश्य बनते-मिटते रहा, जब अकरम ने उसे रंडी समझकर गरभू पांड़े के साथ सोने के लिए कहा था। वह रात भी इस बीच फिर से उसकी आँखों के सामने पिशाच बनकर नाचने लगी, जिस रात उसकी देह और मन में अनगिन कीलें ठोककर गरभू पांड़े चला गया था और वह अपनी कोठरी में तड़पती रही थी। ये सारे दृश्य इन कुछ ही पलों में उसकी आँखों में भरते रहे और दुख के अथाह वेग से भँवर बनकर उसे अपने भीतर खींचते रहे। वह रोना नहीं चाहती थी। रोई भी नहीं।

देवली और मनरौली में पंचायत चुनावों को लेकर तरह-तरह के दाँव-पेंच चले जा रहे थे पर मुखिया जी ने अपना पाँसा तैयार कर लिया था, उचित समय पर उसे फेंकने की तैयारी थी। चुनावों की घोषणा होने पर गाँव की आम सभा में मुखिया जी ने मुखिया और सरपंच पद के लिए रेवती और रेशमा के नामों की घोषणा की तो सब आश्चर्यचकित रह गए। किसी ने इन दो नामों के बारे में सोचा भी नहीं था।

मुखिया लीलाधर जब बोल रहे थे, रेशमा दोनों हाथ जोड़े और सिर झुकाए भीड़ का अभिवादन कर रही थी। भीड़ ने तालियों से रेशमा का समर्थन किया। रेशमा की उम्मीदवारी पर अधिकांश लोग चकित थे। ढोंढ़ाई बाबा तो आसमान से गिरे थे और अभी बीच में ही लटके हुए थे। सोच रहे थे, वाह रे लीलाधर! अपरम्पार है तुम्हारी लीला! इसको कहते हैं राजनीति। पचास डेग की दूरी पर हैं पर हवा तक न लगी!

इसे उनकी सूझबूझ कहें या कूटनीति, इसे गाँववाले तो क्या रेवती और रेशमा भी नहीं समझ पा रही थीं। वे गाँव जवार के ऐसे नेता थे, जिनकी पहुँच पटना तक थी। उनके समधी न केवल एम.एल.सी. थे वरन मुख्यमंत्री के प्रिय और निकट भी थे। गाँव में तो थानेदार तक से निकटता का लाभ उठाकर चतुर लोग वारे-न्यारे करते रहते हैं, मुख्यमंत्री तो बहुत बड़ी तोप थे। कहना न होगा कि मुखिया जी ग्राम पंचायत के सम्बन्ध में कोई भी निर्णय अपने परिवार या गाँव के अपने किसी चहेते के साथ बैठकर नहीं लेते थे वरन अपने दामाद और समधी से विचार-विमर्श किया करते थे। इससे सबसे बड़ा लाभ तो यह होता था कि उनके निर्णय लेने से पहले कोई सूँघ भी नहीं सकता था कि मुखिया जी अब क्या चाल चलने वाले हैं। जो नेता बकबक करते रहते हैं उन्हें लोग गम्भीरता से नहीं लेते।

'अग्निलीक' उपन्यास में दो धाराएँ साथ-साथ चलती हैं। एक ओर गाँव की राजनीति है तो दूसरी ओर स्त्री-पुरुष सम्बन्धों की सामाजिकी। गाँव का पूरा नक़्शा इन सतत प्रवाहित धाराओं के बिना नहीं बन सकता। मानवीय सम्बन्ध कभी इकहरे

नहीं होते, जो आदमी बाहर लड़ता है, वह अन्दर प्रेम भी करता है। राजनीतिक कूटनीति, प्रेम और घृणा ये सब मनुष्य के जीवित रहने के प्रमाण हैं। इसके उदाहरण उपन्यास में बिखरे पड़े हैं। जो रेशमा अकरम अंसारी से बेहद प्रेम करती है वही उससे घृणा भी करती है। प्रेम और घृणा के लिए दो अलग-अलग व्यक्तियों की ज़रूरत नहीं है। यह महज़ संयोग नहीं है कि मुखिया जी के परिवार में उनकी माँ जसोदा, उनकी बेटी कुन्ती और उनकी पड़पोती रेवती प्रेम करती हैं। लेकिन यह भी सच है कि तीनों अपने प्रेम में सफल नहीं होतीं। दरअसल, प्रेम कथाएँ अमर इसलिए हैं कि वे सफलता के सोपान पर जाकर समाप्त नहीं होतीं बल्कि बीच में ही उन्हें ख़त्म कर दिया जाता है। 'उसने कहा था' के कालजयी होने का कारण प्रेम और त्याग के समर्पण के साथ अधूरापन भी है जो सूबेदारनी और लहना सिंह के जीवन में अन्त तक बना रहता है। उपन्यास में आए इन प्रेम सम्बन्धों में मानवीय सम्बन्ध और उनकी कमज़ोरियों के साथ समाज की सामन्ती सोच भी अपना काम करती है। इसी वजह से कुन्ती के मुचकुन्द मास्टर और रेवती के मनोहर रजक की हत्या कर दी जाती है। उपन्यासकार ने यह भी संकेत दिये हैं कि जसोदा के लीला साह को भी बाद में गाँव में नहीं देखा गया। कहना न होगा कि यह ऐसा समाज है जो प्रेम भी करता है और हत्या भी करता है, एक ही समय में समर्पण और क्रूरता से भरा हुआ यह समाज स्त्रियों के प्रति उतना संवेदनशील नहीं है, जितना मानवीय समाज को होना चाहिए।

स्त्री जीवन का सबसे दुखद पक्ष रेशमा कलवारिन और मुन्नी बी में देखने को मिलता है—रेशमा जब सोलह-सत्रह की थी तब सत्तर साल के बूढ़े मरद से गंडक पार उसका पहला ब्याह हुआ था। 'बुढ़ऊ' के छोटे बेटे ने 'उसे धर दबोचा'। यह सिलसिला तीन सालों तक चलता रहा। एक दिन बुढ़ऊ ने उसे छोटे बेटे के साथ बेपर्दा हालत में देख लिया तो उसे ख़ूब पीटा पर छोटा बेटा बचाने नहीं आया। एक रात वह बूढ़े को सोते हुए छोड़कर अपने नइहर टंड़वा चली आई। टंड़वा में तिवारी टोला के "चन्दन तिवारी को वह अपने आँचल के खूँट में बाँधकर बिहरती रही।" पर जब चन्दन तिवारी की पत्नी ने उससे अपने सोहाग की भीख माँगी तो रेशमा के अन्दर बैठी संवेदनशील स्त्री ने चन्दन तिवारी से सम्बन्ध तोड़ लिये। इसी बीच उसकी बुआ पतिया हजामिन ने अच्छेलाल साह के साथ उसका टाँका भिड़ा दिया। उसे लगा 'नइहर में पड़े रहने से अच्छा था किसी नये ठौर पर जाकर टिक जाना, सो वह आ गई।' अच्छेलाल साह बेटे-बहू और पोते-पोतियों वाले भरे-पूरे परिवार के उम्रसुदा आदमी थे। रूप-देह से दीन-हीन अच्छेलाल देखने में मरियल और रीढ़हीन लगते थे, पर धन्धे के मामले में चंट थे। रेशमा के सामने उनके घुटने टेकने के कारण और थे। वे जानते थे कि 'सुन्दर और कमउम्र बीवी को घर में टिकाए रखने के लिए आँखें मूँदकर जीना पड़ता है'। इसलिए उन्होंने अकरम अंसारी के

रेशमा के साथ होने और सोने को स्वीकार कर लिया था। रेशमा देवली आने से पहले ज़िन्दगी के सारे हुनर सीख चुकी थी। पिंटू सिंह के बल पर उसने अच्छेलाल साह के बेटे-बहुओं की नकेल कसी और कलाली के धन्धे को फिर से जमाया। अब सरपंच अकरम अंसारी की आँखों में सुरमा की तरह सजी हुई ज़माने को निहार रही थी और अच्छेलाल साह की तिजोरी भर रही थी। रेशमा ने अच्छेलाल को इतना ताक़तवर बना दिया था कि बिना किसी से डरे-दबे वह दारू का धन्धा कर सके। "...बाबू पिंटू सिंह से अच्छेलाल साह को शुरू-शुरू में डर लगता था पर अन्त आते-आते रेशमा ने उनको गोबर कर दिया था। सरपंच से अच्छेलाल साह को डर नहीं लगता।"

यह रेशमा के जीवन का सच है, जो बाहर से देखने पर विचलित करता है और कई तरह के प्रश्न भी उठाता है पर बचपन से उसकी स्थितियों को समझा जाए तो उसके निर्णय स्त्री जीवन के ऐसे निर्णय हैं जिनके बिना उसका जीना कठिन होता। कहना न होगा कि रेशमा को परिस्थितियों ने जिस जगह लाकर छोड़ दिया था, उनमें वह जो भी कर रही थी, वह सब उसके जीने की ज़रूरतें थीं। कई बार परिस्थितियाँ कलंक और सम्मान का भेद मिटाकर उस दोराहे पर लाकर खड़ा कर देती हैं, जहाँ चयन का भेद स्वतः समाप्त हो जाता है। पर रेशमा का जीवन यहीं समाप्त नहीं हो जाता, उसकी संवेदनशीलता उस समय उभरकर आती है जब वह शमशेर साँई की बेवा गुल बानो को अपनी बहन की तरह मानकर उसकी सहायता करती है। अब-तक के जीवन में रेशमा पहली बार किसी की सहायता करने की स्थिति में थी।

रेशमा की तरह ही मुन्नी बी का जीवन भी बहुत तकलीफ़ों में बीता था। रेशमा तो परिस्थितियों के अनुसार अपना रास्ता बना भी लेती है, पर मुन्नी बी तो ऐसा भी नहीं कर पाती। दुखद है कि मुन्ना जो अकरम का फ़ुफेरा भाई था और उसका ड्राइवर भी, वह अपनी सगी बहन को अकरम के द्वारा रखैल बनाए जाने पर विरोध नहीं करता। जबकि रेशमा से अकरम के सम्बन्धों को लेकर हरदम नाराज़ रहता है। उसे जहाँ नाराज़ होना चाहिए था, वहाँ वह शान्त रहता है और जहाँ शान्त रहना चाहिए था वहाँ गुस्से में रहता है। उपन्यास में ऐसा भी कोई प्रसंग नहीं मिलता कि मुन्नी बी ने ही अपने भाई मुन्ना से रखैल बनाए रखने की पीड़ा की कोई शिकायत की हो। मुन्नी चुप रहती है, बोलने के अवसर उसके पास हैं भी कम। बोले वह जिसके पास कुछ अधिकार हों, रखैल के पास क्या अधिकार हैं? वह जानती है कि मुन्ना की बीवी नबीहा उसे पसन्द नहीं करती और मुन्ना की आर्थिक स्थिति ऐसी नहीं है कि वह उसे अकरम के फंदे से निकालकर उसका निकाह कर सके। उसके दुख की कथा लम्बी है पर जब नाज़ बानो उसे घर से निकाल देती है तब उसे लगता है कि यदि अकरम उससे निकाह कर लेता तो ऐसी स्थिति नहीं आती। लंगड़े और निकम्मे नौशेर साँई से निकाह करने का उसका निर्णय इन्हीं परिस्थितियों की देन है।

मुस्लिम समाज में तो एक बीवी के रहते दूसरी औरत से निकाह कर सकने की आज़ादी है, फिर इसका लाभ मुन्नी बी को क्यों नहीं मिला या उसने क्यों इस बात के लिए दबाव नहीं बनाया?

उपन्यास में एक दर्जन के लगभग स्त्रियों का चित्रण है जिनमें हिन्दू और मुसलमान दोनों परिवारों की स्त्रियाँ हैं। स्त्री स्वतंत्रता दोनों ही जगह नहीं है, परिवारों के आपसी द्वंद्व और परस्पर कलह में स्त्रियाँ ही पिस रही हैं। आर्थिक दबावों को भी स्त्रियाँ ही अधिक झेल रही हैं। रेशमा को छोड़कर स्वतंत्र रहने और स्वतंत्र जीने के अवसर पूरे उपन्यास में और किसी औरत के पास नहीं हैं, रेवती अपनी तरह जीना चाहती थी पर यह अधिकार उसके बाबा ने ही उससे छीन लिया। क्या यह महज़ संयोग है कि मुखिया की बहुओं की कोई आवाज़ घर के बाहर कभी नहीं सुनी गई? हर प्रतिष्ठित परिवार अपने घर की औरतों को पर्दे में रखकर गौरवान्वित होता है। मुखिया जी केवल राजनीति में ही अपना आधिपत्य नहीं चाहते थे, बल्कि घर में भी वह मुखिया जी ही बने रहना चाहते थे इसलिए उनके सामने बोलने का साहस घर में कोई नहीं कर पाता था। बेटे बड़े हो गए थे, बेटों के बच्चे भी बड़े हो रहे थे पर घर के सारे निर्णय मुखिया जी ही करते थे। बाहर से लोकतांत्रिक दिखने वाले नेता अन्दर से लोकतंत्र के कितने विरोधी होते हैं इसका उदाहरण मुखिया जी का चरित्र स्वयं है। उपन्यास में यह भी स्पष्ट किया गया है कि अकरम अंसारी के घर में भी सम्पत्ति आने और सरपंच बनने के बाद ही औरतों ने पर्दा करना शुरू किया था। मनुष्य के विकास के इतिहास को देखें तो यह स्पष्ट हो जाता है कि जैसे-जैसे पुरुष ताक़तवर होता गया वैसे-वैसे वह अपनी औरतों पर पहरे-दर-पहरे लगाता गया। इसलिए आदिवासी समाज में आज भी स्त्री अन्य समाजों की अपेक्षा अधिक स्वतंत्र है।

'अग्निलीक' उपन्यास में बीसवीं-इक्कीसवीं सदी का गाँव है, जो लगातार बदल रहा है। इस बदले हुए गाँव में ग़रीब और औरत के जीवन में कोई विशेष परिवर्तन नहीं आया है। सारी योजनाओं के बावजूद ग़रीब अब भी ग़रीब ही है और औरतें, वैसे ही जी रही हैं। यदि कोई अपनी तरह जीना चाहती भी है तो उसके पर जल्दी ही कतर दिये जाते हैं। पिछड़ी जातियों के उभार से यह उम्मीद बँधी थी कि उनके साथ उनकी स्त्रियाँ भी आगे आएँगी पर ऐसा सम्भव नहीं हुआ। रेवती जैसी लड़कियों को उनकी स्वतंत्रता छीनकर मुखिया बनाए जाने के गहरे अर्थ हैं, जिन्हें वह भली-भाँति अनुभव कर रही है। सामन्तों की तरह अब भी गाँव की सत्ता एक ही व्यक्ति के हाथ में है, इससे कोई फ़र्क़ नहीं पड़ता कि सत्ता के शिखर पर बैठा वह व्यक्ति किस वर्ग, जाति और धर्म से है। यह उपन्यास बिहार के सीवान ज़िले की एक पंचायत का लेखा-जोखा है, जिसे जातियों की वर्चस्व की लड़ाई के साथ स्त्री शोषण के अनेक आयामों के रूप में देखा और पढ़ा जा सकता है।

सिसकियों की संगत पर प्रेम की पुकार

ज्योतिष जोशी

देश की स्वाधीनता के 75 वर्ष बीत गए। इन वर्षों में पूरे देश की सामाजिक संरचना बदली है। शहर बदले हैं तो गाँव भी। पर पूँजी की जिस केन्द्रीयता को लेकर एक ध्रुवीय सत्ता संरचना के विरुद्ध सामाजिक संघर्षों का जो हमारा इतिहास रहा है, वह कमोबेश वैसा ही है। परिवर्तन केवल सत्ता केन्द्रों के स्थानान्तरण में ही दिखता है। इस पूरी अवधि में सत्ता के स्थानान्तरण के साथ पारम्परिकता के मूल्य मान—जिसे आप चाहे तो प्रतिष्ठा मूल्य कह लें—भी अपनी पूरी जड़ता के साथ उपस्थित रहे हैं, जिसमें सवर्ण जातियों की श्रेष्ठता का दम्भ, प्रभुता का मद और उत्तमता का अमानवीय दर्प बदले हुए सत्ता केन्द्रों से जा मिला है, जिसे देखने-समझने के प्रयत्न लगभग नहीं हुए हैं। सातवें दशक से सामाजिक बदलाव की जो प्रक्रिया चली, वह नवें दशक तक आते-आते और भी विकृत हुई है और नई सदी के इन वर्षों में यथार्थ के जिस विरूपण में बदली है, उसे देखते भय होता है। भय का मुख्य कारण यही है कि स्थितियाँ जस की तस हैं, बदले हैं तो सिर्फ़ सत्ता केन्द्र, और उनके प्रतिष्ठा मूल्य पहले से अधिक घातक और संक्रामक बनकर उभरे हैं। अपने से छोटी जातियों के प्रति घृणा, उन्हें कमतर मानना, और उन्हें अपने कामों में लगाए रखकर शोषण करना बढ़ा है, कम नहीं हुआ है। अब प्रेमचन्द का संघर्षरत किसान नये सत्ता केन्द्रों का स्तम्भ है तो रेणु की निस्पृह भोली जनता अपने ही हितों के विरुद्ध जाकर नये-नये छद्मों में जीने में रस लेने लगी है। इस दुष्चक्र में सामाजिक परिवर्तन के आधारभूत प्रश्न अपनी जगह अब भी क़ायम हैं।

ये वे बिन्दु हैं जिन्हें लक्ष्य कर हिन्दी में उपन्यास लेखन की कोशिश वर्षों से नहीं हुई है। यह बदला हुआ यथार्थ ग्राम्य जीवन की सांगीतिकता को ध्वस्त करती पशुता में विन्यस्त हो गया है, इसलिए ग्राम-मोह से जुड़ा अतीत राग भी अब भयावह दुःस्वप्न-सा लगता है। गाँव से होते बेपनाह पलायन और विस्थापित आबादी के पुनः न लौट पाने की लाचारी के पीछे यह आक्रान्त करती हुई पशुता ही अधिक दोषी है, जो एक तरफ़ नगरों के ढाँचागत समीकरणों को बदल रही है,

तो दूसरी तरफ़ गाँव को ऐसे अन्धकार में धकेल रही है जहाँ रोशनी की आमद स्वप्न-सा ही लगता है। सड़कों के बन जाने, बिजली आ जाने, माल-मवेशियों को विस्थापित कर, ट्रैक्टर, पम्प सेट, नलकूप आदि के आ जाने भर से गाँव की क़िस्मत नहीं बदलने वाली; क्योंकि इससे भी जो सामूहिक अकर्मण्यता बढ़ी है उसने भी ग्रामीण समाज में नई-नई विकृतियों को जन्म दिया है।

इससे बदले हुए सामाजिक सत्ता केन्द्रों में वे मँझोली जातियाँ आ गई हैं जो यदा-कदा असामाजिक कामों में लिप्त रही हैं। इनमें वे जातियाँ हैं जो एक दौर में सवर्ण जातियों के अनाचार का हथियार रही हैं और उनसे सामन्ती अत्याचारों को शक्ति मिलती रही है। समय बदलने के साथ सड़े-गले सामन्ती मूल्यों को गले लगाकर जीने की राह पकड़ने वाली इन जातिगत व्यवस्थाओं की शिनाख़्त करती रचनाओं—विशेषकर उपन्यास लेखन की—बहुत कमी रही है। इसका स्पष्ट कारण यही है कि अब ग्रामीण जीवन के बदले यथार्थ से लेखकों का अनुभूतिगत सम्बन्ध नहीं रहा है और न ही लेखकीय निजस्व के विलय की सामर्थ्य ही। गाँव अब सिर्फ़ राग में रह गया है, जो यदा-कदा अतीत के गीत में बजता है। उसे उठाना, उसे जीना और उसे अपने आत्म में प्रक्षेपित कर स्वयं को ही तोड़-फोड़कर चीत्कार जो कर सकेगा, गाँव को अपने में जी सकेगा, वही अब उसे बदलते यथार्थ में देख सकेगा। यह जीना एक तरह से उस गाँव को मारकर मरना है जिसे उसने मोह के आवरण सहित हृदय में छुपा रखा है जो उसके मन में संचित उच्छल प्रेम के आवेग की तरह रहा है। कहना ना होगा कि इस रूप में अब गाँव एक ऐसा सत्य है जिससे टकराते हुए लेखक को अपने ही शब्दों में उसे झेलना है। स्पष्ट है कि प्रेमचन्द का सत्याग्रह और रेणु के सामूहिक नेतृत्व का आह्वान; बदली हुई सामाजिक प्रक्रियाओं के दृष्टि केन्द्रों को जाने-समझे बिना हमारी सहायता नहीं कर सकते कि हम आज के गाँव की जटिल संरचनाओं में जाकर उस भाव-सत्य को पकड़ सकें जो हमारे वर्तमान में छिपे भविष्य की आगत सम्भावनाओं से परिचित करा सके। इसी बिन्दु पर हम हृषीकेश सुलभ के उपन्यास 'अग्निलीक' के महत्त्व को समझ पाते हैं जो सामाजिक परिवर्तनों के साथ-साथ आई विकृतियों और परम्परा से चली आ रही वर्चस्ववादी जड़ता को लक्ष्य करके लिखा गया है। सामन्ती ऐंठ किस तरह स्थानान्तरित होकर नये बने सत्ता केन्द्रों में पहुँच गई है और किस तरह अब अधिक कट्टर हो चली है,यह दिखाते हुए हृषीकेश सुलभ गाँव के बदलते चरित्र को बिना किसी राग-द्वेष के अंकित करते हैं। वे इस विकृति के विभिन्न दृष्टि-केन्द्रों को विवेचित करते हुए अतीत और वर्तमान के साथ भविष्य की भी यात्रा करते हैं जो अधिक भयावह और मारक दिखाई देता है। कथाकार सुलभ लोक के बहुचर्चित लेखक हैं जिन्होंने शूद्रक के 'मृच्छकटिकम्' की 'माटी गाड़ी' नाम से पुनर्रचना की है, रेणु के 'मैला आँचल' का नाट्य रूपान्तरण किया है और

'अमली', 'धरती आबा' सहित लोक प्रसिद्ध रंगकर्मी भिखारी ठाकुर पर 'बटोही' नामक नाटक लिखा है। अपने छहों कहानी संग्रहों में लोक चेतना और लोकरंग के बहुविध आयामों को प्रखरता से आँकने वाले सुलभ जिस भाव से लोक को जीते और प्रतिक्षण उसे महसूस करते हैं वह 'अग्निलीक' में उसी तन्मयता में दिखता है, पर उनका लोकराग कहीं भी अन्धराग नहीं बन पाता।

'अग्निलीक' की मुख्य कथा अकलू यादव सहित उनकी चार पीढ़ियों की है। उसमें हम क्रमशः जिस परिवर्तन को देखते हैं उसी में वे विकृतियाँ भी पाते चलते हैं जो हमारी सामाजिक अधिरचना की मूलभूत समस्या रही हैं। पीढ़ियों के बीच पसरी क्रमवार कथा यात्रा में स्थानीय स्वशासन निकाय के रूप में पंचायत भी है जिसका चुनाव और उसमें नाना तरह के अपनाए जाते षड्यंत्र हमारी विफल और प्राणघातक प्रजातांत्रिक व्यवस्था की पोल खोलते हैं। इस मुख्य कथा में ही धीमी आँच में सुलगते-तपते कुछ ऐसे चरित्र भी हैं जो प्रेम करते हैं और कभी अपना प्राप्य नहीं पाते; छल, छद्म और षड्यंत्र में विन्यस्त प्रतिष्ठा मूल्य उनके प्रेमियों को जीने तक का अधिकार नहीं देते। इसके साथ-साथ अपने पराभव को प्राप्त सवर्ण समाज, लगातार संघर्ष करती जातियों का समाज और मुस्लिम समाजों में अगड़े-पिछड़े की मर्मान्तक कथाएँ भी उपन्यास की मुख्य कथा का हिस्सा हैं। पुलिस, कचहरी, ग्रामीण अन्धविश्वास, ठेकेदारियों में पलते षड्यंत्र, जातिगत घृणा और कटुताएँ तथा छल-फ़रेब से भरे समाज का जो चित्र हम देख पाते हैं, वह कँपा देने वाले हैं पर इसी में अन्तर्धारा के रूप में बह रहे प्रेम-नद का संस्पर्श पाकर धन्य भी होते हैं और हिंसा के भयावह चीत्कार के बीच प्रेम के सुवासित बयार से किंचित सुख भी पाते हैं।

यह देखना और पाना आश्चर्य ही है कि विशुद्ध छल-फ़रेब और आतंकित करने वाले कथा-सूत्रों में कथाकार सुलभ यथार्थवाद के नाम पर किसी प्रचलित मतवाद का शिकार नहीं होते। जीवन सत्य को पकड़ने, उसमें अपनी संसक्ति को पाने और मानव संघर्षों की कथा के क्रम में इतिहास, राजनीति तथा मनोविज्ञान के अन्तःसूत्रों के परीक्षण में वे कवित्वपूर्ण दृष्टि से काम लेते हैं। यही वह दृष्टि है जो लेखक सहित पाठक के भी आत्म का परिष्कार करती है और उसके अन्तःकरण के आयतन को विस्तृत करती है। हिंसा, तनाव, छल, षड्यंत्र और आत्मघात से भरे इस समाज में जो अब भी जीवन रस के रूप में उपस्थित है, वह प्रकृति है, उसकी सुरभि है, नदियों का कलकल है, हरीतिमा बिखेरते लहलहाते खेत हैं और वह प्रेम है जो झरने के संगीत की तरह फूट पड़ता है। इसी में जीवन है और कदाचित सभी आपदाओं–समस्याओं का एकमात्र समाधान भी; घाघरा के तट पर लीला और जसोदा के इस प्रेम में ही वह जीवन रस है जो 'अग्निलीक' का प्रस्थान है—

> घाघरा के तट पर जब आलाप भरते लीला, पूरी पृथ्वी साँस रोककर सुनती। लीला साह का कंठ स्वर सुन धूसर बलूही माटी के रंगमंच पर नाचती थी घाघरा। घाघरा के झर झर बहते कज्जल जल का संगीत लीला साह के स्वर से मिलकर तट के जीवन को स्पन्दित करता। पृथ्वी और आकाश के सारे चर-अचर जसोदा के भाग्य को सराहते। अपने लीला के कंठ से झरते अमृत की धारा में जसोदा डूबती-उतराती रहती। कभी उसके होंठों पर स्मित की चमक और आँखों में विस्मय की कौंध उभरती, तो कभी लीला की टीस भरी आवाज़ उसके भीतर उतरती और कलेजे में अनगिनत छेद कर जाती। फिर उसकी आँखों में मेघ बरसने लगते थे। (पृ. 37-38)

पूरे उपन्यास में प्रेम की यह अजस्र अन्तर्धारा प्रवाहित है जिसके विरुद्ध नाना तरह के षड्यंत्र होते हैं, प्रिय को उसका प्राप्य नहीं मिलता, पर यह प्रेम ही उस समूचे माया तंत्र को छिन्न-भिन्न कर देता है जो उसके मार्ग में आता है। कह सकते हैं कि प्रेम की प्रतिष्ठा की यह कवित्वपूर्ण दृष्टि ही वह मानवीय दृष्टि है जिसका प्राप्य जीवन है। इसी को कथा आलोचना के स्थपति नेमिचन्द्र जैन 'जीवन के सौरभ की पहचान' कहते हैं, जिसे कवित्वपूर्ण दृष्टि के बिना देखना सम्भव ही नहीं है। बेपनाह पसरी उदासी, विकृति, षड्यंत्र, हिंसा और जय-पराजय के संसार में प्रेम ही वह तत्त्व है जो हमें अपने निजस्व का विलय सिखाता है—वही जीवन का काव्य है। 'अग्निलीक' को इस प्रेम से परे देखना उसे न समझना है। समूचे राजनीतिक-सामाजिक बदलावों और छल-छद्मों के बीच में प्रेम ही है जो जीने का और अन्ततः अपने को फिर-फिर पा सकने का कारण बनता है। जसोदा को उसका लीला नहीं मिलता, कुन्ती को मुचकुन्द, रामझरी को अकलू और स्वयं जसोदा की परपोती रेवती को उसका मनोहर, जो मुखिया के चुनाव में ज़बरदस्ती झोंक दिये जाने के बाद भी अपने प्रिय की प्राप्ति को ही अपना एकमात्र ध्येय मानती हुई कहती है—

> तुम नहीं समझ सकते मनोहर। तुम सिर्फ़ ग़रीबी से लड़ रहे हो,...जाति से लड़ रहे हो। मैं एक लड़की हूँ और अपने से कई गुना ताक़तवर हर जाति और धर्म के पुरुषों से लड़ रही हूँ। तुम्हारी दरिद्रता और जाति कुछ देर के लिए तुम्हारे मनोबल को तोड़ सकती है, पर मैं जिनसे लड़ रही हूँ यह लोग बाबा, पिता, भाई या परिजन होते हुए भी मेरी पूरी ज़िन्दगी को तबाह कर सकते हैं। मेरा लक्ष्य पहले भी आई.ए.एस. बनना नहीं था। आज भी नहीं है। ...मैं जानती हूँ कि तुम्हारे मुकाबले पढ़ाई में बहुत पीछे हूँ। बस एक साध थी,...तुम्हारे साथ पढ़ते रहने की साध। मेरा लक्ष्य तुम हो मनोहर। तुम और केवल तुम। तुम्हें पाने के लिए मेरी असली लड़ाई अब शुरू हो गई है मनोहर। (पृ. 243)

यह अकारण नहीं है कि रेवती के प्रेमी मनोहर रजक की हत्या के बाद उपन्यास समाप्त हो जाता है। जसोदा का रेवती में रूपान्तरण और प्रेम की उसकी अप्राप्यता के अछोर विस्तार को सहेजती मनोहर की मृत्यु की सूचना पाकर 'अँधियारे में अपने थरथराते पाँवों पर स्मृतियों के चिथड़े ओढ़े खड़ी' रेवती की भाव दशा यही है—

> एक अनश्वर पुकार उसकी अस्थियों में, शिराओं के बहते रक्त में, मांस-मज्जा में चीख़ बनकर गूँज रही थी। अचानक उसे मनोहर दिखे। लीलाधर यादव के अँधेरे आँगन में खड़े थे मनोहर। आँगन के अँधियारे में खड़ी उसकी आजी जसोदा देवी का चेहरा उभर आया। ताँम्बई गोराई वाले चेहरे पर उम्र की अनगिनत गहरी लकीरों वाला चेहरा। रेवती जब आजी का चेहरा याद करती थी, उसे इन्हीं लकीरों में नदियों की जलधाराएँ दिखती थीं। आज इन लकीरों में मटमैली रेत भरी थी। रेवती ने अँधेरे में हाथ बढ़ाकर अपनी आजी जसोदा देवी का चेहरा अपनी हथेलियों में भर लिया। एक विलाप स्वर फूटा जो अग्निलीक की तरह धरती से आसमान की ओर ऊपर उठता गया। (पृ. 256)

इस तरह जीवनरस की तरह प्रेम उपन्यास के अन्तस्तल में अन्तर्धारा की तरह आद्योपान्त प्रवाहित है जिसे आँकते-डूबते हृषीकेश सुलभ जितना स्वयं पसीजते हैं उससे अधिक पाठकों को द्रवित कर देते हैं। उपन्यास का असल प्राप्य यह प्रेम ही है, भले वह मिलता नहीं, पर हमेशा मौजूद रहकर अपना विस्तार करता है। जसोदा से कुन्ती, कुन्ती से रेवती तक लगातार चलती यह धारा घाघरा तट के उत्फुल्ल प्रणय-क्रीड़ा की याद दिलाती रहती है। 'अग्निलीक' में रेशमा, मुन्नी बी, गुल बानो और रामझरी का भी प्रेम है पर यह प्रेम थोड़ा भिन्न है और प्रकृत्या इतना उदात्त भी नहीं। लेकिन वह भी कम महत्त्वपूर्ण नहीं है और उपन्यास को बहुआयामी बनाने में उसकी भूमिका कम करके नहीं आँकी जा सकती।

2

'अग्निलीक' में जिस प्रेम की वेदना और उसकी परिणति एक भयावह अवसाद में डाल देती है, उसका असल नियामक वह सामाजिक बदलाव है जो एक नये सत्ता केन्द्र में तो स्थानान्तरित हुआ है पर प्रभुता और श्रेष्ठता का पारम्परिक दम्भ अपनी जड़ता में अधिक कट्टर होकर उभरा है। उसमें न तो मानवता बची है और न ही सहिष्णुता। छल, छद्म और अनीति से अपना वर्चस्व बढ़ाए जाने का आदर्श जो कभी ऊँची जातियों का रहा है, वही अब मँझोली और निम्न जातियों तक पैर पसार चुका है। यह वह सामाजिक यथार्थ है जो राजनीतिक और जातिगत संरचनाओं

के यथार्थ के स्तर पर रेणु के बाद ग्राम्य जीवन का वास्तविक स्वरूप बन गया है जिसमें अब संगीत नहीं, चीत्कार है और महज़ एक के बदले दूसरे सत्ता केन्द्र का उद्‌भव है जो पहले से भी अधिक घातक और कट्टर है। इसमें सामाजिक समरसता, साम्प्रदायिक सौहार्द जैसे मूल्य सिरे से नदारद हैं।

उपन्यास की मुख्य कथा के प्रधान चरित्र अकलू यादव हैं जो राजपूत रामबरन सिंह की हलवाही करते हैं और उनकी ज़मीन के कुछ हिस्से को बँटाई पर जोतकर गुज़ारा करते हैं। दो बीघा धनहर और एक बीघा गोंयड़ ज़मीन की बँटाई के साथ एक गाय उनकी गृहस्थी को जैसे-तैसे चलाती है। उनका देह-सम्बन्ध रामबरन सिंह की विधवा बहन रामझरी से है जो मायके में रहती है। यह वह दौर है जब भारत पराधीनता से युद्ध कर रहा था। तब के छपरा ज़िले के गाँव देवली में बबुआन का राज़ था और भूस्वामी का समूचा रोबदाब राजपूतों में ही था। इन्हीं दिनों दरौली के पास घाघरा नदी के किनारे बसे गाँव अमरपुर में राम आसरे यादव का घर था जिनके दो बेटों और एक बेटी जानकी के बाद की अन्तिम सन्तान थी जसोदा। राम आसरे यादव चोरी के माल-मवेशियों को औने-पौने दाम में ख़रीदकर नदी पार बेचने का काम करते थे। उनके गोतिया-दयाद इसी धन्धे में शामिल थे और अनेक आपराधिक मामलों में नामजद भी। उधर दरौली, सिसवन और रघुनाथपुर के थाने इनसे परेशान थे और अंग्रेज़ पुलिस हुक्काम दियारा के इन डकैतों को पकड़ पाने में नाकाम। राम आसरे यादव की भलमनसाहत ही थी कि उन्होंने अपने बेटों को इस धन्धे से अलग रखा था। जसोदा अमरपुर के इन्हीं यादव परिवार की चहेती थी जो अपने ही गाँव के महाजन रामजस साह के बेटे लीला साह से प्रेम करती थी। सुन्दर, सुकान्त लीला साह जितने भव्य थे, उतने ही मीठे सुर के गायक भी। पिता रामजस के सूद-ब्याज के धन्धे को देखने की उन्हें फ़ुर्सत न थी, दिन भर गाँव में चहकते फिरते और जाति-वर्ण की दीवारें लाँघ नई ब्याहताओं के साथ हँसते विहरते; धीरे-धीरे जसोदा के मन में हीरामन तोता बन बैठ गए। दोनों का प्रेम परवान चढ़ा। एक-दूसरे में आकुल-व्याकुल हो दोनों फगुआ के दिन, भरी दोपहर में घाघरा के तट पर मिले। नदी के किनारे की गीली रेत के गोले बना लीला पर जसोदा फेंकती तो लीला नदी के जल को जसोदा पर उलीचते। इस दृश्य को राम आसरे ने देखा लिया। दोनों दहशत में लौटे। राम आसरे ने रामजस से यह कथा कही और अपना वास्ता देकर रामजस ने अपने कथित बिगड़े बेटे पर अफ़सोस किया। राम आसरे ने अपने बहनोई सुदामा यादव से संठी में मुलाक़ात की और जसोदा की शादी की बात चलाई। सुदामा उन्हें रासबिहारी चौधरी के यहाँ ले गए। सुदामा और रासबिहारी दोनों के पिता डकैतियों में मारे गए थे। रासबिहारी और सुदामा का बचपन ननिहाल में ही बीता था। उन दोनों का ननिहाल हसनपुर था। रासबिहारी पुरैना के थे जिनके फ़ूफ़ा थे अकलू के पिता और फुआ थीं बियफी। अकलू के पिता साँप काटने से मरे।

रासबिहारी के दबाव से अकलू की शादी जसोदा से तय हो गई और ब्याह के बाद जसोदा गवना तक मुनरी फुआ के यहाँ संठी में रही, फिर गवना हुआ तो देवली आई। लीला साह से वियोग के बाद जसोदा ने सोच लिया था—"ना सही लीला साह के हाथों माँग में चुटकी भर सेनुर, पर बेटा हुआ तो उसे लीला ही पुकारेगी।"

जसोदा का लीला साह से अगाध प्रेम था पर उसकी कोई राय न थी। जो हो रहा था और हुआ उसे होने देने में ही भलाई थी क्योंकि अब लीला साह किंवदन्ती हो चुके थे। फगुआ के दो दिन बाद तक गाँव में दिखनेवाले लीला के बारे में तरह-तरह की अफ़वाहें थीं, पर सच यही था कि वे अब नहीं थे। जसोदा के ब्याह के पहले ही उन्हें रास्ते से हटाया जा चुका था। उपन्यास में प्रेम की पहली बलि लीला साह की होती है।

अपने प्रेम को आँचल की गाँठ में बाँध जब जसोदा अमरपुर से देवली आई तो सास बियफी ने पूरी गृहस्थी उसे सौंप दी। इधर रामबरन सिंह के हलवाहा अकलू ने उनकी विधवा बहन रामझरी के प्रेम में ऐसा गुल खिलाया कि उसे गर्भ रह गया। यह भेद खुला तो ड्योढ़ी में भौजाइयों ने उत्पात मचाया और तब अकलू यादव की बँटाई जोत सहित चल रही गृहस्थी पर वज्रपात हो गया। इधर रामझरी का गर्भपात हुआ, तो उधर मनरौली के हसन मियाँ के यहाँ डकैती पड़ी जिसमें साज़िशन नामजद कर अकलू को जेल भिजवा दिया गया। अकलू जब गिरफ़्तार हुए थे तब जसोदा तीन महीने की गर्भवती थी। डकैती के इस कलंक ने अमरपुर को देवली से अलग कर दिया था। राम आसरे यादव और उनके बेटों ने जसोदा और अकलू को चित्त से उतार दिया था। जसोदा अपने जीवन को भाग्य मानकर ही जी रही थी। सात साल बाद अकलू सश्रम कारावास से बाहर आए तो दुनिया बदल चुकी थी। घर में तंगी थी और इलाक़े भर में अपयश। उन्हें पता था कि रामझरी से सम्बन्ध रखने के कारण ही वह डकैती में नामजद हुए थे। उसमें उनकी कोई भूमिका न थी। लौटने के बाद बदले की आग उनके भीतर हमेशा जला करती। ममेरे भाई रासबिहारी चौधरी ने उन्हें बबुआन से बचकर नई ज़िन्दगी शुरू करने की सलाह दी थी। अकलू अब अपने ज़माने के नाज़िर रहे मुंशी दामोदर लाल की शरण में जा ज़िन्दगी को पटरी पर लाने का प्रयास करते हैं और उनसे कुछ रुपए उधार लेकर बैल खरीदते हैं। उनकी ज़मीन के कुछ उपजाऊ खेत, जो दूसरों की जोत में थे, उसे बँटाई में लेते हैं और गृहस्थी को पटरी पर लाते हैं। बेटे लीलाधर की पढ़ाई पर मुंशी दामोदर लाल की सलाह पर ध्यान देते हैं। किन्तु सात साल तक जेल की कोठरी में साथ रहे डकैतों की सोहबत उन्हें अपनी तरफ़ खींचती है, जिसमें एक खूँख़्वार डाकू बिलट महतो भी है। वह बार-बार चेताता है कि कुछ करके मुंशी के क़र्ज़ से पीछा छुड़ाओ और अपनी हैसियत बढ़ाकर उनकी बँटाई से आज़ाद हो जाओ। अकलू को बात जँचती है और वे बिलट के साथ डकैती डालने जाने लगते हैं। डकैती से लूटे गए जेवर

बेचकर मुंशी के पैसे चुकता करते हैं, फिर सीवान के झलकू सुनार से पटरी बिठा अकलू लूट के जेवर देते रहकर और वहाँ से पैसे बनाकर धीरे-धीरे मुंशी दामोदर लाल की अधिकतर ज़मीन ख़रीद लेते हैं। अपनी हैसियत बनाकर अकलू अब देवली के ठीक-ठाक काश्तकार हो गए थे, पर डकैती डालने की आदत बनी रही। इधर मुंशी दामोदर लाल गुज़र गए तो उनकी शेष मिल्कियत की देखरेख भी उन्हीं को मिली। फलपुरा के गजराज सिंह के यहाँ डकैती हुई तो अकलू के उसमें शामिल न होने के बावजूद बबुआन ने पहले की तरह ही उन्हें फँसाना चाहा पर मुंशी दामोदर लाल के बेटे जगत् नारायण प्रसाद के प्रयास से उन्हें ज़मानत मिली। इसके बाद बिलट महतो के सहयोग से रामबरन सिंह के घर डाका डालकर निकलते समय बिलट महतो सहित मारे गए। इसी में राजपूत रामबुझावन सिंह भी मारे गए।

अकलू यादव की यह कथा थोड़ी बड़ी अवश्य है पर इससे भारतीय आज़ादी के आसपास के समय को देख पाने में सुविधा होती है। मँझोली जातियाँ परिश्रम तो करती हैं पर इन दिनों वह हर तरह के असामाजिक कामों में संलग्न हैं जिससे कि उनकी सम्पत्ति और हैसियत बढ़े। उनके हिंसक होने में ऊँची जातियों का छल-छद्म भी एक कारण है किन्तु वही एक कारण नहीं है। सुदामा, रासबिहारी आदि के पिता भी डकैत रहे तो स्वयं अकलू के ससुर राम आसरे यादव का चोरी के मवेशियों को नदी पार बेचने का पेशा रहा। अमरपुर, पुरैना, देवली, हसनपुरा जैसे अनेक गाँव डकैतों के पोषक रहे। वह दौर पूरे उत्तर बिहार और पूर्वी उत्तर प्रदेश में डाकुओं के आतंक का रहा है जिसमें बहुधा ये डाकू सामन्तों से भी टकराते दिखते हैं तो कहीं-कहीं अंग्रेज़ी शासन से भी।

अब लीलाधर यादव पर गृहस्थी का दायित्व आता है जिनका विद्यारम्भ धूमधाम से हुआ था। पंडित धूर्जटी प्रसाद के मंत्रोच्चार से रफीपुर में विद्यारम्भ कर लीलाधर जब घर से दूर पढ़ने जाते हैं तो जसोदा को लीला साह की महतारी याद आने लगीं। ऐसे ही जब लीला साह छपरा पढ़ने गए थे तो उनकी माँ सजल हो गई थीं। जब लीलाधर ने मृत अकलू के क्षत-विक्षत शव को देखा तब उनकी उम्र 14 की थी और वे मैट्रिक में थे। आगे जैसे-तैसे मैट्रिक कर वे गृहस्थी में लगे। कलंक लगे पिता की सन्तान लीलाधर की शादी रासबिहारी चौधरी ने रूपनछाप के जलेसर यादव के घर उनकी सातवीं बेटी कुसुमी से लगाई। फिर देवली के मुखिया बजरंग सिंह के गम्भीर रूप से बीमार और जर्जर हो जाने के बाद रासबिहारी चौधरी निर्विरोध मुखिया हो जाते हैं और यह साल सन् इकहत्तर का होता है। इस अवधि में रासबिहारी ने लीलाधर को दुनियादारी के गुर सिखाए। लीलाधर ने भी छाया की तरह उनके साथ रहकर जी-जान से उनका साथ दिया। इस बीच उन्होंने पिता की अर्जित सम्पत्ति को भी व्यवस्था दी। अगला चुनाव 78 में होना था तब तक वे तीन पुत्रों—रमन सिंह यादव, भुवन सिंह यादव और पवन सिंह यादव तथा पुत्री कुन्ती देवी के पिता बन चुके थे।

चुनाव हुआ तो वृद्ध रासबिहारी की जगह लीलाधर यादव मुखिया बने और देवली के सरपंच शेख अली अहमद के बड़े बेटे शेख बदरू सरपंच बने। अपनी व्यवहार कुशलता और मृदुभाषी स्वभाव के कारण जहाँ वे पिछड़ी जातियों और मुस्लिमों के नेता के रूप में उभरे, वहीं ब्राह्मणों के बीच भी उनकी पैठ बनी। राजपूत तने ही रहे बर्बाद होते और उजड़ते। दूसरी तरफ़ सम्पन्न कायस्थ टोला ज़मीनें बेच शहर की ओर कायस्थों के पलायन से वीरान हुआ। बीते दिनों के दुख और दर्द सहेजे अनवरत अपमान का घूँट पीकर जीने वाली पिछड़ी जातियाँ अपने श्रम और उद्यम से ऊपर उठीं जिनके समानान्तर ऊँची जातियाँ अपने दम्भ और अकर्मण्यता के कारण नष्ट होती गईं। इस बीच सब कुछ बदलता है। चीनी मिलें बन्द होती हैं, सहकारी समितियाँ नष्ट होती हैं, किसान माल-मवेशी रखना छोड़ देते हैं। ट्रैक्टर और नये-नये कृषि उपकरण आ जाते हैं। चोरी-छिपे दारू बेचने वाले अब लाइसेंस लेकर शराब बेचने लगते हैं। लोगों का जीवन, चाल-ढाल, व्यवहार सब कुछ बदल जाता है, पर 1978 में मुखिया बने लीलाधर यादव और सरपंच शेख बदरू बिना चुनाव हुए 23 सालों तक अपने पदों पर बने रहते हैं।

इसके बाद 2001 और 2006 में भी यही जोड़ी आबाद रहती है। यह जोड़ी 2011 के चुनाव में बदलती है जब मुस्लिमों के पसमांदा तबक़े से आए अकरम अंसारी सरपंच बनते हैं और शेख बदरू को पराजित करते हैं। मुखिया लीलाधर यादव फिर भी बने रहते हैं। शेख बदरू की हार का बड़ा कारण होता है शमशेर साँई का अकरम अंसारी के वश में आना, जो पहले शेख बदरू के साथ थे। शमशेर साँई वही है जिसकी हत्या होती है और इस हत्या के जुर्म में अकरम अंसारी नामजद हो गिरफ़्तार होता है। उस समय मुखिया लीलाधर अपने छोटे बेटे पवन के लाडले अंशु की ज़िद पर अपना 66वाँ जन्मदिन मनाने पटना गए होते हैं।

छल, फ़रेब और नाना तरह के षड्यंत्रों में गुपचुप शामिल लीलाधर यादव की महत्त्वाकांक्षा बड़ी है। उनके समधी सुरंजन चौधरी, जो कई बार विधायक और मंत्री रह चुके हैं, अब विधान पार्षद हैं और लीलाधर की महत्त्वाकांक्षाओं को पर लगाते हैं। लीलाधर सरपंच अकरम की कारगुज़ारियों को भी देखते हैं और उनके प्रतिद्वंद्वी के रूप में उभरे रज्जन पासवान को भी भाँपते हैं। शमशेर साँई का रास्ते से हटाया जाना दरअसल अकरम को कमज़ोर करना ही है साथ ही, टोटहा से आकर मुख्य सड़क में मिल जाने वाली सालों से बदतर पड़ी सड़क का काम जब किसी ठेकेदार को मिलता है तो उसे ग़ायब कराकर लीलाधर वह काम रज्जन पासवान के चहेते नोनिया रतन कुमार को दिलवाकर नये समीकरण को साधते हैं। पलटू मिसिर के स्कूल में मास्टर रहे रंगून माँझी के पुत्र अनिल से मारपीट पर पिंटू सिंह को फँसाने से लेकर अपने द्वारा पराजित उम्मीदवार बमबम सिंह की नकेल कसना हो या शमशेर साँई के घर जाकर उसके पिता साहेब साँई को हत्या की गवाही

के लिए तैयार करना हो, या आर्थिक मदद देकर अपने पाले में लाने में लीलाधर यादव की हिकमत का जवाब नहीं। वह जो चाहे करें पर मजाल क्या कि उसकी हवा किसी को लगे या शुबहा हो।

इस बनते-बिगड़ते सामाजिक ताने-बाने को उसकी जटिलता, अन्तर्विरोधों और पेचोंखम की बारीकी में देखते हृषीकेश सुलभ गाँव के जीवन के बदलते यथार्थ को उसकी भयावहता में देखते हैं। यह सीधा, सरल समानुपातिक बदलाव नहीं, यह तो उसी जड़ता और श्रेष्ठता के दम्भ का पुनर्स्थापन है जिसको मिटाने के लिए नाना तरह के संघर्ष होते रहते हैं। छल-छद्म और पाखंड की परतों को खोलते हुए जातियों में बँटे जीवन और उनकी अन्दरूनी जटिलता को भी थाहते हुए श्री सुलभ जितना हिन्दू समाज की विकृतियों और ऊँच-नीच में बँटी व्यवस्था को देखते हैं उतना ही अगड़े-पिछड़े मुसलमानों की आपसी रंजिश और अन्तर्विरोधों को भी। पूरा उपन्यास एक रणक्षेत्र है—अपनी प्रभुता के दर्प को सिद्ध करने का, जिसमें हारती है मनुष्यता, धूल-धूसरित होता है प्रेम, हिंसा की भेंट चढ़ती है बन्धुता और एक उदासी पसरी मिलती है जिसमें अपने को शामिल कर हम अवसाद में चले जाते हैं क्योंकि यह आश्वस्ति और उम्मीद का समाज नहीं है। इसमें यातना है तो घृणा भी, जिसमें प्रेम की पीर की अनुभूति तक नहीं है।

लीलाधर की महत्त्वाकांक्षाओं की भेंट चढ़ती मनुष्यता को लक्षित करता उपन्यास केवल सामाजिक बदलाव और सत्ता केन्द्रों के स्थानान्तरण को ही नहीं देखता, वरन परिवर्तन की बयार में मनुष्य और समाज की वासनाओं को भी भेदता है जिसमें सभ्यता के संकट की आहट सुनाई देती है। देवली पंचायत में मुखिया पद के महिला के लिए सुरक्षित हो जाने के बाद सत्ता पर आजीवन बने रहने की आकांक्षा ही होनहार पोती रेवती को मुखिया के चुनाव में ज़बरदस्ती उतरवाती है। रेशमा कलवारिन को सरपंच की उम्मीदवारी देकर भी लीलाधर प्रतिरोध की आवाज़ को ही दबाना चाहते हैं ताकि वह प्रतिपक्ष के रूप में तैयार न हो सके। एक शान्त, चित्त, मृदुभाषी, अपेक्षाकृत कम बोलने वाले लीलाधर स्मृतियों में ना जीकर वर्तमान में जीने के अभ्यस्त हैं इसलिए वे अपने परिवर्तन के लिए औरों के भविष्य की सारी सम्भावनाएँ निचोड़ लेना चाहते हैं। काश, जसोदा के लीला साह के छाया नाम लीलाधर जीवन-रस के उस सोते को समझ पाते जो रेवती में बह रहा था और उस मनोहर रजक नामक होनहार ग़रीब धोबी के प्रेम को महसूस कर पाते तो एक ऐसा मूल्य स्थापित कर पाए होते जो उनके सभी षड्यंत्रों का क्षमा बिन्दु होता। पर ऐसा न हो सका और ऐसा वे चाहते भी नहीं। उपन्यास में राजनीति के भीतर पलती कुटिलता और मान-मूल्य के पाये इतने मज़बूत होते चले गए हैं कि कथित परिवर्तन में जाति और नाम बदल जाने को ही अभिशप्त हैं, गुणात्मक बदलाव का स्वप्न विभ्रम मात्र ही है।

3

यह सही है कि 'अग्निलीक' अकलू यादव से लेकर लीलाधर यादव उनके तीन बेटों और बाद की पीढ़ी में रेवती और सुजीत तक चार पीढ़ियों की मुख्य कथा के बहाने सामाजिक बदलाव की प्रक्रिया को दिखाने का सफल यत्न है जिसमें रतन सिंह यादव और भुवन सिंह यादव की कोई स्पष्ट छवि नहीं उभरती। पवन सिंह यादव पटना रहते हैं और बिहार, झारखंड तथा उड़ीसा तक पसरी ठेकेदारी में इस क़दर व्यस्त कि उन्हें देवली से कोई मतलब नहीं हैं। कथा संकेत करती है कि अब इस परिवार की ज्योति भी बुझने वाली है क्योंकि सत्ता-केन्द्रीयता लीलाधर के साथ ही समाप्त हो रही है। वहाँ भी अब अहंकार ही सतह पर है जो नई पीढ़ी के सुजीत आदि की उग्रता में दिखता है। यह हमारे ग्राम्य यथार्थ का जीवन्त सच है जो कालचक्र की गति में बँधा है।

उपन्यास में लगभग हाशिए पर उपस्थित कुछ चरित्र ऐसे हैं जो बरबस इस औपन्यासिक रचाव में नये मूल्य-बोध उपजाते हैं। इन चरित्रों में स्त्रियाँ ही मुख्य हैं और यह कहना निरापद न होगा कि 'अग्निलीक' भले ही पुरुष के द्वारा लिखा गया है पर है यह विशुद्ध स्त्री दृष्टि का उपन्यास।

स्त्री की समस्त वेदनाओं, संघर्षों और उसकी अस्मिता के विमर्श में उतरता यह उपन्यास अपने उन स्त्री चरित्रों के लिए भी अधिक यादगार बन आया है जो स्वयं इसके हाशिए पर हैं। रेशमा कलवारिन, नाज़ बेगम, मुन्नी बी और नबीहा जैसी स्त्रियों का इसमें अपना संसार है। यह संसार जसोदा, कुन्ती और रेवती से भिन्न है क्योंकि इसमें अपने को पहचानने और अपने लिए जीने की प्रबलता है। इसमें अपने निजस्व का विलय है, मानवीय उदात्तता है और घृणा को प्रेम से जीत लेने की अद्‌भुत शक्ति भी। हजामिन पतिया की भतीजी और ब्याहता रह चुकी रेशमा अच्छेलाल साह से ब्याह के बाद रेशमा कलवारिन बनती है।

16-17 साल की उम्र में पहली शादी में बूढ़े पति के छोटे बेटे से लगाव के कारण मार खाने से भागती है। फिर वह टंड़वा के तिवारियों के टोले में चन्दन तिवारी से जुड़ती है पर कभी दग़ा नहीं करती। अच्छेलाल साह की ब्याहता होकर आने के बाद रामबरन सिंह के पोते पिंटू सिंह से जुड़ती है और अन्त में अकरम अंसारी के साथ। अकरम उसके प्यार को सौदा समझ जब गरभू पांड़े दरोग़ा की सेवा करके मनमाफ़िक़ रिपोर्ट मनवाने की बात करता है, तब से उसे अकरम से घृणा हो जाती है। अपने से भी घृणा करती रेशमा का अचानक इतना मानवीय हो जाना हतप्रभ कर देता है। वह अच्छेलाल साह की कलाली बन्द कराकर रेशमा सिंगार स्टोर खोलती है और अच्छेलाल से अलग हुए बेटों को वापस मिलाती है। वह शमशेर की बेवा गुल बानो की हरसम्भव मदद करती है और मुखिया लीलाधर

के घर से भी मधुर सम्बन्ध बनाती है। रेशमा अपने नाम और काम के विपरीत आचरण से जिस उदारता का परिचय देती है उससे पाठक सहज ही जुड़ जाता है और उसके बदले व्यवहार पर चकित हो जाता है। शमशेर साँई की बेवा गुल बानो बूढ़े साहेब साँई को देखती है। अपाहिज नौशेर साँई को झेलती है और अकरम की पत्नी नाज़ बेगम द्वारा ज़बरदस्ती निकाल दी गई मुन्नी बी को शरण देती है। वह नौशेर की ज़िद पर मुन्नी बी का निकाह उससे कराती है और रेशमा की मदद से अपनी गृहस्थी को पति के न रहने के दुख के बावजूद सँभालती है। मुन्नी बी अकरम की फ़ुफेरी बहन है जिसे वह रखैल की तरह इस्तेमाल करता है। मतलब साधने के लिए उसने एक ऐसे बूढ़े से उसकी शादी कराई जो जल्द ही मर गया, पर अकरम की गिरफ़्तारी के बाद उसकी पत्नी नाज़ बेगम ने मुन्नी को घर से निकाल दिया। शमशेर साँई की बेवा ने उसे शरण दी। अकरम की पत्नी नाज़ बेगम भले ही कर्कशा लगती है पर वह शराबी, अय्याश और कमीने पति की सारी सम्पत्ति को मुट्ठी में कर अपने जीवन का नया अध्याय शुरू करती है। मुन्ने मियाँ की पत्नी नबीहा भी पति के प्रेम को जीने वाली एक ख़ुदमुख़्तार औरत है जो मुन्ने मियाँ को दाएँ-बाएँ नहीं चलने देती और शमशेर की हत्या के बाद जब वे ज़मानत पर छूटते हैं तो अकरम से भी दूरी बनाने पर मजबूर करती है। इस तरह रेशमा, गुल बानो, नाज़ बेगम, नबीहा और मुन्नी बी जैसी स्त्रियाँ इस उपन्यास में स्त्रियों के विभिन्न रूपों से परिचय कराकर न केवल मुग्ध करती हैं वरन अपने निर्णयों, व्यवहारों और निष्ठा से मन पर अमिट छाप छोड़ देती हैं। इनके अंकन में कथाकार ने जिस तन्मयता का परिचय दिया है, वह बेजोड़ है। जसोदा के चित्रण में यह सम्भावना न थी, हालाँकि उपन्यास की आधारभूमि में वही है, पर रेवती के अंकन में यह सम्भावना थी कि वह 'अग्निलीक' की केन्द्रीय ही नहीं अविस्मरणीय पात्र बन सके किन्तु कथा-सूत्रों को सँभालने में व्यस्त और छोटी-सी भूमिका रेवती के लिए तय कर चुके कथाकार के लिए सम्भव नहीं हुआ कि उसे बड़ा फ़लक दे सके। रेवती विद्रोह न करती, पर मनोहर रजक को सार्वजनिक रूप से अपनाकर प्रतिष्ठा मूल्य की भेंट चढ़ते प्रेम को जीवन दे सकती थी। वह जसोदा के प्रेम को जानती थी, जो उसकी आजी थीं, कुन्ती के प्रेम को जानती थी, जो उसकी बुआ थीं।

उन दोनों के प्रेम की परिणति को उसने गहराई से जाना और महसूस किया था। यहाँ आकर उपन्यास की भाव-वस्तु थोड़ी असंयत होती है; क्योंकि रेवती ने—केवल आजी के प्रेम के क़िस्से को सुना भर नहीं था वह अपनी सम्बन्धी बाला के साथ उस अधबनी मस्जिद पर गई भी थी जो घाघरा के तट पर अविचल खड़ी लीला और जसोदा के प्रेम की साक्षी रही थी। असल में एक बड़े कालखंड को उसकी समग्रता में आँकने के प्रयत्न के कारण उपन्यास की भूमि पर अन्तर्धारा के रूप में मौजूद प्रेम की परिणति को सभ्यता का एक बड़ा मानवीय संकट मानकर उसे अपेक्षित

रूप में न बरत पाने के कारण यह असावधानी हुई है। इसे हम असावधानी ही कहेंगे क्योंकि उपन्यास में आद्योपान्त प्रेम है और वह प्रेम ही रचना की लगाम को थामता आगे बढ़ता है। अगर यह असावधानी न होती तो रेवती हिन्दी उपन्यासों के अमर चरित्रों में शामिल हो जाती। बावजूद इसके, वह अपनी आंशिक उपस्थिति से ही उपन्यास में एक नई कौंध भर देती है और लेशमात्र भी कहीं भयभीत हो हथियार नहीं डालती। इस रूप में वह पाठकों के मन पर अंकित हो जाती है। वह लीलाधर यादव और मनन चौधरी द्वारा बलात चुनाव में झोंकने की तैयारी पर हतप्रभ होती है। व्यथा और निराशा की नाव पर डोलती रेवती को कथाकार ने इस रूप में देखा है—

> रेवती की आँखों के सामने आजी जसोदा देवी के चेहरे की रेखाएँ झिलमिल कर उठीं। पहले उसे लुप्त हो चुकी नदियों के चिह्न की तरह दिखती थीं यह रेखाएँ, पर अब वह जब याद कर रही थी इन रेखाओं को, उसे लगा सब बह रही हैं...कोई नहीं सूखी। सब की सब ज़िन्दा हैं। उनकी टेढ़ी-मेढ़ी धाराएँ अँगुलियाँ बन गई हैं और वे बजा रही हैं पृथ्वी का पेट,...उसे नदियों ने ढोल बना दिया है। समुद्र में मिलने जाने से पहले सारी नदियाँ उल्लसित हैं। जलगर्भ में धधकती आग की आभा से दीपित हो रही हैं नदियों की धाराएँ। पहाड़, जंगल, वनचर और सभ्यता की नई सन्तानें—सब के सब शामिल हैं इस महोल्लास में। वह ढोल बने गर्भ में ही अँगुलियों की थाप से मार दी जाएगी एक दिन। उसके कंठ से औचक एक आर्द्र पुकार उठी—"आजी!" (पृ. 242)

'जलगर्भ में धधकती आग की आभा' से रेवती भी दीपित होती है, पर इस बार उसे भय होता है। भय केवल अपने लिए नहीं, स्त्री रूप में जन्म लेनेवाली सन्ततियों का भय, जिनके लिए आज भी वह ढोल ही है और अँगुलियों की थाप थम नहीं रही।

4

'अग्निलीक' पिछले पाँच दशकों के सामाजिक परिवर्तन को समेटता बड़े फ़लक का उपन्यास है। इन वर्षों में गाँव में आए परिवर्तन को बहुत बारीकी से आँकते कथाकार सुलभ ने एक ओर विभिन्न जातियों के स्वभाव और उनके चरित्रों के साथ गाँव में घटती उनकी हैसियत तथा उनके विस्थापन को दिखाया है, तो दूसरी ओर सीवान की भौगोलिक तथा ऐतिहासिक घटनाओं का प्रामाणिक विवरण दिया है। ब्राह्मण, राजपूत, कायस्थ आदि जातियों की ऐंठ और उनकी अकर्मण्यता को एक शोककथा की तरह दर्ज करते सुलभ तटस्थ भाव से सामाजिक बदलाव के उन कारणों तक भी जाते हैं जो परिवर्तनकामी हैं, पर इस सच को अंकित करने से

नहीं चूकते कि नये सत्ता केन्द्र बन रही जातियों में भी प्रतिष्ठा मान और मिथ्यादर्प का वही भाव है जो कहीं से भी शुभ नहीं है और वह फिर एक बड़े बदलाव का कारक बनेगा। नदियों का संगीत, खेतों की हरियाली, मवेशियों की पग ध्वनियों की लय सहित भोजपुरी भाषा के सांस्कृतिक मुहावरों में धड़कते जीवन को महसूस करते सुलभ एक नये संसार में ले जाते हैं जो मनोरम ही नहीं अनन्य भी है—

> जसोदा के आँगन में बिछी बँसखट पर झिरझिर बरस रही थी चाँदनी। घाघरा के कज्जल जल-सी चमकती हुई जसोदा की गोरी देह को अपनी जामुनी भुजाओं में बाँधे अकलू अपलक निहार रहे थे उसका मुख... और उत्फुल्ल चन्द्रमा निहार रहे थे जसोदा को कसने वाली अकलू की बाँहों में उभरी मछलियों को,...पीठ पर उग आई पतली नदी-सी रेख को,...काँधों पर उभरे पहाड़ों के शिखर को। (पृ. 61)

या

> ...सालोसाल गिनती रही हूँ मैं। दिन गिनते अँगुरी घिस गई और बाट निहारते नयन थके। ...और अब जब आए हो तो जोगी की तरह सेज से दूर खड़े हो। ...यह जो घर के पीछे चन्दन का गाछ है, उसे कटवाकर सारंगी बनवा देती हूँ। ...जाओ, घूमो, नगर-नगर...दुआरे-दुआरे और माँगो भीख। जब अब तक रह लिया तुम्हारे बिन तो आगे भी रह लूँगी। ...जोगी का बाना धर आओगे कभी मेरे दुआर, तो भीख भी दे दूँगी कि जोग सफल हो तुम्हारा। (पृ. 60)

दाहा, घाघरा, गंडक आदि नदियों की ऐतिहासिक कथाओं में उतरते हुए भी कथाकार सुलभ विभोर होते हैं और उनके गीत गाते हैं। विभिन्न पर्वों-त्योहारों को आँकते वे जितने मुग्ध होते हैं उतना ही मुग्ध करते हैं। अकलू के साथ जसोदा के ब्याह का मड़वा 'अग्निलीक' का मर्म स्थल है जिसमें पहले जसोदा की पुकार अनसुनी होती है और बाद में चलकर रेवती की पुकार भी—

> कच्चे बाँस के खम्भों पर फूस की छाजन वाला मड़वा काँप रहा था। ... घाघरा के रेतीले तट पर उपजे कुश की डंठलें काँप रही थीं। अमरपुर के पंडित के मंत्र काँप रहे थे। ...राम आसरे की वह जंघा, जिस पर कन्यादान के समय जसोदा बैठी थी, काँप रही थी। ...दसों दिशाएँ काँप रही थीं...बाबू-बाबू गुहारती रही जसोदा, पर बाबू ने नहीं सुना। भैया-भैया पुकारती रही जसोदा, पर भाइयों ने नहीं सुनी उसकी पुकार। ...और अकलू यादव ने एक चुटकी सेनुर जसोदा की माँग में भर दिया और जसोदा सदा सदा के लिए पराई हो गई। (पृ. 48)

उपन्यास में भ्रष्ट पुलिस व्यवस्था की वीभत्सता का अंकन है, न्यायालय के अर्थहीन होते जाने की करुण कथा है जिसके कारण हत्या जैसे मामले की डायरी तक पुलिस तैयार कर जमा नहीं कर पाती। सीवान के ऐतिहासिक, भौगोलिक तथा राजनीतिक विवरणों का प्रामाणिक साक्ष्य है तो हिंसा और भितरघात में पल-बढ़ रही जातियाँ हैं जो अपने अवसर की ताक में हैं। इनमें हिन्दू-मुसलमान का कोई बँटवारा नहीं है। अगड़े-पिछड़े मुसलमान आपस में उसी तरह महत्त्वाकांक्षाओं की आग में जल रहे हैं जैसे हिन्दू जातियाँ। एक दौर में गाँधीजी के चम्पारण सत्याग्रह का एक केन्द्र यहाँ से भी जुड़ता है जहाँ नील की खेती के लिए अंग्रेज़ों ने हज़ारों एकड़ ज़मीन छीनकर किसानों को बर्बाद किया था। दरौली के पास पोखर के पूरब वाली भीट पर लिलही कोठी अब भी किसानों की बदहाली और अंग्रेज़ों की बर्बरता की कथा कहती है। तरह-तरह के बाबाओं, अन्धविश्वासों, टोटकों और अन्ध आस्थाओं की अनेक अन्तर कथाएँ भी इसमें हैं जो 21वीं सदी के भारतीय गाँव की असल कथा कहती हैं। इसमें वह दुधही पोखर भी है जो टोटहा भगत के सत से फूटे सोते से तालाब में बदल गया था। लँगटू ब्रह्म को खीर, लँगोटी और गाँजा चढ़ाने वाले लोग अब भी देवली में हैं और जिस पाकड़ के पेड़ पर लंगटू का निवास है उसी पर हरिहर महतो की ज़हर खाई जवान बहू की आत्मा भी रहती है, तो बेटे-बहू की प्रताड़ना से तंग आकर आत्महत्या करने वाले राम सिंगार मिसिर का प्रेत भी। एक समग्र लोक को उसकी पूरी विरूपता में लेकर चलने वाला 'अग्निलीक' बावजूद इसके, विशिष्ट बन सका है तो कथाकार सुलभ के अनुभूतिगत विस्तार के कारण, जिसमें अर्थ और संवेद्य-स्थलों के मर्म की बारीक पहचान है और इसी कारण यह उपन्यास रचनात्मक सार्थकता पा सका है।

इसकी सार्थकता उपन्यास की उस उपलब्धि से जुड़ती है जो रचना को अपने समय के पार ले जा सकने की क्षमता से सम्पन्न करती है। यह क्षमता कथाकार सुलभ ने आत्म-प्रक्षेपण के माध्यम से अर्जित की है; क्योंकि उनकी संवेदनशीलता और सजगता ने पूरी कथा-भूमि की आन्तरिक सामग्री की रक्षा करते हुए उसे पूर्णता दी है। संकेत किया जा चुका है कि कथाकार सुलभ भाव-वस्तु के स्तर पर असंगत होने के कारण रेवती के चरित्र को वह ऊँचाई देने में सफल नहीं हो सके हैं जिसकी आवश्यकता थी। बावजूद इसके, सामाजिक परिवर्तन के जटिल ताने-बाने के रेशे-रेशे को खोलते हुए सत्ता केन्द्रों के स्थानान्तरण और उसकी अन्तर्विरोधी सरणियों की तह तक जाते हुए भी 'अग्निलीक' के रूप गत सौष्ठव को साधने में सफल रहे हैं। इस सफलता का श्रेय उस प्रेम को जाता है जो उपन्यास में आद्योपान्त एक पुकार की तरह उपस्थित है। प्रेम का प्राप्य न मिल पाने की स्थिति में भी वही उसका मूलभूत सौन्दर्य बनकर उभरता है जो पाठकों के चित्त पर एक गहरी कचोट की तरह तारी हो जाता है। उपन्यास का यही जीवन सत्य है,

जीवन रस भी, जिससे बड़ा कोई दूसरा मूल्य नहीं है। प्रेम को उसका प्राप्य यदि समाज देने लगता है तो वह समाज भी मानवीय हो जाता है और समरसता उसे सींचने लगती है। उपन्यास के अन्त में 'एक विलाप स्वर का फूटना और अग्निलीक की तरह धरती से आसमान की ओर ऊपर उठता जाना' ही वस्तुतः इस प्रेम की अखिल व्याप्ति का उद्घोष है।

मुझे लगता है कि 'अग्निलीक' की विशिष्टता इस स्तर पर हमेशा लक्षित की जाएगी और यथार्थ के बदले युग में भी उसके विराट मानवीय सम्भावनाओं की खोज का उपक्रम कभी मलिन न होगा। पुकार उठती रहेगी और कभी अनसुनी नहीं हो पाएगी। हिंसा, उपद्रव, अपराध और अपने-अपने अहंकारों में मरती-खपती मनुष्यता को बचा सकेगा तो केवल यह प्रेम, और यह उपन्यास इसी प्रेम की प्रतिष्ठा का महत उद्यम करने के कारण विशिष्ट बन सका है।

अग्निलीक पर चलने की मुश्किलें

राकेश बिहारी

'मैला आँचल' के प्रथम संस्करण की भूमिका में पूर्णिया को उपन्यास का कथानक बताते हुए रेणु कहते हैं—

> इसमें फूल भी हैं, शूल भी; धूल भी है, गुलाब भी; कीचड़ भी है, चन्दन भी; सुन्दरता भी है, कुरूपता भी—मैं किसी से दामन बचाकर निकल नहीं पाया। कथा की सारी अच्छाइयों और बुराइयों के साथ साहित्य की दहलीज़ पर आ खड़ा हुआ हूँ; पता नहीं अच्छा किया या बुरा। जो भी हो, अपनी निष्ठा में कमी महसूस नहीं करता।

'मैला आँचल' के प्रकाशन के ठीक 65 वर्ष बाद प्रकाशित समर्थ और वरिष्ठ कथाकार हृषीकेश सुलभ के पहले उपन्यास 'अग्निलीक' पर बात करते हुए 'मैला आँचल' की भूमिका के उपर्युक्त अंश की याद आने का कारण सिर्फ़ इतना नहीं है कि इस उपन्यास के पेपरबैक संस्करण के आवरण पर प्रकाशित प्रकाशकीय प्रस्तावना में यह कहा गया है कि—

> यह कथा फणीश्वरनाथ रेणु की कथा-भूमि की याद दिलाती है। रेणु ने कोसी तट के आसपास बसे गाँवों को अपना कथा-विषय चुना था, सुलभ जी ने अपने इस पहले उपन्यास में घाघरा नदी के किनारे बसे गाँवों की कथा कही है।

'मैला आँचल' का प्रकाशन महज़ एक उपन्यास का छपना नहीं था बल्कि हिन्दी उपन्यास के इतिहास में यह एक ऐसी परिघटना थी, जिसने 'देहाती दुनिया' (शिवपूजन सहाय) से शुरू हुई आंचलिक उपन्यासों की परम्परा को एक ऐसी ठोस रचनात्मक दिशा दी जिसमें आज 'आधा गाँव' (राही मासूम रज़ा), 'डूब' (वीरेन्द्र जैन), 'इदन्नमम' और 'चाक' (मैत्रेयी पुष्पा) जैसे उपन्यासों की मज़बूत कड़ियाँ मौजूद हैं। उपन्यास को आधुनिक जीवन का महाकाव्य कहा गया है,

पर ग़ौर किया जाना चाहिए कि इन उपन्यासों में महाकाव्यों की तरह किसी चरित्र-विशेष को नायकत्व नहीं प्राप्त है, बल्कि 'कथा-भूमि' और 'कथा-समय' ख़ुद ही यहाँ नायक की तरह कथा के केन्द्र में विन्यस्त हैं। पात्र के बजाय स्थान और समय को नायकत्व प्रदान करने की इसी विशेषता के कारण 'अग्निलीक' को हिन्दी उपन्यास की इस समृद्ध परम्परा की अद्यतन कड़ी के रूप में शामिल होने का हक़ और हुकूक स्वतः ही हासिल हो जाता है। यहाँ यह भी ध्यान दिये जाने की ज़रूरत है कि किसी अंचल विशेष की भाषा, लोक-व्यवहार, आचार-संस्कार, रीति-रिवाज़ आदि की मुखर अभिव्यक्ति के कारण इन्हें आंचलिक उपन्यास भले कहा जाता है, पर इन उपन्यासों में व्यक्त चिन्ताएँ सन्दर्भित अंचल के कूल-कछारों का अतिक्रमण कर मनुष्य और मनुष्यता की बृहत्तर सीमाओं में घुलमिल जाती हैं।

कहने की ज़रूरत नहीं कि संज्ञा (मनुष्य) से विशेषण (मनुष्यता) बनने की इस प्रक्रिया में व्याकरण के नियमों से ज़्यादा जल, जंगल और ज़मीन जैसी अन्यान्य मनुष्येतर संज्ञाओं से जुड़े प्रश्नों और चिन्ताओं की बड़ी भूमिका होती है। यहाँ जिन उपन्यासों का सन्दर्भ आया है, उनमें भले किसी पात्र या चरित्र को उक्त उपन्यासों का नायकत्व हासिल नहीं हो, पर उपन्यास के कथानक का अतिक्रमण करते हुए अपनी स्वतंत्र पहचान अर्जित करने का उनका सामर्थ्य और सन्दर्भित कथा-भूमि तथा कथा-समय के सामाजिक-राजनीतिक प्रश्नों से टकराने का दृष्टिपूर्ण साहस ही इनके आंचलिक सन्दर्भों को 'ग्लोबल' महत्त्व और स्वीकृति प्रदान करता है। इस आलेख की शुरुआत में उद्धृत 'मैला आँचल' की भूमिका में 'मैं किसी से दामन बचाकर निकल नहीं पाया' वाले हिस्से को इस सन्दर्भ में और इसलिए भी रेखांकित किया जाना चाहिए कि 'अग्निलीक' की सामर्थ्य और सीमा को परखने के लिए यह एक ज़रूरी उपकरण साबित हो सकता है।

'अग्निलीक', जिसे मैंने यहाँ आंचलिक उपन्यासों की परम्परा की अद्यतन कड़ी कहा है, का कथानक एक ऐसे यथार्थवादी धरातल पर विकसित होता है, जिसमें समकालीन राजनीतिक सन्दर्भों के आलोचनात्मक विश्लेषण की अपार सम्भावनाएँ सन्निहित हैं। चार पीढ़ियों के विस्तृत कालखंड को समेटने का दुष्कर कार्य करने वाले इस उपन्यास का एक महत्त्वपूर्ण और ज़रूरी हिस्सा जिस कालखंड में घटित होता है, वह न सिर्फ़ बिहार बल्कि पूरे भारत की राजनीति की दशा-दिशा बदलने वाले सामाजिक, सांस्कृतिक और आर्थिक बदलावों का गवाह है, जिसे 'मंडल', 'मन्दिर' और 'उदारीकरण' के तीन सुविधाजनक पदों की पृष्ठभूमि में चीन्हा-समझा जा सकता है। इसी समयावधि में जातिवादी वर्चस्व की ऐंठ से भरे सामन्तवाद को दलितों-पिछड़ों की राजनीतिक चेतना और अस्मिता-बोध ने न सिर्फ़ चुनौती दी बल्कि उनके समानान्तर अपनी एक नई दुनिया का निर्माण भी किया। यहाँ इस बात का उल्लेख भी ज़रूरी है कि इन सामाजिक-राजनीतिक बदलावों की दिशा सर्वथा

सकारात्मक ही नहीं रही और न ही सामन्तवाद पूरी तरह से ध्वस्त हुआ, बल्कि इसी कालखंड में दलितों-पिछड़ों के कन्धे पर सवारी कर अपना वर्चस्व क़ायम करने वाला एक नवसामन्ती तबक़ा भी आ खड़ा हुआ और पुराने सामन्तों ने अपनी खोई हुई सत्ता को वापस हासिल करने के लिए चालाकियों के नये परिधान भी धारण किये। यह सुखद है कि सामाजिक-राजनीतिक नवोन्मेष के अन्तर्विरोधों और पुराने सामन्तों के खुरचनी अवशेषों की नई धूर्तताओं को रोशनी में लाने का काम यह उपन्यास बख़ूबी करता है।

हाशिये पर बसर कर रहे समाज की नवचेतना और नवसामन्तों के उदय की अभिसन्धि पर उगने वाले अन्तर्विरोधों की पहचान हृषीकेश सुलभ की बहुचर्चित कहानी 'पाँड़े का पयान' में भी बहुत बारीकी से हुई है। पर यहाँ इस बात को भी समझा जाना चाहिए कि राजनीतिक चेतना और अस्मिता-बोध की अन्तर्दृष्टि से सम्पन्न जातीय संघर्षों-विमर्शों के महत्त्व को बिना रेखांकित किये सिर्फ़ उनके अन्तर्विरोधों की चर्चा से इस विमर्श के परिप्रेक्ष्य को उसकी सम्पूर्णता में नहीं परखा जा सकता। कहानी के सीमित कलेवर में तो एक बार यह न भी खटके, पर इतने बड़े समयान्तराल की कथा कहने वाले उपन्यास से यह माँग ज़रूरी और जायज़ है। गौरतलब है कि 'अग्निलीक' जिस मुखरता से सामाजिक-राजनीतिक नवोन्मेष के अन्तर्विरोधों को रेखांकित करता है, उतनी ही आसानी और सहजता से उसकी पृष्ठभूमि में अनिवार्यतः उपस्थित जातीय अस्मिता-बोध से उत्पन्न टकराहटों और उसकी आड़ में जड़ ज़माने वाले नवसामन्तों की कारगुज़ारियों दोनों ही की लगभग अनदेखी कर जाता है या उससे बच निकलता है। जबकि उपन्यास की कथा-भूमि—सीवान के आसपास का इलाक़ा न सिर्फ़ इन नयी सामाजिक-राजनीतिक परिघटनाओं की बड़ी गवाह रही है, बल्कि सत्ता की शह पर राजनीति और अपराध का भयानक गठजोड़ जिस दबंगई से यहाँ फलता-फूलता रहा है वह किसी से छिपा हुआ नहीं है। इस पूरे प्रकरण पर उपन्यास की नज़र किस तरह पड़ती है उसे सीधे उपन्यास की ज़बानी ही सुना जाना चाहिए—

> सीवान एक छोटा-सा कस्बाई शहर था, सत्ता पोषित एक दुर्दान्त अपराधी के आतंक की छाया में यह शहर लम्बे समय तक जैसे-तैसे साँस लेकर जीता रहा था।

'लम्बे समय' का यह त्रासद प्रकरण, जिसने इस पूरे इलाक़े के वजूद को सिहराए रखा हो, को उसके सामाजिक प्रभावों की गहराइयों में बिना उतरे महज़ इन दो वाक्यों में समेटकर यह उपन्यास जिस तरह आगे बढ़ जाता है, वह इसके सुदीर्घ कालखंड और कथानक के स्वाभाविक राजनीतिक गुणसूत्रों के मद्देनज़र इस उपन्यास की एक बड़ी दिक़्क़त के रूप में पेश आता है। हालाँकि पटना और

सीवान के दो राजनीतिक परिवारों के बीच की नातेदारी और देवली गाँव के पंचायत चुनावों में मुस्लिम और यादव समुदाय के राजनीतिक समीकरणों की तरफ़ एक हल्का-सा इशारा उपन्यास ज़रूर करता है, पर वह इतना हल्का है जिसमें 'बच निकलने' की अनुगूँज बहुत आसानी से सुनी-समझी जा सकती है। समकालीन राजनीति के उस बीहड़ में बिना धँसे सन्दर्भित जनपद के राजनीतिक-सामाजिक बदलावों को रेखांकित करने की रूमानी रचना-प्रविधि ने उपन्यास को कथानक की उन गहराइयों तक नहीं पहुँचने दिया है जिसकी जड़ें 1857 के सिपाही विद्रोह से लेकर बिहार में 2016 में लागू हुई शराबबन्दी तक फैली हुई हैं।

'अग्निलीक' के आरम्भ और अन्त दोनों छोरों पर दो हत्याएँ घटित होती हैं—शुरुआत में शमशेर साँई नामक एक राजनीतिक कार्यकर्ता की हत्या और आख़िर में मनोहर रजक नामक एक दलित छात्र की हत्या, जो रसूख़दार मुखिया लीलाधर यादव की पोती रेवती से प्रेम करता था। इन दोनों हत्याओं के बीच उपन्यास में प्रत्यक्ष या अप्रत्यक्ष कई और हत्याएँ भी होती हैं, जिनके पीछे की वजह भी प्रेम और राजनीति ही हैं। राजनीति और संस्कृति के बीच एक अन्योन्याश्रयी सम्बन्ध होता है। कभी सांस्कृतिक बदलाव राजनीतिक बदलावों का कारण बनते हैं तो कभी राजनीतिक चेतना सांस्कृतिक परिवर्तनों की वाहिका बनती है। प्रेम, जो सामान्यतया ऊपर से एक नैसर्गिक अभिक्रिया या स्वतःस्फूर्त रूहानी संयोग की तरह घटित होता दिखाई पड़ता है, अपने समय की राजनीतिक-सामाजिक हलचलों से निरपेक्ष नहीं हो सकता बल्कि उससे गहरे प्रभावित होता है। गौरतलब है कि यथार्थ के सख्त धरातल पर खड़े राजनीतिक गुणधर्म वाले कथानक से निर्मित यह उपन्यास लगभग आद्योपान्त अलग-अलग पीढ़ी के उत्कट प्रेम-प्रसंगों से सिंचित है। उपन्यासकार के शब्दों में कहें तो इस पूरे उपन्यास में 'प्रेम की लरजती-काँपती छायाएँ' मौजूद हैं। हत्या और प्रेम की बहुतायत को देखते हुए हो सकता है कुछ लोग 'अग्निलीक' को हत्या और प्रेम का उपन्यास ही कह-समझ बैठें, पर मूल्य निर्णय की ऐसी जल्दबाज़ियाँ इस उपन्यास के साथ न्याय नहीं कर सकती हैं।

प्रेम के प्राकृतिक पक्ष, उसकी दैहिक स्वाभाविकताओं और प्रेम-प्रसंगों में अमूमन घटित होने वाली वंचनाओं को यह उपन्यास जिस चाक्षुष और स्पर्शी प्रभावोत्पादकता के साथ दर्ज करता है, वह इसके महत्त्वपूर्ण हासिलों में से एक है। उपन्यास में वर्णित प्रेम-प्रसंग और उनकी नियतियाँ कई जगह पाठकों की आँखों को नम करते हुए उनके भीतर करुणा उत्पन्न करने का सामर्थ्य रखती हैं। प्रेम की स्वाभाविक अनुभूतियों को पूरे कलात्मक वैभव के साथ पाठक-मन पर उकेरने के लिए निश्चय ही हृषीकेश सुलभ बधाई के पात्र हैं। बहुत सम्भव है मुझ सहित कुछ लोगों (पाठकों, लेखकों) के लिए उनकी यह उपलब्धि एक ख़ास तरह की ईर्ष्या और स्पर्धा का कारण भी हो। पर इस सन्दर्भ में मेरी चिन्ताएँ यहाँ दूसरी हैं, दुहरी भी।

भारतीय समाज की अन्त:संरचना में अनिवार्यत: उपस्थित जाति, वर्ग और संस्कृति की आचार संहिताओं से पोषित टकराहटों का तनाव प्रेम की नैसर्गिकता को जिस तरह नियंत्रित और संचालित करता है, क्या उसका मुक़म्मल चेहरा इस उपन्यास में मौजूद है? यदि नहीं, तो क्यों और यदि हाँ, तो यह उपन्यास उन आचार संहिताओं की सुविधाजनक चौहद्दियों का कितना और किस तरह अतिक्रमण करता है? प्रेम की सामाजिक नाकेबन्दी और उसके अतिक्रमण को लेकर मेरे भीतर उठ रहे ये प्रश्न सिर्फ़ मेरे नहीं हैं।

इसे बहुत पहले 'अलग-अलग वैतरणी' (शिव प्रसाद सिंह) के सरूप भगत ज़्यादा स्पष्ट और मुखर भाषा में पूछ चुके हैं—

> 'परेम' कोई बुरी चीज़ नहीं। मगर ई कैसा परेम भाई! आज तक किसी राजपूत-बामन लड़की के साथ चमार दुसाध का परेम काहे नहीं हुआ?

तमाम प्रतिकूलताओं के बावजूद आज जब इस प्रश्न के सकारात्मक उत्तर सहज ही हमारे समाज में दिखने लगे हैं, 'अग्निलीक' से गुज़रते हुए सरूप भगत का यह प्रश्न यदि लगभग अनुत्तरित ही रह जाता है तो इसके कारणों को भी कहीं-न-कहीं उस 'बच निकलने' की लेखकीय नियति में तलाशा जा सकता है।

इस बात पर भी ग़ौर किये जाने की ज़रूरत है कि मुन्ने मियाँ और नबीहा के सफल किन्तु अति संक्षिप्त प्रेम-प्रसंग के अपवाद को छोड़ दें तो उपन्यास में आए लगभग सभी प्रेम, चाहे वह जसोदा और लीला साह का हो या रामझरी और अकलू यादव का, कुन्ती और मास्टर मुचकुन्द शर्मा का हो या फिर रेवती और मनोहर रजक का, सब के सब असफल हैं। इनमें से एकाधिक स्थितियों में प्रेमी की हत्या भी हो जाती है। प्रेम में असफलता या हत्या कोई नई या अकल्पनीय स्थितियाँ नहीं हैं, पर चार पीढ़ियों के अन्तराल में फैले हुए ये विविध प्रेम-प्रसंग जिस तरह बिना किसी उल्लेखनीय संघर्ष के असफल हो जाते हैं और समाज में घटित हो रहे तमाम बदलावों के बावजूद यदि इनमें से एक भी प्रसंग 'अलग-अलग वैतरणी' के सरूप भगत के उस असुविधाजनक प्रश्न का कोई माकूल उत्तर नहीं दे पाता है तो यह चिन्ता और निराशा की बात है।

उपन्यास में होने वाली कई-कई हत्याओं को लेकर कथाकार प्रभात रंजन द्वारा पूछे गए एक प्रश्न का जवाब देते हुए, जो यूट्यूब पर उपलब्ध है, हृषीकेश सुलभ इसे आज के हत्यारे समय का प्रतीक कहते हैं। बेशक यह एक हत्यारा समय है, लेकिन सिर्फ़ इतना भर कहकर इस समय के साथ न्याय नहीं किया जा सकता। कारण कि यह समय सिर्फ़ हत्या का ही नहीं, अस्मिता-बोध से उत्पन्न वंचितों-पीड़ितों के संघर्ष का भी है। समय के इस दूसरे पक्ष की अनुपस्थिति के कारण ही अपने वर्तमान स्वरूप में उपन्यास में घटित कई हत्याएँ, ख़ासकर मनोहर रजक की हत्या अस्वाभाविक, ग़ैरज़रूरी और आरोपित लगती है।

हृषीकेश सुलभ एक शब्द-समृद्ध और भाषा-सजग कथाकार हैं। नाटक की दुनिया में भी समान रूप से सक्रिय होने के कारण ही इनकी कथा-भाषा और दृश्य-विधान पर नाटक की स्वाभाविक तकनीकों का सहज प्रभाव देखने को मिलता है। संवाद और दृश्यों में व्याप्त नाटकीयता इनकी कहानियों में निहित बहुपरतीय अर्थ-छवियों को लगातार समृद्ध करती रही है। कलकल करती नदी की तरह बहने वाली इनकी तरल भाषा अपनी इन्द्रधनुषी भावप्रवणता से पाठकों को एक चुम्बकीय सम्मोहन में बाँधकर रखने का जो सामर्थ्य रखती है, उसे इस उपन्यास में सहज ही महसूस किया जा सकता है। तत्सम और लोक के सहमेल से बनी इस भाषा का यह मुहावरा हृषीकेश सुलभ ने अपनी मिट्टी और परिवेश के साथ एक सघन आत्मीय जुड़ाव से अर्जित और पोषित किया है। निर्मल वर्मा से लेकर प्रियंवद तक भाषा का निजी मुहावरा विकसित करने वाले लेखकों की एक विशिष्ट पांत हिन्दी में मौजूद है। लेकिन इस भाषा की दिक़्क़तें तब शुरू होती हैं जब कथाकार कथा में वर्णित यथार्थ और कथा-पात्रों की सामाजिक, आर्थिक और सांस्कृतिक पृष्ठभूमि से बेख़बर होकर सब कुछ एक ही तरह की भाषा में कहना शुरू कर देता है। 'अग्निलीक' में भाषा की यह दिक़्क़त तीन स्तरों पर पेश आती है—

पहली दिक़्क़त यह कि एक राजनीतिक गुणधर्म वाले कथानक के यथार्थ का वहन करने के लिए जिस भाषा का उपयोग यहाँ हुआ है वह अपने स्वभाव और संरचना में बेहद रूमानी है। कथानक के यथार्थ और कथा-भाषा के बीच स्थित इस दूरी का ही परिणाम है कि प्रेम के नैसर्गिक सौन्दर्य, देह के प्राकृतिक आकर्षण और त्याग-समर्पण की अश्रुविगलित कारुणिकताओं के उत्सवीकरण की कई-कई छवियों से सुसज्जित इस उपन्यास में ख़ुद को बचाए रखने के संघर्ष से दीप्त प्रेम का कोई मज़बूत चेहरा मौजूद नहीं है। अपनी भाषा के नाजुक सौन्दर्य के प्रति अटूट लेखकीय मोह यहाँ जिस तरल सहजता से परिवेश और प्रकृति के ख़ूबसूरत लैंडस्केप की रचना करता है, उसी प्रभावोत्पादकता के साथ यथार्थ की विभीषिकाओं की भीतरी तहों में नहीं उतर पाता। या यूँ कहें कि भाषा का लालित्यपूर्ण सौन्दर्य पाठकों को इस क़दर सम्मोहित कर लेता है कि कथानाक में निहित त्रासदी उस तक सम्प्रेषित ही नहीं हो पाती। उदाहरण के लिए उपन्यास के उत्तरार्ध में वर्णित अनावृष्टि के दृश्य को देखा जा सकता है—

> सावन-भादों में भी धरती की प्यास नहीं मिटी, आषाढ़ की छिटपुट वर्षा धरती की कोख तक नहीं पहुँच सकी। धरती की कोख अगर नम नहीं होती खरीफ की फसल तो जाती ही है, रबी की आस भी टूट जाती है। देवली, मनरौली, पुरैना, मानिकपुर आदि गाँवों के चँवर में धान की रोपनी तक नहीं हो सकी। आषाढ़ के पानी में लगे बीचड़े रोपनी के इन्तज़ार में खड़े-खड़े झुलस गए। सावन-भादो में बाँकी अदा से लहराने वाली सँपही

के पेट में धूल उड़ती रही। दुधही के विशाल उदर में फटी दरारें जल की बूँदों की आस में मुँह बाये आसमान की ओर ताकती-तरसती रह गईं।

इसमें कोई सन्देह नहीं कि गद्य की यह ख़ूबसूरती विरल है। पर इसकी दिक़्क़तें दूसरी हैं। यहाँ भाषा प्रकृति के विज़ुअल्स रचने में इस क़दर डूबी हुई है कि सन्दर्भित यथार्थ की विभीषिका झेलने वाला व्यक्ति समूह इस तसवीर में आने से रह जाता है। अपनी तमाम ख़ूबसूरती के बावजूद उपन्यास की भाषा की दूसरी दिक़्क़त है—नैरेटर और पात्रों की भाषा का लगभग एक जैसा होना। हालाँकि कुछ शब्दों के आंचलिकीकरण (यथा—ज़िन्दगी के लिए जिनगी, ब्लाउज के लिए बेलाउज, उम्र के लिए उमिर आदि का प्रयोग) के माध्यम से लेखक ने पात्रों की भाषा को नैरेटर की भाषा से अलग करने की कोशिश ज़रूर की है, पर अपने भाषायी मुहावरे और अनुशासित वाक्य संरचना से वह उन्हें नहीं बचा पाया है। परिणामतः पूरा उपन्यास और उसके पात्र जैसे लगभग एक ही भाषा में बोलते प्रतीत होते हैं। इस क्रम में कई बार नैरेटर कुछ ऐसे शब्दों का प्रयोग भी कर जाता है, जो उपन्यास और उपन्यासकार की असावधानी के रूप में सामने आता है। इसे समझने के लिए उपन्यास के प्रथम पृष्ठ के तीसरे वाक्य को देखा जाना चाहिए—"यह कच्ची सड़क गाँव के दक्खिनी छोर पर बसे हरिजनों के टोला टोटहा से आती थी..." उल्लेखनीय है कि 'हरिजन' शब्द का प्रयोग 1982 से ही ग़ैरकानूनी है। किसी पात्र द्वारा कहे गए संवाद में इस शब्द के प्रयोग को तो एक स्तर पर समझा जा सकता है, पर नैरेटर की भाषा में यह असावधानी खटकनेवाली है। दरअसल क़ानूनी-ग़ैरकानूनी की खाँचेबन्दी से अलग यह हमारे अवचेतन में स्थित जाति-बोध और उससे सम्बन्धित ग्रन्थियों से जुड़ा प्रश्न है। यहाँ एक बार फिर 'मैला आँचल' के ही एक सन्दर्भ पर ध्यान दिया जाना चाहिए—"खेलावन सिंह यादव को लोग नया मातबर कहते हैं लेकिन क्षत्रिय टोली को अब 'गुअर टोली' कहने की हिम्मत कोई नहीं रखता।"

इस तरह 'अग्निलीक' में प्रयुक्त 'हरिजनों का टोला' और 'मैला आँचल' में प्रयुक्त 'गुअर-टोली' को समानान्तर रखकर मध्यम और अनुसूचित जातियों के बदलते अस्मिता-बोध के प्रति दोनों उपन्यासों के दरम्यान पसरे फ़ासले को समझा जा सकता है। दृश्य, परिवेश और पात्रों के बदलने के बावजूद 'चाँदनी का बरसना', 'खल्वट माथा', 'नेह-छोह', 'लोप होना', 'कज्जल जल' जैसे शब्दो-पदों की बारम्बार आवृति उपन्यास की भाषा की तीसरी दिक़्क़त है, जिससे कई बार इसके एकरस होने का एहसास भी होता है। 'अग्निलीक' की इन भाषायी दिक़्क़तों पर बात करते हुए यह भी कहा जाना ज़रूरी है कि यह अकेले इस उपन्यास की दिक़्क़त नहीं है। भाषा का निजी मुहावरा और 'सिग्नेचर' विकसित करनेवाले लगभग सभी लेखकों के साहित्य में ऐसे उदाहरण देखे जा सकते हैं।

मज़बूत स्त्री चरित्रों की रचना हृषीकेश सुलभ की कथा यात्रा की एक ऐसी विशेषता है जो इन्हें अपने पूर्ववर्ती और समकालीन कथाकारों से अलग करती है। वर्ग, वर्ण और स्थान की हदबन्दियों से अलग दुनिया की तमाम स्त्रियों के दुखों और स्वप्नों में एक ख़ास तरह की साझेदारी होती है। आधुनिक समय में देश और दुनिया के तमाम स्त्री आन्दोलन स्त्रियों के उस साझेपन को न सिर्फ़ पहचानते हैं बल्कि दुख और सपनों की वह साझेदारी ही उन्हें परस्पर आबद्ध भी रखती है, जिसे स्त्रीवाद और समाजशास्त्र की शब्दावली में 'ग्लोबल सिस्टरहुड' या 'सार्वभौम भगिनीवाद' के नाम से जाना जाता है। हृषीकेश सुलभ की कहानियाँ स्त्री स्वर की मज़बूत अभिव्यक्ति के कारण मुझे हमेशा से प्रिय रही हैं। इनकी कहानी 'अगिन जो लागी नीर में' की माधुरी देवी और सुवन्ती स्नेहा जैसी स्त्रियाँ जिस तरह बदलावों की नई इबारत लिखती हैं वह हमें कई तरह की आश्वस्तियों से भर देता है।

मज़बूत स्त्री चरित्रों के सृजन का वह सिलसिला 'अग्निलीक' में कुछ और आगे बढ़ता है। रेशमा, जसोदा, कुन्ती, रेवती, रामझरी, नबीहा, नाज़ बेगम, गुल बानो, मुन्नी बी जैसी स्त्रियों के चरित्र और व्यक्तित्व में व्याप्त इस्पाती दृढ़ता इस उपन्यास की सबसे बड़ी ताक़त है। जिस तरह यह उपन्यास एक स्त्री के अपूरित स्वप्न को दूसरी स्त्री के स्वप्न में विस्तारित करता है, वह स्त्री मन और जीवन में हो रहे बड़े बदलावों की मुनादियाँ हैं जिसका स्वागत किया जाना चाहिए। शमशेर साँई, जिसकी हत्या के साथ उपन्यास का आरम्भ होता है, की पत्नी गुल बानो और बचपन से ही जीवन के झंझावातों से जूझकर ख़ुदमुख़्तार बनी रेशमा, जो अपनी प्रेम कहानियों और दबंगई के लिए कुख्यात है, का बहनापा इस उपन्यास की सबसे बड़ी उपलब्धि है। ध्यान देने योग्य है कि रेशमा का प्रेमी अकरम अंसारी जो सरपंच है, शमशेर साँई की हत्या का अभियुक्त है।

ऊपर से देखें तो रेशमा और गुल बानो के निजी हितों की टकराहटें दोनों को एक-दूसरे का दुश्मन भी बना सकती थीं, पर यह उपन्यासकार की उस सूक्ष्म दृष्टि की ताक़त है कि वह इस लघु यथार्थ का अतिक्रमण कर उन दोनों के दुखों के साझेपन को पहचानते हुए उनके बीच बहनापे का एक बृहत्तर संसार रचने में कामयाब होता है। लेकिन कई-कई मज़बूत स्त्री किरदारों के हासिल के बीच जो एक बात खटकनेवाली है, वह है स्त्री देह के प्रति लगभग पूरे उपन्यास में फैली हुई लोलुपता। स्त्री पात्रों को देखते ही जैसे नैरेटर की निगाहें उसकी 'गदराई जवानी', 'गठीली देह' और 'छाती की गोलाइयों' को टटोलने लगती है। यहाँ थानाध्यक्ष गरभू पांड़े द्वारा रौंदी जाने के बाद शारीरिक-मानसिक तकलीफ़ से घिरी रेशमा की मन:स्थितियों का वर्णन करते हुए नैरेटर की भाषा को देखा जाना चाहिए—

> रेशमा की अधनंगी देह बिछावन पर कुहुक रही थी और पतिया मलिया में सरसों का तेल लिये उसे मालिश कर रही थी। सम्भोग-प्रिया रेशमा को अपनी देह से घिन आने लगी थी। गरभू पांड़े ने उसकी देह को रौरव नरक में बदल दिया था।

अपने साथ दुष्कर्म होने के बाद एक स्त्री अपनी देह को लेकर किस हद तक विक्षोभ से भर सकती है, कोई भी संवेदनशील व्यक्ति इसे समझने की कोशिश कर सकता है, पर ऐसी स्त्री की उस दारुण मनोदशा का वर्णन करते हुए उसके लिए 'सम्भोग-प्रिया' और 'अधनंगी' जैसे विशेषणों का प्रयोग करना उस मर्दवादी लोलुपता को ही दर्शाता है जो दुख-तकलीफ़ के क्षणों में भी पर्वर्टेड सुख के सन्धान का अवसर खोज ही निकालता है। यदि यह हरकत गरभू पांड़े जैसे किसी चरित्र की होती तो उसे इस विचलन के प्रकटीकरण की तरह देखा जा सकता था, पर नैरेटर या सूत्रधार, जो कथा में लेखक का प्रतिनिधि होता है, की भाषा में यह फिसलन पात्रों की निर्मिति और सर्जक की सजगनिगाही के बीच स्थित दरारों की तरफ़ ही इशारा करती है।

'मैला आँचल' की ही तरह 'अग्निलीक' भी एक पात्रबहुल उपन्यास है। ऊपर उल्लिखित स्त्री पात्रों के समानान्तर इस उपन्यास में ढेर सारे पुरुष पात्र भी हैं जिनमें मुखिया लीलाधर यादव, सरपंच अकरम अंसारी, लीला साह, पिंटू सिंह, अकलू यादव, मुंशी दामोदर लाल, बिलट महतो, नौशेर साँई, बैगा सुनार, मंसूर मियाँ, सुजीत, मुचकुन्द शर्मा, मनोहर रजक, अनिल माँझी आदि के नाम उनकी प्रसंगानुरूप उपस्थिति के कारण याद रह जाते हैं। हालाँकि उपन्यास में पात्रों का आना-जाना इस त्वरित गति से होता है कि उनके चारित्रिक विकास या पराभव का कोई उल्लेखनीय ग्राफ़ नहीं बन पाता है, जिसका कारण कभी तो पात्रों की द्रुत आवाजाही होती है तो कभी उनके गुणधर्म के विपरीत उन पर आरोपित कर दी गईं लेखकीय निर्मितियाँ। उदाहरण के लिए, लीलाधर यादव, मनोहर रजक, जसोदा और रेवती को देखा जा सकता है, जिनके चरित्र का स्वाभाविक विकास उपन्यास में नहीं हो पाया है। कई बार चरित्रों का कथानक में जिस तरह प्रवेश होता है उसका निर्वाह उसके अनुरूप नहीं हो पाता। इस सिलसिले में लीलाधर यादव के चरित्र को देखा जाना चाहिए। जिस अवतारी तरीक़े से उनके जन्म की कथा उपन्यास में लिखी गई है, उसे देखकर लगता है कि उपन्यास के पटल पर उनका कोई भव्य-दिव्य चरित्र खड़ा होने वाला है, पर ऐसा नहीं हो पाता। ऐसे ही जसोदा जिस तरह रातोंरात अपने घरवालों की मर्ज़ी के आगे समर्पण कर देती है या रेवती अपनी चारित्रिक दृढ़ताओं के बावजूद बिना किसी उल्लेखनीय हील-हुज्जत के अपने सपनों की तिलांजलि देकर अपने दादा के कहने पर पंचायत का चुनाव लड़ने को तैयार

हो जाती है, उनके व्यक्तित्व की निर्मिति से बहुत मेल नहीं खाता है। यहाँ यह भी ग़ौर किया जाना चाहिए कि लीलाधर यादव के कहने पर ही, रेशमा ने भी चुनाव लड़ने के लिए अपनी सहमति दी है। उपन्यास की कथा जिस तरह लिखी गई है उससे ऐसा लगता है कि उपन्यासकार इन स्त्रियों को पितृसत्ता के मोहरे की तरह दिखाना चाहता है। स्त्रियों के लिए सुरक्षित सीटों की आड़ में पितृसत्ता जो खेल खेलती है, उससे इंकार नहीं किया जा सकता। पर उसके लिए वह जिन स्त्रियों का चुनाव करती है, वह रेशमा और रेवती जैसी मज़बूत स्त्रियाँ नहीं होनी चाहिए। इसलिए रेशमा और रेवती जैसे दृढ-चरित्र वाले स्त्री पात्रों को पितृसत्ता के हाथों का मोहरा बना दिया जाना उनके चरित्र की स्वाभाविक दिशा नहीं है।

बहुत सारे पात्रों की आवाजाही के बीच शमशेर साँई की हत्या की वह गुत्थी, जिसकी चिन्ता से उपन्यास का आरम्भ हुआ था, का अन्त तक नहीं सुलझना भी उपन्यास की एक बड़ी दिक़्क़त है। न्यायिक प्रक्रिया के चलने के बावजूद यदि ऐसा होता है तो यह स्थिति शिथिल और विलम्बित न्यायिक प्रक्रिया का रूपक हो सकती थी। लेकिन, शमशेर साँई की हत्या के प्रकरण को चार्जशीट दाख़िल करने, आरोपितों के जेल जाने और बेल पर उनके बाहर आने की बहुत ही शुरुआती और संक्षिप्त कवायदों के बाद लगभग विस्मृत कर दिया गया है। नतीजतन, अपने आरम्भिक कौतूहल का समाधान नहीं हासिल होने के कारण पाठक ख़ुद को रिक्तहस्त तो महसूस करता ही है, शमशेर साँई की कथा को विस्मृत कर देने के कारण उपन्यास के हाथ से वह सूत्र भी फिसल जाता है, जो उपन्यास की सभी उपकथाओं और अनुषंगों को परस्पर आबद्ध रख सकता था।

'अग्निलीक' की सामर्थ्य और सीमा पर यह टिप्पणी अधूरी होगी यदि उपन्यास के पूर्वार्द्ध में घटित कई प्रसंगों की सघनता और विडम्बनाओं के उद्घाटन के लिए प्रयुक्त भोजपुरी लोकगीतों पर बात न की जाए। एकाध अपवाद को छोड़ दें तो इन सारे गीतों को उनके मूल रूपों में नहीं देकर लेखक ने अपनी भाषा में पुनर्सृजित किया है। उपन्यास के प्रसंगों के बीच अपनी भाषा में लोकगीतों के पुनर्सृजन के दो कारण हो सकते हैं—एक प्रभावी अर्थ-सम्प्रेषण की कोशिश और दूसरा मूल लोकगीतों के उद्धरण के कारण उपन्यास को आंचलिक क़रार दिये जाने का भय। जो लोग हृषीकेश सुलभ के रचना संसार से परिचित हैं उन्हें यह बख़ूबी पता है कि उन्होंने कहानी के शिल्प में भोजपुरी लोकगीतों की प्रभावी पुनर्रचना की है। कुछ वर्ष पूर्व सम्भवतः 'पाखी' में प्रकाशित उनकी कहानी 'सीता राम और रावण', जिसके केन्द्र में सीता निर्वासन की कथा है, इसका एक महत्त्वपूर्ण उदाहरण है। घोषित तौर पर एक मुक़म्मल कहानी के रूप में किसी लोकगीत की पुनर्रचना अपने उद्देश्य और प्रभाव दोनों ही में नितान्त अलग होती है। पर, उपन्यास के विविध प्रसंगों में किया गया यह प्रयोग उस तरह का प्रभाव तो नहीं ही पैदा करता,

बल्कि स्वाभाविक नैरेशन के बीच अपनी अलग भाषावली के कारण कुछ ज़्यादा नाटकीय भी प्रतीत होता है। मूल लोकगीत का कोई सन्दर्भ नहीं दिये जाने के कारण बहुत से पाठक जो मूल रचना से परिचित नहीं हैं, शायद यह भी नहीं समझ पाएँ कि यह किसी लोकगीत की पुनर्रचना है।

कहानी के केन्द्र में अमूमन जीवन का कोई एक टुकड़ा होता है, वहीं उपन्यास समूची मनुष्य जाति का आख्यान है, जो मनुष्य और उसके जीवन-जगत् को समग्रता में सम्प्रेषित करता है। उपन्यास की सफलता इसी में निहित है कि वह असम्भाव्य को भी अपने रचना फ़लक पर एक विश्वसनीय सम्भाव्य बनाकर पेश करे। विश्व और भारतीय कथा साहित्य में उपन्यास का यह इतिहास रोमांस से यथार्थ तक की लम्बी यात्रा के रूप में दर्ज है। 'अग्निलीक' की दिक़्क़त यह है कि इसमें यथार्थ और रोमांस का अपेक्षित सन्तुलन नहीं बन सका है। दूसरे शब्दों में, यथार्थ के ठोस धरातल पर खड़े कथानक को यहाँ रोमांटिक भाषा और ट्रीटमेंट से परखने की कोशिश की गई है। यही कारण है कि पठनीयता और रोचकता की अप्रतिम मौजूदगी के बावजूद यह एक बड़ा उपन्यास होने से रह जाता है और हृषीकेश सुलभ की रचना यात्रा में वैसी उल्लेखनीय अभिवृद्धि नहीं करता जो उन्होंने अपनी कहानियों के माध्यम से अर्जित की है। मुझ जैसे उनके अनगिनत प्रशंसकों को उनके उस 'बड़े' उपन्यास का इन्तज़ार है जिसकी रचना के सामर्थ्य के लक्षण उनके कथा-संसार में बख़ूबी मौजूद हैं। 'अग्निलीक' को 'उस' उपन्यास के पूर्वाभ्यास की तरह देखा जाना चाहिए।

परिवर्तन और निरन्तरता का परिपक्व आख्यान

संजीव कुमार

ज़्यादा दिन नहीं हुए, दिल्ली विश्वविद्यालय के एक कॉलेज की संगोष्ठी में वक्ताओं की पूरी बात को गुड़गोबर करने वाला एक अध्यक्षीय वक्तव्य सुना था। अध्यक्ष हिन्दी के एक बुज़ुर्ग कथा-आलोचक थे जिन्होंने अपने वक्तव्य की शुरुआत में ही श्रोताओं को, जिनमें बड़ी तादाद विद्यार्थियों की थी, बताया कि किसी भी उपन्यास को पढ़ते हुए उसके समय के यथार्थ के साथ उसका मिलान करना चाहिए और देखना चाहिए कि कथाकार ने उस यथार्थ को ज्यों-का-त्यों पेश किया है या उसके साथ कोई छेड़छाड़ की है। यही, उनके अनुसार, उपन्यास के मूल्यांकन की कसौटी थी। इसे कसौटी मानने की दीगर मुश्किलों को छोड़ भी दें तो उपन्यास के 'समय का यथार्थ' जिस तरह उस आलोचक के लिए निहायत असमस्यामूलक पद था, वह आज की बहसों से परिचित किसी भी व्यक्ति के लिए ख़ासा आश्चर्यजनक और मनोरंजक हो सकता है। गोया 'समय का यथार्थ' कोई ऐसी चीज़ है जो पहले से कहीं निकालकर रख दी गई है। इतिहास-ग्रन्थों, अख़बारों, विश्लेषणात्मक लेखों आदि से उसे पाया और बहुत निश्चयात्मक शब्दों में बताया जा सकता है और आलोचक का काम 'उस' यथार्थ के प्रति उपन्यास की निष्ठा की जाँच करना भर है। गरज कि उपन्यास तो पाठ है, पर आलोचक ने 'समय का यथार्थ' जहाँ से हासिल किया है, वे पाठ नहीं, तथ्य-सत्य-संग्रह हैं तभी तो वह एक पाठ की अन्य पाठों से भिड़न्त कराने के बजाय उनके बीच धातु और कसौटी का सम्बन्ध स्थापित करना चाहता है! कसौटी से सोने की गुणवत्ता जाँची जा सकती है! सोना कसौटी की गुणवत्ता के बारे में कुछ बता सकता है, ऐसा कहीं सुना है! मुश्किल यह है कि ऐसी आश्चर्यजनक और मनोरंजक समझ कथा-आलोचना में पीढ़ियों के आर-पार व्याप्त है। यह पद्धति नई पीढ़ी में भी पर्याप्त प्रचलन में है कि किसी उपन्यास को पढ़ने के बाद उसकी कथा-भूमि बनने वाले इलाक़े की सामाजिक-राजनीतिक घटनाओं-परिघटनाओं के एक पहले से सुलभ आख्यान-विमर्श के साथ उसका मिलान किया जाए और उसके आधार पर उपन्यास के प्राप्तांक तय कर दिये जाएँ।

मैं ये बातें इसलिए कह रहा हूँ कि समीक्ष्य उपन्यास 'अग्निलीक' इस पढ़त-पद्धति का शिकार हुआ है। मेरे मित्र राकेश बिहारी को सीवान से जुड़े गाँव की कथा कहने वाले इस उपन्यास से शिकायत है कि सीवान को 'एक सत्तापोषित दुर्दान्त अपराधी के आतंक की छाया में लम्बे समय तक जैसे-तैसे साँस लेकर जीता' रहने वाला कस्बा बताने के बावजूद उपन्यास की कथा उससे कन्नी काटकर क्यों निकल जाती है! (इशारा राजद से जुड़े शहाबुद्दीन की ओर है, हालाँकि राकेश ने उसका नाम लेने से ख़ुद भी कन्नी काट ली है!) यह शिकायत हल्के में नहीं की गई है। राकेश को लगा है कि 'समकालीन राजनीति के उस बीहड़ में बिना धँसे सन्दर्भित जनपद के राजनीतिक-सामाजिक बदलावों को रेखांकित करने की रूमानी रचना-प्रविधि ने उपन्यास को कथानक की उन गहराइयों तक नहीं पहुँचने दिया है जिसकी जड़ें 1857 के सिपाही विद्रोह से लेकर बिहार में 2016 में लागू हुई शराबबन्दी तक फैली हुई हैं। मतलब यह कि शहाबुद्दीन जैसे किसी चरित्र को और उसके बहाने राजदीय यादव-मुस्लिम गठजोड़ को यथेष्ट स्थान न देने की शिकायत उपन्यास की गुणवत्ता के सन्दर्भ में निर्णायक नुक्ता है, बस एक छोटी-सी शिकायत नहीं। उसे राकेश 'समकालीन राजनीति का बीहड़' मानते हैं, जिसमें धँसने से बच निकलना उपन्यास की रचना-प्रविधि को 'रूमानी' बना देता है। रूमान को साहित्य में यथार्थ के विलोम के तौर पर देखा गया है। यानी आलोचक यह मानता है कि एक स्थान-विशेष की अवधि-विशेष का जो आख्यान उसे पहले से हासिल है, वही 'यथार्थ' है, और उपन्यास में इसके न मिलने का मतलब है, यथार्थ की अनुपस्थिति और 'रचना-प्रविधि' का 'रूमानी' होना। उपन्यास से आपको कथावतार में अपनी बातें सुनने को मिलें, यह बहुत स्वाभाविक इच्छा है, पर समस्या वहाँ आती है जहाँ आप उन बातों को सुनने के चक्कर में उपन्यास की अपनी बातों के प्रति बधिर हो जाते हैं और फिर अपनी बधिरता को उपन्यास की मूकता के तौर पर व्याख्यायित करने लगते हैं। 'अग्निलीक' जैसे प्रौढ़ उपन्यास की पूर्वोक्त पढ़त इसी का एक नमूना है।

2

'अग्निलीक' पर लिखने का मन बनाते हुए मुझे प्रियंवद के साथ हुई एक व्यक्तिगत बातचीत बार-बार याद आती रही। 'आलोचना' पत्रिका के लिए विभाजन-केन्द्रित उपन्यासों पर अपना लम्बा आलेख भेजते हुए उन्होंने कहा था कि इसमें उपन्यासों के बहुत लम्बे-लम्बे उद्धरण हैं जो अपने में उपन्यास-लेखन की कला के नमूने भी हैं। मैं चाहता हूँ कि आप उन्हें छोटा न करें ताकि आज की पीढ़ी उनके विवरण और उनकी कथा-भाषा का आस्वाद लेते हुए यह जाने कि उपन्यास कैसे लिखे जाते हैं। 'अग्निलीक' के प्रसंग में इस बात का याद आना अकारण नहीं था।

एक कारण तो यही कि पढ़ते हुए मैं बहुत लम्बे-लम्बे हिस्से रेखांकित करता चल रहा था जिन्हें मैं इसके उदाहरण के तौर पर उद्धृत करना चाहता था कि अमृतलाल नागर और राही मासूम रज़ा वाली रवाँ कथा-भाषा, जो इन दिनों दुर्लभ हो चली है, इस कथाकार के यहाँ अपने पूरे आस्वाद के साथ उपस्थित है। दूसरा यह कि एक बड़ा उपन्यास रचने के लिए उसके विषय से सम्बन्धित बहुज्ञता और समय के आयाम में लेखक का अबाध विचरण कितनी ज़रूरी चीज़ें हैं, इसका एक परिपक्व नमूना है यह उपन्यास। इस लिहाज़ से भी, आम पाठकों के अलावा, नये कथाकारों के लिए उनके ही एक वरिष्ठ समकालीन की यह रचना एक ज़रूरी पाठ है। 'अग्निलीक' की कथा वर्तमान 2013 से शुरू होकर 2016 तक चलती है, पर उपन्यास का बहुत बड़ा हिस्सा घेरने वाला उसका अतीत आज़ादी के कुछ वर्ष पहले तक पसरा हुआ है और स्थानीय इतिहास बताने वाले कई हवाले 1857 की लड़ाई से भी जुड़े हैं। पहले कथा के वर्तमान और अतीत जिन्हें आख्यान-शास्त्र में 'नैरेटिव प्रेज़ेंट' और 'नैरेटिव पास्ट' कहा गया है, के इस विभाजन को समझें।

उपन्यास शुरू होता है शमशेर साँई नामक एक दबंग की हत्या से। यह हत्या 2013 की जन्माष्टमी की रात को होती है। वर्ष कहीं बताया नहीं गया है, पर कथा में मौजूद संकेतों से आप इस तिथि तक पहुँच सकते हैं। इस हत्या के साथ देवली-मनरौली पंचायत क्षेत्र में जो हलचल शुरू होती है, उससे ही उपन्यास का मुख्य भाग निर्मित हुआ है। यह ख़त्म होता है पटना में हुई एक हत्या पर, जो देवली के मुखिया, उपन्यास के मुख्य पात्र, लीलाधर यादव के पोते के हाथों हुई है। यह घटना 2016 की है। इस तीन वर्षों में जुड़वाँ गाँवों देवली-मनरौली में जो कुछ होता है, वह उपन्यास का लगभग दो-तिहाई हिस्सा घेरता है और उससे गुज़रते हुए आपको पता होता है कि आप कथा के वर्तमान में हैं। लेकिन कोई भी वर्तमान बिना अतीत के तो है नहीं! इसलिए कहीं पात्रों और कहीं घटना-विकासों की पृष्ठभूमि बताते हुए कथाकार अक्सर आपको बहुत पीछे तक ले जाता है। यह काल-विचरण इतना सहज है कि कथा में घुला हुआ इतिहास-बोध आपके भीतर नामालूम तरीक़े से उतर आता है। मिसाल के लिए, उपन्यास के प्रमुख पात्रों में से एक, लीलाधर यादव का ज़िक्र आने के बाद पहले तो वाचक ने स्वाधीनता-प्राप्ति की पूर्व-सन्ध्या पर उनके जन्म की कहानी बताई है, फिर उनकी जन्मदात्री जसोदा ने उनका नाम लीलाधर क्यों रखा, इसकी जानकारी देते हुए वह उस माँ की असफल प्रेम-कहानी और लीलाधर के पिता अकलू यादव से उनके विवाह की दास्तान सुनाने लगता है और आप अपने को पिछली सदी के पाँचवें दशक में पाते हैं। मौक़ा लगते ही वाचक अकलू यादव के डकैती के झूठे आरोप में सज़ा काटने की और वापस आने के बाद सम्पन्न उच्च-जाति ग्रामीणों की टीका-टिप्पणियों से तंग आकर सचमुच डकैती करने की कहानी बताता है, जिसमें लीलाधर यादव की पारिवारिक सम्पन्नता का रहस्य छिपा है।

फिर डकैती करते हुए अकलू यादव के मारे जाने का प्रसंग है, जो किशोर लीलाधर के व्यक्तित्व में आई गम्भीरता और प्रतिष्ठा-अर्जन के रुझान की पृष्ठभूमि बयान करता है और इतना सब कुछ करने के बाद कहानी वापस 'नैरेटिव प्रेजेंट' में लौट आती है। यह प्रविधि उपन्यास के ज़्यादातर पात्रों और अनेक प्रसंगों के साथ अपनाई गई है। मुंशी दामोदर लाल, रासबिहारी चौधरी, रेशमा, अकरम अंसारी, मुन्ने मियाँ, नबीहा, अच्छेलाल साह, रज्जन पासवान, मुन्नी बी, शेख बदरू, काज़ी शेख बसीर, रंगनू माँझी, जीतन नोनिया इन सभी अहम और गौण पात्रों का वह अतीत, जिसने उनके वर्तमान को गढ़ा है, उपन्यास में मौजूद है और कथा-कथन की परिपक्वता ऐसी है कि आप कहीं भी विषयान्तर जैसा अनुभव नहीं करते। वे विषयान्तर हैं भी नहीं, क्योंकि कथा के वर्तमान में जारी पात्रों की गतिविधियों को उस अतीत के बगैर समझा नहीं जा सकता, पर ज़रूरी होते हुए भी इस बात का ख़तरा तो रहता ही है कि घटना-विकास में दिलचस्पी लेता पाठक उन्हें एक विचलन की तरह न ले। यहीं कथा-कथन की परिपक्वता का इम्तहान होता है जिसमें हृषीकेश सुलभ उत्तीर्ण होते हैं। यहाँ एक लम्बा हिस्सा उद्धृत करने की इजाज़त चाहूँगा। यह अकलू यादव के मददगार मुंशी दामोदर लाल से सम्बन्धित है। अकलू यादव ख़ुद 'नैरेटिव पास्ट' में हैं, और उनके मददगार की वंशगत पृष्ठभूमि तो उस अतीत का भी अतीत है, पर वह कितने सहज तरीक़े से आता है, इस पर ग़ौर करें। दामोदर लाल के धन और मान का ज़िक्र करने के बाद वाचक पीछे जाता है—

> मुंशी दामोदर लाल के परदादा फ़ारसी के आलिम-फ़ाजिल थे और शायरी करते थे। शायरी ने उन्हें फ़क़ीराना तबीयत दी थी। इस फ़क़ीरी ने उन्हें शोहरत तो दी, पर धन-दौलत नहीं कमा सके। दामोदर लाल के दादा मुंशी रोशन लाल पटवारी थे और मज़मूननवीसी में उनका कोई जोड़ नहीं था। बाप से मिली हुई फ़ारसी और उर्दू की सौगात ने मुंशी रोशन लाल को ऐसा हुनर दिया कि दौलत की बरसात होने लगी। उन्नीसवीं सदी के पूर्वार्द्ध में जन्मे रोशन लाल का ब्याह मड़कन के कायस्थ परिवार में हुआ। ससुरालवालों की पहुँच और फ़ारसी-उर्दू के चलते पटवारी बने। मुंशी रोशन लाल ने तहरीर, हिसाबनामा, रसीदाना, फरकाना और नेग के नाम पर भारी कमाई की। ज़मीन तो अरजा ही, सोना-चाँदी के सिक्कों से घर पाट दिया। ज़मीन के काग़ज़ात के मामलों में उनकी हुनरमन्दी का पूरे इलाक़े में कोई जोड़ नहीं था। जिस काग़ज़ पर मुंशी रोशन लाल अपनी क़लम से रोशनाई लगा देते, उसका तोड़ फिरंगियों तक के पास नहीं होता था। इस मज़मूननवीसी ने उनके लिए सौभाग्य के द्वार खोल दिये थे। मुंशी रोशन लाल ने आने वाली पीढ़ियों के लिए अकूत सम्पत्ति अर्जित की। ज़मींदारों के बीच अपनी साख के बल पर कई बेनामी पट्टे

लिखवाए, ग़ैरमज़रुआ आम और ग़ैरमज़रुआ ख़ास में उलट-फेर किया। मुंशी रोशन लाल के दो बेटे थे। बड़े बेटा प्लेग में चल बसे और इसके बाद दूसरे बेटा मुंशी सोहबत लाल सन् सत्तावन के विद्रोह-काल में पैदा हुए। जब मुंशीयाइन को प्रसूति-पीड़ा हो रही थी, सीवान का डिप्टी मजिस्ट्रेट लिंच अपनी जान बचाने के लिए दर-दर भटक रहा था। छिपने के लिए वह देवली की लिलही कोठी की ओर भी आया था।

मुंशी सोहबत लाल दारू और कलिया के रसिया थे। उन्होंने आने वाली पीढ़ियों के लिए कमाया तो नहीं, पर पिता की कमाई को उड़ाया भी नहीं। हाँ, ख़ुद जो कमाया, उसे अपने जीवन-काल में ही फूँक-ताप गए। इन्हीं मुंशी सोहबत लाल के बड़े सुपुत्र थे दामोदर लाल। छोटे बेटे का नाम हरिहर लाल था। सोहबत लाल की एक अंग्रेज़ साहेब से ऐसी सोहबत हुई कि उन्होंने इस साथ-संगत के बल पर अपने दोनों बेटों की ज़िन्दगी बना दी। सोहबत लाल सिर्फ़ खाने के नहीं, पकाने के भी शौकीन थे। उस अंग्रेज़ साहब ने सोहबत लाल के हाथ का बना खस्सी का कलिया क्या खाया, उनका दीवाना ही हो गया। जब-तब उसकी कोठी से ख़बर आती और सोहबत लाल बधिया खस्सी का मांस लेकर हाज़िर हो जाते। उनकी देख-रेख में कलिया पकता। एक तो अंग्रेज़ साहब की संगत का नशा और ऊपर से अंगरेज़ी दारू का सुरूर। सोहबत लाल के पाँव ज़मीन पर नहीं पड़ते थे उन दिनों। वे चाहते तो सैकड़ों बीघा धरती अर्जित कर सकते थे, पर उन्होंने न लोभ किया, न कभी ज़ुबान खोली। कोठी में आने-जाने और अंग्रेज़ साहब से उनकी निकटता के कारण ज़मींदारों, कचहरी और दीगर सरकारी महकमों में उनका अलग ही रुतबा था। उनका लोभी न होना उनके काम आया। अंग्रेज़ साहब ने एक दिन बुलाकर बच्चों के बारे में पूछा। यह जानकर ख़ुश हुआ कि सोहबत लाल अपने बच्चों को पढ़ा-लिखा रहे हैं। उसने तत्काल बड़े बेटे दामोदर लाल को मुंसिफ मजिस्ट्रेट के कोर्ट में नाज़िर के पद पर बहाल करवा दिया। दूसरे बेटे हरिहर लाल वकालत पढ़ना चाहते थे, सो पटना में उनकी पढ़ाई का इन्तज़ाम भी अंग्रेज़ साहब ने करवाया। हरिहर लाल वकालत पढ़ते रहे और मुंशी सोहबत लाल पूरी दयानतदारी के साथ साहब बहादुर को कलिया परोसते रहे। इस कालिया ने फिर कमाल दिखाया और एक दिन हरिहर लाल बैरिस्टर बनने सात समन्दर पार चले गए। बैरिस्टर बनकर लौटे तो पटना में फ़ौजदारी के बड़े वकील बने।

यह परिदृश्यात्मक वर्णन थोड़ा और लम्बा चलता, पर मैं जो बताना चाहता हूँ, उसके लिए इतना काफ़ी है। इस उद्धरण में कथा-भाषा की रवानी और समय

के आरपार वाचक की सहज-सुचिक्कन आवाजाही तो गौरतलब है ही, कथा में घुला हुआ इतिहास-बोध भी ध्यान देने लायक है। फ़ारसी-उर्दू का ज्ञान, काग़ज़ात तैयार करने का हुनर, पटवारीगीरी से अर्जित सम्पदा, अंग्रेज़ों की सोहबत के लाभ, इन सब चीज़ों को एक सम्पन्न कायस्थ परिवार की सौ वर्षों में फैली पारिवारिक पृष्ठभूमि के तौर पर पेश करता वाचक जैसे कई चीज़ों को समझने के दरवाज़े आपके लिए खोल रहा है। आप किसी हद तक कायस्थ घरानों की एक प्रतिनिधि तसवीर के सामने ख़ुद को पाते हैं। यहाँ यह याद रखना ज़रूरी है कि प्रतिनिधि या 'टाइप' का मतलब बहुतायत में मिलने वाला या 'औसत' नहीं होता। लुकाच को याद करें, जिनका कहना था—

> टाइप को जो चीज़ टाइप बनाती है, वह उसका औसत गुण नहीं है...उसे टाइप बनाने वाली चीज़ यह है कि उसमें मानवीय और सामाजिक रूप से अनिवार्य सभी निर्धारक अपने विकास के उच्चतम स्तर पर, अपनी छिपी सम्भावनाओं के पूर्ण उद्‌घाटन में, अपनी अतियों की आत्यन्तिक प्रस्तुति में मौजूद होते हैं।

'टाइप' को यथार्थवादी उपन्यास का मानक मानने वाले लुकाच की इस बात की रोशनी में उद्धृत अंश को पढ़ें तो उसकी ताक़त समझ आती है। उपन्यास में मुंशी दामोदर लाल के परिवार और गाँव के लाला टोला के बारे में आगे जो घटना-विकास आते हैं, वे इस बात की आगे बढ़कर ताईद करते हैं। लेकिन इससे यह समझने की भूल न कीजिए कि इस उपन्यास में मुंशी दामोदर लाल या गाँव का लाला टोला कहीं केन्द्रीय भूमिका में हैं। यह तो सिर्फ़ उदाहरण के लिए आया हुआ अंश है। जिन पात्रों की थोड़ी भी अहम या ज़रूरी भूमिका उपन्यास में है, उनकी जड़ों की तलाश इसी रूप में की गई है। इससे हुआ यह कि तीन सालों का कथा-वर्तमान कई दशकों के कथा-अतीत की रोशनी में खिल गया है। उपन्यास से गुज़रते हुए सामाजिक तबक़ों और जाति-समूहों के आपसी सम्बन्धों का गतिशास्त्र रचता परिवर्तन और निरन्तरता का एक आख्यान आपके सामने खुलता जाता है। अपने अधिकांश में यह आख्यान प्रत्यक्ष विश्लेषण और सामान्यीकरण से परहेज़ बरतता है, पर कहीं-कहीं कथा में पचा हुआ ऐसा विश्लेषण भी देखने को मिलता है। ऐसे विश्लेषण पाठक के लिए अर्थ के निर्माण/सन्धान और आलोचक के लिए बदलाव को दिखाने वाले उद्धरणीय अंश के सन्धान को आसान भी बनाते हैं। मिसाल के लिए, सन् 78 के पंचायत चुनाव से सम्बन्धित यह अंश देखें—

> यादवों सहित देवली और मनरौली की पिछड़ी जातियों और मुसलमानों के नेता के रूप में उभरे लीलाधर यादव। अपने समरस व्यवहार और मधुर बोली-बानी के चलते ब्राह्मण वोटों में भी उन्हें हिस्सा मिला।

राजपूतों की ऐंठ और बात-बेबात फ़ौजदारी करने पर उतारू रहने की आदत के कारण ब्राह्मणों के कई परिवार भीतर ही भीतर लीलाधर के पक्ष में थे। जी खोलकर दान-दक्षिणा देने वाले देवली के कायस्थ खेती-बारी और घर-दुआर बेचकर शहर जा बसे थे। राजपूतों के पास अब ख़ाली जीभ रह गई, जो कतरनी की तरह चलती थी। पिछड़ी जातियों के परिवारों के पास बीते दिनों के दुखों और अपमान की हमेशा टीसती रहने वाली स्मृतियाँ थीं, जो उनकी सन्तानों को पढ़-लिखकर योग्य बनने और भूमि अर्जित करने के लिए ताप दे रही थीं। खेती-किसानी सहित श्रम के अन्य हुनर उनके पास थे। राजपूतों-ब्राह्मणों की तरह इनकी पीठ पर झूठी प्रतिष्ठा का कूबड़ नहीं निकला हुआ था, सो इन घरों में पैसे की आवग थी। अब ब्राह्मणों को दान-दक्षिणा देने की हैसियत इन्हीं परिवारों के पास थी। ब्राह्मण समय के इस खेल को समझने लगे थे और अपना पेट पोसने के लिए मन मारकर भी विनम्र और सहिष्णु दिखने लगे थे। पाँव न छूने पर उनके कलेजे में अग्नि तो धधकती, पर उस अग्नि की लपटें बाहर नहीं निकलतीं। सन् अठहत्तर के चुनाव में राजपूतों से गठबन्धन के बावजूद कई ब्राह्मण परिवारों का वोट लीलाधर यादव के हिस्से में आया।

लगभग एक सदी की अवधि में आए ऐसे बदलावों से ही उपन्यास का कथा-आधार निर्मित हुआ है जिनके विस्तृत हवाले इस समीक्षा में देना सम्भव नहीं, उसके लिए तो विस्तृत आलोचनात्मक लेख की दरकार है, पर यह रेखांकित किया जाना ज़रूरी है कि बदलावों के बीच जो कुछ नहीं बदलता, वह उपन्यास में अदृश्य आत्मा की तरह विद्यमान है। यहाँ जातियों के बीच सत्ता के ठिकाने बदल रहे हैं, पिछड़ी जातियाँ आगे आ रही हैं, मुसलमानों में भी पसमांदाओं के आगे शेख-पठान परास्त हो रहे हैं, दलितों में नई तरह की अधिकार-सजगता है, स्त्रियाँ भी आगे बढ़कर हालात का और अपने दमन का सामना कर रही हैं, फिर भी ऐसा लगता है कि ताक़त के रिश्ते लगभग ज्यों के त्यों हैं; उनके दोनों सिरों पर बैठे लोगों के नाम भले ही बदल गए हों। समाज का व्यापक लोकतंत्रीकरण और उस लोकतंत्रीकरण की सीमाएँ, दोनों यहाँ बख़ूबी नुमायाँ हैं। आज जब मैं यह समीक्षा लिख रहा हूँ, अख़बारों में सेवानिवृत्त मुख्य न्यायाधीश रंजन गोगोई के राज्यसभा में नामित किये जाने पर सेवानिवृत्त जस्टिस चेलमेश्वर द्वारा उद्धृत जॉन एडम्स का यह वक्तव्य छपा है, 'ऐसा कोई लोकतंत्र कभी नहीं रहा जिसने ख़ुदकुशी न की हो।' शायद राजनीतिक व्यवस्था के रूप में लोकतंत्र पर की गई यह टिप्पणी एक 'मूल्य-बोध के रूप में लोकतंत्र' पर भी लागू होती है। अगर सत्ताधारी बदल जाते हैं, पर सत्ता की प्रकृति नहीं बदलती, तो लोकतंत्रीकरण अन्ततः एक छलावा बनकर रह जाता है। 'अग्निलीक' मनुष्यता के इस तरह छले जाने की कहानी भी है।

शायद यह भी एक कारण है कि उपन्यास को एक त्रासद अन्त देना उपन्यासकार को ज़रूरी लगा। लगभग सौ साल पहले जिस जसोदा को बिना एक शब्द बोले अपने प्रेम की बलि देनी पड़ी थी, उसकी परपोती के प्रेमी की हत्या उसी का भाई करता है, जिसके साथ उपन्यास का अन्त होता है। जसोदा की परपोती रेवती भले ही एक दलित के साथ अपने प्रेम को लेकर अपेक्षाकृत मुखर और साहसी हो, भले ही वह पटना के एक गर्ल्स हॉस्टल में रहकर प्रतियोगिता-परीक्षाओं की तैयारी करती हो, भले ही देवली-मनरौली की मुखिया सीट स्त्री उम्मीदवार के लिए आरक्षित होने पर वह मुखिया पद का चुनाव लड़ रही हो, उसका प्रेम भी मंज़िल तक नहीं पहुँचता। फ़र्क़ है, पर प्रेम की त्रासद नियति के अधिक भयावह हो जाने के रूप में है। जसोदा अपने प्रेम को लेकर मौन थी, इसलिए उसका अन्त भी प्रतिरोध-विहीन स्थितियों में हुआ था और वहाँ शारीरिक हिंसा अनुपस्थित थी। रेवती अपने प्रेम को लेकर मुखर है, वह एक सत्ताधारी के परिवार में पैदा हुए अपने बिगड़ैल भाई के विधि-निषेध का प्रतिरोध करती है, इसलिए उसके प्रेम का अन्त प्रेमी की हत्या में होता है। यह फ़र्क़ जैसे खबरों में आने वाली खाप पंचायतों की अति-सक्रियता का राज़ बता देता है। प्रेमी जोड़ों को सज़ा देने की घटनाओं में पिछले सालों में जो बढ़त हुई, वह यह नहीं बताती कि हम पीछे गए हैं, उलटा यह बताती है कि समाज के एक हिस्से में लोकतंत्र जैसे-जैसे जड़ें जमाता है, वैसे-वैसे उसे नियंत्रण में रखने वाली शक्तियाँ भी अधिक आक्रामक होती जाती हैं।

3

काल में आगे-पीछे जाने की कथाकार की सहजता ने 'अग्निलीक' में कई चरित्रों को यादगार बना दिया है। लीलाधर, जसोदा, अकलू यादव, अकरम अंसारी, रेशमा, मुन्ने मियाँ, गुल बानो, मुन्नी बी, रेवती जैसे प्रमुख चरित्रों के साथ-साथ अच्छेलाल साह, रज्जन पासवान, नौशेर साँई, मनोहर रजक जैसे अनेक, अपेक्षाकृत सीमित कथा-सीमा घेरने वाले चरित्र भी अपनी छाप छोड़ जाते हैं। स्त्री चरित्रों की एक लम्बी क़तार है, जिसे कथाकार ने बहुत सधे हुए हाथों से गढ़ा है। रेशमा उनमें अव्वल है, जिसे हिन्दी उपन्यासों की परम्परा में सम्भवत: काफ़ी लम्बे समय तक याद रखा जाएगा। इस चरित्र के प्रसंग में गुल बानो का यह प्रेक्षण जैसे उपन्यास का मूल स्वर है—

> मनरौली की हों या देवली की या फिर किसी और गाँव की, जिन-जिन औरतों की बदचलनी के क़िस्से मशहूर थे, वे सब की सब क़िस्मत की मारी और नरम दिल ही मिलीं गुल बानो को और वे जो चौबीसों घंटे अपने आदमी के नाम की तस्बीह लिये फिरती थीं और नाक पर मक्खी तक न बैठने देती थीं, कठकरेज मिलीं।

पाठक को प्रचलित सामान्य बोध के साथ सहज और आश्वस्त न रहने देना अच्छे साहित्य की विशेषता होती है, और शायद उसका सबसे ज़रूरी काम भी। 'अग्निलीक' अपने अनेक चरित्रों और प्रसंगों से हमारे उस सामान्य बोध की जड़ों को हिलाने का काम करता है जो यथास्थिति का सबसे बड़ा प्रस्तावक और स्थापित सत्ता-सम्बन्धों का संरक्षक-पोषक है।

4

सराहना के इतने सारे बिन्दुओं के होते हुए भी यह कहना अनुचित न होगा कि 'अग्निलीक' की पूरी प्रस्तुति में कोई नई ज़मीन तोड़ने जैसी बात नहीं है। यह मूलतः हिन्दी के बड़े उपन्यासों की कला का बहुत पका-पोढ़ा दुहराव है। वह कथाभाषा का सवाल हो या समय में आगे-पीछे की आवाजाही का, चरित्रों को रचने की कला का सवाल हो या प्रसंगों पर ठहरने के अनुपात-बोध का, हृषीकेश सुलभ कुछ भी ऐसा नहीं करते जिसे पढ़कर आप हिन्दी उपन्यास में किसी नई आहट की बात करें। जो कुछ यहाँ है, वह सर्वानुमति अर्जित कर चुकी प्रविधियों-युक्तियों की त्रुटिहीन आवृत्ति है। यह अपने-आप में कोई छोटी बात नहीं और ऐसा स्वर, मैं समझता हूँ, पीछे की गई सराहना में सुश्रव्य है। पर आख़िरकार, साहित्य को समय-समाज के एक घटक के रूप में जीवन तो आवृत्तियों से नहीं, नवोन्मेष से ही मिलेगा। (यह कहने से काम नहीं चलेगा कि प्रविधियों-युक्तियों की आवृत्ति भले ही हुई हो, बात तो नई है। अलग से बात का नया होना, असल में, एक छलावा है जिसके शिकार वे लोग होते हैं जो कथ्य और रूप के प्रचलित द्वैत में सोचने के अभ्यस्त हैं।) जहाँ सुलभ जी नवोन्मेष का प्रयास करते हैं, मसलन—जिन प्रसंगों में वे अभिधा को छोड़कर बहुत सांकेतिक काव्यात्मक भाषा में प्रसंग का अन्तरंग पकड़ना चाहते हैं वहाँ बहुत आश्वस्त नहीं करते। लीलाधर के जन्म का प्रसंग ऐसा ही है, जिसमें उस जन्म को अति प्राकृतिक घटना की तरह बयान करने वाली काव्यात्मकता आपको बहुत युक्तियुक्त नहीं लगती। वहाँ लीलाधर के जन्म को, जो 14 अगस्त, 1947 की रात को होता है, आप नये भारत के जन्म के रूपक की तरह पढ़ सकते हैं, लेकिन चूँकि इसे रूपक की तरह आगे ले जाने के प्रति स्वयं उपन्यासकार की कोई तत्परता नहीं दिखती, लिहाज़ा पूरा तामझाम 'अजगुत' बनकर रह जाता है। इस सीमा के बावजूद 'अग्निलीक' हमारे समय का एक महत्त्वपूर्ण उपन्यास है जिसे पाठकों के साथ-साथ नई पीढ़ी के लेखकों को भी एक सबक की तरह पढ़ना चाहिए क्योंकि 'नियमों को तोड़ने के लिए नियमों को जानना भी ज़रूरी है'।

ग्रामीण जीवन का एक ख़ूबसूरत लैंडस्केप

सन्तोष दीक्षित

वैश्वीकरण के इस युग में स्थानीयता का आकर्षण लोगों में लगातार बढ़ता जा रहा है। हिन्दी अख़बारों की लगातार बढ़ती प्रसार संख्या इसका एक ज्वलन्त उदाहरण है। आज कोई नेता या अभिनेता किसी स्थान विशेष पर जाता है तो वहाँ की भाषा, बोली या संस्कृति में शामिल कुछ शब्दों का उच्चारण अवश्य करता है। यह स्थानीय लोगों का ध्यान खींचने की सबसे सहज और सरल तकनीक के रूप में विकसित हो चुकी है आजकल। हिन्दी कथा साहित्य में इस स्थानीयता का महत्त्व इसलिए है क्योंकि इसके माध्यम से रचनाकार अपनी जड़ों की शिनाख़्त करता है और वैश्विकता की ग्लोबल होती पहचान के बरअक्स अपने लोकेल और समुदाय को रेखांकित करता है।

सुप्रसिद्ध कथाकार, नाटककार, हृषीकेश सुलभ का पहला उपन्यास 'अग्निलीक' इस मायने में भी विशिष्ट है कि इसकी स्थानीयता ग्राम केन्द्रित है। आज हिन्दी कथा साहित्य में गाँव के लगातार विलुप्त होते जाने की चर्चा ज़ोरों पर है। ऐसे समय में सुलभ अपने इस उपन्यास में पुराने सारण ज़िले के सीवान जनपद के एक गाँव 'देवली' के बाशिन्दों की चार पीढ़ियों की ऐसी कथा रचते हैं जिसके कथारस का प्रभाव घाघरा नदी के कछार के बीच स्थित कई-कई गाँवों तक फैला हुआ है। एक ख़ास जनपद की इस कथा में देवली गाँव यहाँ अपने जीवन्त रूप में एक मुख्य किरदार की भूमिका निभाता-सा प्रतीत होता है। यह गाँव अपनी प्राकृतिक एवं भौगोलिक छटा, इतिहास एवं मिथक तथा विभिन्न जाति एवं टोलों में बँटी मानव आबादी के साथ लगातार अर्थ ग्रहण करता, खुलता जाता है। जैसे कि 'काशी का अस्सी' में अस्सी अपने पात्रों एवं चरित्रों के माध्यम से अभिव्यक्त होता है। 'सुलभ के देवली' की इस कथा में भी ढेरों ऐसे चरित्र हैं जो इसे एक जातीय और सामुदायिक पहचान देते हुए अन्ततः इसे मानव निर्मिति एवं मानवीय चेतना की विराट कथा का रूप देते हैं। इस उपन्यास के तमाम पात्र एवं चरित्र स्थानीय भोजपुरी मिश्रित विशिष्ट भाषा-शैली की मिठास में बहते हुए इस तरह से पसरते और खुलते हैं

कि एक-एक चरित्र हमारी स्मृतियों का एक अमिट हिस्सा बनकर रह जाता है। यह कहना कहीं से भी अतिशयोक्ति नहीं होगा कि अपनी विशिष्ट भाषायी भंगिमा से सुलभ ग्रामीण जीवन का ऐसा ख़ूबसूरत लैंडस्केप रचते हैं कि आप इसे मुग्ध भाव से डूबकर पढ़ते और सहेजते चले जाएँगे।

"हमारे साथ फगुआ नहीं खेलोगे?"—रेवती के पपड़ियाए होठों के विवरों से बाहर निकलकर मुस्कुराहट कौंधी।

वर्षों पहले घाघरा के तट पर लीला साह ने जसोदा से यही पूछा था। रेवती को भला क्या मालूम कि उसके रक्त में घुल-मिलकर यह सवाल कब से बह रहा है!

'अग्निलीक' के इस छोटे से प्रसंग के मध्य उपन्यास की सम्पूर्ण कथा साँप की तरह कज चलती, बलखाती उसी तरह बहती है जैसे उपन्यास में वर्णित बरसाती नदी—सँपही। गर्मियों में इसके पेट से धूल उड़ती और बरसात में यह लोक-लाज छोड़कर नाचती। उपन्यास की कथावस्तु में भी कहीं घृणा, हिकारत और पारिवारिक राजनीति की उड़ती धूल है तो कहीं तमाम बन्धनों को तोड़ हहसकर बहते प्रेम के विविध रंग और सरोकार। प्रेम इस उपन्यास का सबसे उज्जवल पक्ष है और जहाँ यह स्त्रियों के बीच बहनापे के रूप में बहता दिखता है, वहाँ उपन्यासकार की क़लम की जादुई पकड़ और फ़नकारी लाजवाब रूप से चमत्कृत करती है।

उपन्यास की शुरुआत देवली पंचायत के सरपंच अकरम अंसारी के नये बने ख़ासमख़ास, दबंग संगतिया, शमशेर साँई की बीभत्स हत्या से होती है जो अकरम अंसारी से पूर्व गाँव के मुखिया लीलाधर यादव के पाले का बाहुबली था। उसके चारित्रिक गठन और उसकी हत्या के आरोप में नाटकीय ढंग से गिरफ़्तार होते सरपंच अकरम अंसारी की कथा पहली नज़र में उपन्यास के राजनीतिक करवट फेरने का संकेत करती है लेकिन इसके आगे की कथा जिस तरह से जसोदा और लीला साह की प्रेमकथा और फिर आगे जसोदा के पति अकलू यादव के डकैती प्रसंगों के साथ दूर तक पसरती है, उपन्यास को एक अलग धार और दिशा की ओर मोड़ देती है। राजनीति इस उपन्यास में अंडरकरेंट की तरह बहती है लेकिन यह राजनीति उस ग्रामीण परिवेश में समय की रफ्तार के साथ आ रहे सामाजिक परिवर्तन पर ज़्यादा केन्द्रित है। यद्यपि यह बदलाव भी एकदम साफ़-साफ़ रेखांकित नहीं हो पाता। दरअसल उपन्यास की कथावस्तु में इतने सारे पात्र और चरित्र एक विशिष्ट भाषायी तन्तु के सहारे इस प्रकार गुँथे हुए हैं, जैसे गाँव के खड़ंजे ईंट की बनी सड़क में एक-एक ईंट आपस में गुँथी होकर भी अपना अलग अस्तित्व बरक़रार रखती है। उपन्यास यदि एक कल्पित यथार्थ है तो सुलभ अपने अनुभवों और स्मृतियों के गझिन तालमेल से घाघरा और गंडकी नदी के कछार के बीच बसी आबादी के काल के प्रवाह के साथ बहते हुए विभिन्न कार्यकलापों और जीवन प्रसंगों का एक ऐसा स्केच खींचते हैं जिसमें जीवन की सघन अनुभूतियाँ, मानवीय संस्पर्श, संवेदना तथा जाति

और टोलों में बँटे विभिन्न विचारधारा के लोगों की राजनीति के काले-सफ़ेद धब्बे बड़े आसानी से रेखांकित किये जा सकते हैं। उपन्यास में जितना विस्तार है उतनी ही गहराई भी। हिन्दू-मुसलमान, स्त्री-पुरुष, अमीर-ग़रीब, मालिक-रैयत और अनपढ़ गँवार या पढ़े-लिखे जैसे विभिन्न सामाजिक भेदकारी समासों में बँटी यह पूरी कथा संरचना किसी भी पाठक को एक विस्मयकारी आहलाद से भरती हुई उसे इन ग्रामीण इलाक़ों के विकट जीवन संघर्षों, अन्त:सम्बन्धों एवं जिजीविषा की अकथ कथा से परिचित कराती है। जिस घाघरा के तट पर सन् सत्तावन के गदर के समय विद्रोहियों ने अंग्रेज़ों के छक्के छुड़ा दिये थे, उसी घाघरा तट पर सौ साल बाद, यानी आज़ादी के दशक भर बाद ही बिलट महतो जैसे डकैतों के गिरोहों ने घाघरा तट से गंडकी के इलाक़े के बीच बसे गाँवों में ऐसा गदर मचाया था कि कई-कई थानों के पुलिस की नींद हराम हो गई थी। यही है आज़ादी के बाद के इन गाँवों की हक़ीक़त। डकैतों की यह कथा उपन्यास में किसी अवान्तर प्रसंग की तरह से नज़र आ सकती है लेकिन इसी डकैती से अर्जित सम्पत्ति और डकैती के एक पुराने प्रसंग के झूठे केस का प्रतिशोध लेने के चक्कर में उपन्यास की एक मुख्य किरदार जसोदा का पति अकलू यादव मारा जाता है। अकलू यादव की कथा भी इस उपन्यास का आवंतर प्रसंग लग सकता है, लेकिन इसके बहाने उपन्यासकार ने ढेर सारी पुरानी स्मृतियों को खँगालते हुए कुछ ऐसे अनूठे कथा प्रसंग भी रचे हैं जो इस उपन्यास को कई कोणों से समृद्ध करते हैं।

पूरी गहराई से परखने पर इस उपन्यास की परिसीमा देवली के मुखिया लीलाधर यादव की माँ जसोदा की विफल प्रेमकथा से शुरू होकर उसकी पड़पोती रेवती की प्रेमकथा के कारुणिक अन्त पर आकर समाप्त होती है। इस बीच घाघरा नदी का कितना पानी बहा होगा। लेकिन प्रेम को लेकर पुरुषों के सामन्ती संस्कार बिलकुल भी नहीं बदले। जसोदा का ढका-छुपा अन्तर्जातीय प्रेम जहाँ उसके पिता के सामन्ती संस्कार का शिकार हुआ, वहीं पढ़ी-लिखी आधुनिक रेवती का प्रेम, जो अपने इस प्रेम को छुपाने की बजाय इसके साथ दृढ़ता से खड़ी रहती है, उसके ही चचेरे भाई की जातीय घृणा और पारिवारिक दम्भ की भेंट चढ़ गया। इन दोनों ही चरित्रों को उपन्यासकार ने पूरी जीवन्तता और साफ़गोई के साथ दर्ज किया है। जसोदा के अन्दर अपने प्रेम को लेकर लोक-लाज का भय एक अपराध-बोध सा है इसीलिए वह उसे अभिव्यक्त नहीं कर पाती। ना ही उसका प्रतिकार करती है। इस प्रेम की उसे जो भी सज़ा मिलती है, उसे चुपचाप स्वीकार कर अपने इस अव्यक्त प्रेम की ख़ूबसूरत अभिव्यक्ति वह अपनी सन्तान का नाम प्रेमी के नाम पर रखकर करती है ताकि सन्तान का नाम लेने के बहाने वह अपने रणछोड़ प्रेमी को लगातार आवाज़ देती रह सके। यह उसके प्रेम की एक सूक्ष्म, कलात्मक और परोक्ष अभिव्यक्ति है। लीलाधर यादव के जन्म प्रसंग को इस रोचक और ख़ूबसूरत ढंग से अभिव्यक्त किया गया है

जैसे किसी मिथकीय चरित्र का जन्म हो रहा हो। यह बहुत ही स्वाभाविक और मानीख़ेज़ है। जबकि रेवती अपने प्यार को छुपाती नहीं है, बल्कि अपने प्रेमी के जीवन लक्ष्य के साथ अपने जीवन का लक्ष्य एकाकार करती इसे एक सार्थक मूल्य प्रदान करती है। इन दोनों की प्रेम की असफलता का सम्मिलित विलाप स्वर अग्निलीक की तरह धरती के ऊपर उठता है।

इस उपन्यास के कथारस को आगे बढ़ाने और इसे एहसास और संवेदना की ऊँचाई तक ले जाने में तीन अन्य स्त्री चरित्रों की भूमिका बेहद दमदार है। ये स्त्रियाँ हैं—रेशमा, गुल बानो और मुन्नी। इनमें से रेशमा और मुन्नी कभी सरपंच अकरम अंसारी की रख़ैल थीं और गुल बानो हत्या का शिकार हुए शमशेर साँई की पत्नी। सरपंच के जेल जाने के बाद उसके चंगुल से मुक्त हुई रेशमा और मुन्नी के साथ गुल बानो की निकटता की कहानी अति नाटकीय है और जीवन संघर्ष में एक साथ चलने की उनकी एकजुटता स्त्री विमर्श का एक अनूठा परिदृश्य रचती है। विशेषकर रेशमा का चरित्र इस उपन्यास की सबसे मज़बूत कड़ी है जिससे सारे पात्र कहीं-न-कहीं से बँधे रहते हैं। सुख-दुख की भूल-भुलैया वाले जीवन में रेशमा को सोलह वर्ष की उम्र में सत्तर वर्ष के बूढ़े पति का संग-साथ मिला। उस नारकीय जीवन से भागकर कितने सारे हाथों से होते हुए जब वह देवली में कलाली का धन्धा करते अच्छेलाल साह के साथ ब्याही गई, उसने न कभी अपने पति के हित में समझौता किया और न ही अपनी लालसाओं से। रेशमा शुरू से ऐसी स्त्री है जिसमें आत्मनिर्णय का गुण विकसित होता है। यही गुण उसे बार-बार घिर आती विकट जीवन परिस्थितियों से बाहर निकलने का साहस देता है। चाहे कलाली का धन्धा बन्द करने का निर्णय हो या फिर सरपंच का चुनाव लड़ने की सहमति देने सम्बन्धी निर्णय, उसकी साहसिक स्वीकृति के पीछे की सूझ-बूझ और दृढ़ता के कारण उसे अन्ततः देवली में प्रबल सामाजिक स्वीकृति मिलती है और उपन्यास में उसका व्यक्तित्व एक मज़बूत चरित्र के रूप में उभरकर आता है।

उपन्यास के सम्बन्ध में जारी प्रकाशकीय वक्तव्य में इस उपन्यास की कथा-भूमि की तुलना फणीश्वरनाथ रेणु की कथा-भूमि से की गई है। यह आंशिक सत्य है। सुलभ भाषा के स्तर पर काफ़ी रोमांटिक प्रतीत होते हैं। जैसे कि एक जगह वह जब शमशेर साँई की हत्या के तरीक़े का वर्णन कर रहे होते हैं, वहाँ पाठकों का ध्यान करुणा की जगह वर्णन में प्रयुक्त देशज शब्दों पर ही केन्द्रित होकर रह जाता है। उपन्यास में नैरेटर की भाषा भी एक ख़ास जनपद से संस्कारित प्रतीत होती है और यह देखना दिलचस्प होगा कि महानगरों के पाठक इसे किस रूप में ग्रहण करते हैं? कथ्य के स्तर पर यह उपन्यास यथार्थवादी है जहाँ मनुष्य और समाज के यथार्थ की अभिव्यक्ति सम्पूर्णता में होती है। सुलभ सामाजिक ताने-बाने और प्राकृतिक सौन्दर्य तथा भौगोलिक बनावट के वर्णन के प्रति भी अत्यन्त जागरूक हैं।

घाघरा नदी और उसके कछार पर लीला साह और जसोदा के प्रेम के अंकुरित होने का वर्णन जिस काव्यात्मक भाषा में रचा गया है, यह भाषायी सौन्दर्य का एक अप्रतिम उदाहरण है। इस उपन्यास में जो राजनीतिक घटनाएँ घटती हैं, उनका प्रभाव केवल पंचायत या थाने के स्तर तक ही दिखता है। जबकि उन दिनों के उस जनपद की राजनीति में सत्ता के बाहुबली विधायक का आतंक था और इसकी सूचना भी एक पंक्ति में दर्ज की गई है इस उपन्यास में। यद्यपि इसकी कोई छाया तक यहाँ नहीं दिखती, यानी बन्दूक दिखती है, दगती नहीं। देवली के मुखिया लीलाधर यादव के समधी भी सत्तापक्ष के एक एम.एल.सी. हैं लेकिन देवली की राजनीति के प्रति उनकी तटस्थता भी क़ाबिले ग़ौर है।

बहरहाल, कोई भी महत्त्वपूर्ण सृजन लेखक के कल्पित यथार्थ, उसके मनोजगत्, मनोभावों, शब्द-सम्पदा, वाक्य-विन्यास, एहसासात तथा संवेदना की समेकित प्रभावोन्विति से उत्पन्न होता है। लेखक का अनुभव और जीवन जगत् की हलचल की समझ खाद-पानी की तरह इसे सींचती है। यह उपन्यास अपने स्थापत्य में जितना सम्पूर्ण है, कथा संरचना में उतना ही विविध, जीवन्त, संघर्षपूर्ण और कहीं-कहीं मार्मिक भी। इतिहास से वर्तमान तक पसरी इस जनपद विशेष की कथा में प्रेम की सत्ता सर्वोपरि है। स्त्रियों के विराट प्रेम से लेकर उनकी देह की सत्ता तक के स्फुलिंग इस उपन्यास में यत्र-तत्र बिखरे पड़े हैं। पात्र और चरित्रों की बहुलता के बावजूद कोई भी चरित्र कथारस को अतिक्रमित नहीं करता, बल्कि इसके सहज प्रवाह में बहता हुआ-सा प्रतीत होता है। यह एक ऐसा उपन्यास है जो अपने पढ़े जाने के बाद हमारी स्मृतियों में एक गहरी छाप छोड़ जाता है। इसके कथारस में डूबना, उतराना अपने-आप में एक विलक्षण अनुभव प्रतीत होता है।

उपन्यास की छपाई काफ़ी सुन्दर ढंग से हुई है और कवर पेज भी काफ़ी प्रतीकात्मक एवं अर्थपूर्ण है।

हमारे समय की खंड-खंड-पाखंड कथा

श्रीनारायण समीर

उपन्यास को आधुनिक जीवन का महाकाव्य कहा गया है। वह है भी आधुनिक गद्य युग की जटिल चेतना, स्मृति और जद्दोजहद का महाआख्यान। 18वीं सदी में यूरोपीय पूँजीवाद की आधुनिक चेतना और संस्कृति की व्यापक तथा समग्र अभिव्यक्ति के प्रयास में उपन्यास विधा का जन्म हुआ। आज के समय में उपन्यास से वे सारी अपेक्षाएँ की जाती हैं, जो पहले महाकाव्य से होती थीं। महाकाव्य में आमतौर पर एक बँधे-बँधाए शिल्प विधान में जातीय जीवन के अतीत का गौरव गान होता रहा। किन्तु पूँजीवादी सभ्यता के उद्‌भव के साथ विकसित विराट मध्यवर्ग की चुनौतियों और जद्दोजहद तथा सपने एवं आकांक्षा को महाकाव्य के शिल्प और संरचना में अभिव्यक्त करना जब सम्भव नहीं रहा, तो उपन्यास का उद्‌भव हुआ। हिन्दी साहित्य भी इस विधागत उद्‌भव और विकास से अछूता नहीं रहा। इसीलिए 'उर्वशी' के बाद कोई महाकाव्य नहीं लिखा जा सका। अलबत्ता जो लिखे गए, वे सफल और मान्य नहीं हुए। किन्तु, महाकाव्यात्मक औदात्य के उपन्यास का लेखन जारी रहा। 'गोदान' से शुरू हुआ यह सिलसिला 'मैला आँचल', 'राग दरबारी', 'तमस' जैसे महाकाव्यात्मक बोध और विमर्श के उपन्यासों के ज़रिये अविराम जारी है।

उपन्यास ने मनुष्य की स्वाधीनता, महत्ता और प्रतिष्ठा को सर्वोपरि माना तथा व्यक्ति के निजी जीवन एवं सामाजिक जीवन में ज्ञान, अनुभव और तर्क के सिवा किसी अदृश्य शक्ति की सत्ता को मानने से इनकार किया। यह महाकाव्य-युग में सम्भव नहीं था। कदाचित इसी अर्थ और प्रसंग में हेगेल ने उपन्यास को गद्य युग का महाकाव्य कहा था। अकारण नहीं उपन्यास को आधुनिक जीवन की विडम्बना और विवेक-चेतना की अभिव्यक्ति का प्रतिनिधि साहित्य रूप माना जाता है और हर पीढ़ी का कथाकार उपन्यास लेखन में हाथ आज़माना चाहता है। इस विधा में कथाकार हृषीकेश सुलभ की सक्रियता प्रभावित करती है। वे कहानी, नाटक और भोजपुरी की मशहूर बिदेसिया शैली में नाट्य लेखन के लिए जाने जाते हैं।

किन्तु पिछले वर्षों में उनके दो उपन्यास 'अग्निलीक' तथा 'दाता पीर' एक क्रम से प्रकाश में आए और दोनों ही चर्चित हुए। बहरहाल, यहाँ हम बात 'अग्निलीक' की करेंगे।

'अग्निलीक' एक महत्त्वपूर्ण उपन्यास है। इसमें ऊपर-ऊपर से साधारण प्रतीत होने वाली घटनाओं के माध्यम से जिस ग्राम्य जीवन की कथा कही गई है, वह दारुण तथा करुणा विगलित है। सामन्ती अवशेष वाले कुंठित समाज में यथार्थ का चित्रण बहुधा पीड़ाजनक होता है, जिसकी परिणति सामूहिक ग्लानि से मुक्ति की चाह में परिवर्तनकारी चेतना के निर्माण में देखी जाती है। 'अग्निलीक' में कथाकार ने तथाकथित आधुनिक भारत के यथार्थ का चित्रण करते हुए एक तरह से सोए हुए लोकमानस को जगाने और सामाजिक चेतना को परिवर्तनकारी बनाने का कार्य किया है। इस उपन्यास का प्रकाशन सन् 2019 में हुआ। इसके तत्काल बाद दुनिया कोविड महामारी की गिरफ़्त में आ गई और पूरे मनुष्य समाज को 'लॉकडाउन' के सर्वथा नये अनुभव से गुज़रना पड़ा। 'घरबन्दी' के उन दिनों में यह उपन्यास फ़ुर्सत से पढ़ा गया और तभी से इसकी चर्चा किसी-न-किसी रूप में होती रही है।

'अग्निलीक' अपने कथा-यथार्थ, रचना-विन्यास और भाषा-संरचना की दृष्टि से समकालीन हिन्दी का निहायत पठनीय एवं विचारणीय उपन्यास है। इसमें कथाकार ने 21वीं सदी के हिन्दुस्तान में पतनशील सामन्ती मूल्य के चोला बदलकर गुल खिलाने के 'खुला खेल फ़र्रुखाबादी' को परत-दर-परत उधेड़ा है। इस खेल में अपराध के सहारे धनबल अर्जित करनेवाली शक्तियों का 'सामाजिक न्याय की राजनीति' से फ़ायदा उठाकर अपना प्रभुत्व क़ायम करना और अन्ततः सामन्ती चाल और चरित्र में ढलकर अपने ही वर्ग के लिए ब्रह्म पिशाच बन जाना, जितना कारुणिक है, उससे कहीं अधिक क्षोभकारी।

इतिहास चाहे जितना गाल बजाए कि भारत के स्वाधीनता संग्राम में हिन्दुओं तथा मुसलमानों के एकजुट और अभेद्य संघर्ष के चलते अंग्रेज़ी हुकूमत घुटनों पर आ गई और उसे आख़िरकार मुल्क को आज़ाद करने को मजबूर होना पड़ा। किन्तु इस सच को झुठलाया नहीं जा सकता कि उन्हीं दिनों में देशवासियों के मन में धर्म के नाम पर विभाजन के बीज बोए गए, जिसका नतीजा देश के बँटवारे के रूप में सामने आया। हालाँकि यह भी सच है कि आज़ादी के बाद भारत पर जब-जब संकट आया, देशवासियों ने, वे चाहे हिन्दू हों या मुसलमान या सिख अथवा ईसाई, कन्धे-से-कन्धा मिलाकर मुक़ाबला किया और दुश्मन को धूल चटाने में कोई कोर-कसर बाक़ी नहीं छोड़ी। परन्तु 'अग्निलीक' का यथार्थ इससे भिन्न, 21वीं सदी के भारत के बदले हुए हालात तथा सामाजिक वास्तविकता पर आधारित है। इसमें हिन्दू और मुसलमान दोनों अपनी-अपनी धार्मिक पहचान और जातिगत ताक़त के साथ उपस्थित हैं।

उपन्यास की कथा जितनी यथार्थवादी है, उससे कहीं ज़्यादा उस विद्रूप की अभिव्यक्ति है, जो स्वार्थ, लिप्सा, लूट और खंड-खंड-पाखंड में लिप्त है।

कथाकार हृषीकेश सुलभ ने 'अग्निलीक' में यूँ तो अपने जनपद—बिहार के सारण, सीवान तथा गोपालगंज के लोक जीवन, आचार, मिज़ाज तथा जद्दोजहद को कथा का आधार बनाया है। किन्तु इस कथा में समूचा भोजपुरी भाषाभाषी अंचल अपने पूरे रंग और ढंग में उपस्थित है। फिर भी उपन्यास की कथावस्तु ऐसी है, जो अपने यथार्थ, सरोकार और प्रभाव में पूरे हिन्दुस्तान की कथा प्रतीत होती है। उपन्यास की कहानी में एक गाँव है—देवली। देवली ग्राम पंचायत भी है। मगर देवली गाँव और पंचायत से अधिक एक प्रतीक है। देवली हिन्दुस्तान का कोई भी गाँव और पंचायत हो सकता है। किन्तु यही बात 'अग्निलीक' के कथानायक लीलाधर यादव के सम्बन्ध में नहीं कही जा सकती है। लीलाधर यादव मामूली चरित्र नहीं है। वह गाँव की पारम्परिक और सामाजिक संरचना को साधकर अपनी आर्थिक और राजनीतिक हैसियत बढ़ाने तथा पंचायत का क्षत्रप बने रहने के खेल का उस्ताद खिलाड़ी है। पंचायती सत्ता पर क़ब्ज़ा जमाए रखने के खेल में लीलाधर यादव अपनी बुद्धि से ज़्यादा अपने जातिगत जनाधार, वर्णगत संख्याबल और धनबल का सहारा लेता है। साथ ही, वह टूटे-बिखरे सामन्ती अहंकार एवं निहित स्वार्थ में बँटे लोक का जमकर फ़ायदा उठाता है। सत्ता का खिलाड़ी, भले वह पंचायत स्तर का ही क्यों न हो, कितना अमानवीय, कितना पैंतरेबाज़ और बाहर से भला, मगर भीतर से कितना शातिर होता है;'अग्निलीक' का कथानायक इसका प्रतीक है।

'अग्निलीक' उपन्यास क्या है? यूँ समझिए कि यह आज के ग्रामीण भारत का कच्चा चिट्ठा है। भारत का ग्राम्य जीवन अब पहले जैसा सच्चा और सादगीपूर्ण नहीं रहा। कथाकार इसे बख़ूबी समझता है। तभी 'अग्निलीक' की शुरुआत प्रेमचन्द या रेणु के उपन्यासों की तरह कहन की सादगी से नहीं; बल्कि सिनेमाई अन्दाज़ में होती है। उपन्यासकार ने शुरू में ही हत्या का एक ऐसा झन्नाटेदार दृश्यबन्ध रचाया है, जो पाठक के मन को सनसनी से भर देता है। शुरुआत में ही क्लाइमेक्स! सरपंच अकरम अंसारी के गुर्गे शमशेर साँई की रहस्यमय परिस्थितियों में हत्या हुई है और इसकी ख़बर से पूरे गाँव-जवार में उबाल आ जाता है। कथानक की बुनावट देखें कि मौक़ा-ए-वारदात पर पुलिस पहले पहुँचती है, जबकि ख़बर मिलने के बाद भी मुखिया और सरपंच दोनों अपने-अपने इत्मीनान और मस्ती में मगन रहते हैं। सरपंच अकरम बग़ल के गाँव में अपनी रखैल के साथ रास रचाने में मशगूल रहता है और मुखिया लीलाधर यादव राजधानी पटना में अपने एम.एल.सी. समधी के आवास पर अपना 66वाँ जन्मदिन मनाने में। पंचायत के इन दोनों कर्णधारों को हत्या जैसे जघन्य कृत्य की सूचना मिलने के बावजूद गाँव लौटने की जल्दी नहीं है। हद तो यह है कि क़ानून की तमाम सख़्ती के बावजूद, उपन्यास के अन्त तक

शमशेर साँई की हत्या का रहस्य अदालत की तारीख़-पर-तारीख़ की फ़ेहरिस्त में छिपा रह जाता है।

पतनशील सामन्ती समाज में सफलता की सीढ़ियाँ चढ़ता सतह का आदमी भी कैसे बदल जाता है और ज़रा-सा आर्थिक इत्मीनान आते ही वह किस क़दर सामन्ती मूल्य जीने लगता है—इसे देखना-समझना हो तो 'अग्निलीक' से गुज़रना होगा। उपन्यास में कथानायक लीलाधर यादव (मुखिया) के आचरण और व्यवहार से हमें यह सीख मिलती है कि धन की लूट और सत्ता की आदत आदमी को अव्वल दर्जे का लोलुप, स्वार्थांध, क्रूर तथा अमानवीय बना देती है। यही कारण है कि देवली पंचायत के महिला आरक्षित घोषित होते ही लीलाधर अपनी पोती रेवती की कॉलेज की पढ़ाई छुड़ा देता है तथा उसे अपने उत्तराधिकारी के रूप में पंचायत का चुनाव लड़ाता है। लीलाधर की लीला इतने पर भी ख़त्म हो जाती तो गनीमत थी। मगर वह तो पंचायती सत्ता पर पूरी तरह क़ाबिज़ होना चाहता है। इसलिए वह सरपंच पद के लिए रेशमा कलवारिन को अपना प्रत्याशी बनाता है। यह वही रेशमा कलवारिन है, जो हाल तक कलाली और देह के धन्धे में लिप्त थी, किन्तु पिछले कुछ समय से मनिहारिन बन गई है। आज की राजनीति में वंशवाद किस क़दर हावी है और वंशवाद को अपराजेय बनाने में राजनीति स्त्री और दलित का किस चालाकी से इस्तेमाल करती है, 'अग्निलीक' इसका भी आख्यान है।

'अग्निलीक' का कथानक इस रूप में भी विस्फोटक है कि वह हमारे समाज में जड़ जमाए सामन्ती सोच, जातिगत वैमनस्य, ऊँच-नीच, विभेद तथा शक्ति और सामर्थ्य के हत्यारे चेहरे की परत-दर-परत कलई खोलकर रख देता है। ऐसे विषम समाज में प्रेम जैसे निश्छल, नैसर्गिक और पवित्र भाव की बार-बार आहुति देनी पड़ती है। 'अग्निलीक' की कथा भी इससे मुक्त नहीं है। सच तो यह है कि इस कथा की प्रायः सभी स्त्रियाँ, चाहे वह जसोदा हो या उसकी पोती कुन्ती, पड़पोती रेवती या रेशमा अथवा मुन्नी बी; सभी सामन्ती ठसक, कुंठा और मिथ्या अहं की शिकार स्त्रियाँ हैं : पुरुष प्रभुत्व वाले समाज में 'मरजाद' की वेदी पर बलि दी गई स्त्रियाँ हैं, जिनकी क़िस्मत में प्रेम करना भयावह अभिशाप है। इस दृष्टि से 'अग्निलीक' पतनशील सामन्तवाद की जूठन पर प्रेम का पिरामिड है; एक ऐसा पिरामिड, जिसमें जसोदा-लीला साह, रेवती-मनोहर, कुन्ती-मुचकुन्द और ऐसी ही न जाने कितनी ज़िन्दगियाँ दफ़न हैं।

उपन्यास की भाषा-शैली सहज, वर्णनात्मक और प्रवाहपूर्ण है। रागात्मक अवसरों पर कथाकार ने कल्पनाशीलता के सहारे कुछ बेहद सुन्दर, बिम्बात्मक और कवित्वमय दृश्य-विधान किये हैं। कुछ दृश्य-विधान तो इतने अर्थपूर्ण, सघन और कल्पना से भरे-पूरे हैं कि लगता है जैसे कथाकार गद्य में कविता बुन रहा है। एक उदाहरण देखें :

इधर रेवती ने मनोहर पर मुट्‌ठी भर अबीर फेंका और उधर अमरपुर में बहती घाघरा की जलसतह पर इन्द्रधनु उग आया। रँग गया था घाघरा का जल। सात रंगों की अनगिन रंग-छवियाँ थीं। रंग ही रंग थे। इस इन्द्रधनु के एक छोर पर जसोदा थी और दूसरे छोर पर लीला साह। दोनों इस इन्द्रधनु की प्रत्यंचा की डोर पकड़ घाघरा की धारा में तैर रहे थे। उनके ऊपर मँडरा रहे थे देवता। विभिन्न दिशाओं से भागते चले आ रहे थे गंधर्व। नक्षत्रों की आभा से आलोकित हो रहा था सारा दृश्य।...
('अग्निलीक', पृ. 253)

प्रसिद्ध उपन्यासकार ग्रेबिएल गार्सिया मार्केज़ ने एक साक्षात्कार में अपनी उपन्यास-कला पर बात करते हुए कहा था कि विचित्र और अविश्वसनीय लगने वाली बातों को सहज और विश्वसनीय बनाने की कला मैंने पत्रकारिता से सीखी। उस कला का रहस्य यह है कि बात को बिना किसी दुविधा और लाग-लपेट के सीधे कहो। कहना न होगा कि उपन्यासकार हृषीकेश सुलभ ने 'अग्निलीक' की कथा बुनने में इस 'सीधे कहो' शैली का ज़रूरत के अनुसार ख़ूब दोहन किया है और इसका लाभ मिला है। अनुमान है कि उपन्यासकार ने यह कला आकाशवाणी के अपने पेशेवर अनुभव से सीखी होगी। तभी 'अग्निलीक' के घटनाप्रधान वितान में न कोई छिद्र है और न वर्णन में किसी तरह की जड़ता या नीरसता। यहाँ तक कि उपन्यास में पुलिस और थानेदार की हेठी वाले अप्रिय प्रसंग से गुज़रते हुए भी कहीं ऊब नहीं होती। आमतौर पर हमारे समाज में पुलिस और थानेदार का चरित्र इस क़दर भ्रष्ट तथा लोलुप मिलता है कि उससे हर कोई दूर रहना चाहता है। किन्तु 'अग्निलीक' में थानेदार गरभू पाँड़े का चरित्र विचित्र होने के बावजूद इतना रोचक और मज़ेदार है कि कथानक में वह जहाँ-जहाँ दृश्यमान हुआ है, कथा सरस और जानदार हो गई है। यही बात ढोंढ़ाई बाबा, प्रोफेसर सीकेटी यानी चन्द्र कान्त तिवारी, पलटू मिसिर, मुन्ने मियाँ जैसे उपन्यास के गौण पात्रों के प्रसंग में भी कही जा सकती है।

साहित्य में सहज एवं शिष्ट भाषा-शैली तथा काव्यात्मक शिल्प के सभी क़द्रदान होते हैं। इनका साहित्य को कला रचना बनाने में बड़ा योगदान होता है। औपन्यासिक कृति में तो इनकी विशेष भूमिका होती है; क्योंकि यही उसके लम्बे कथा–वितान को इकहरा और उबाऊ होने से बचाते हैं। इनसे कथा में संवेदना और गहराई भी आती है। परंतु सृजन का एक पहलू कार्य–कारण सम्बन्ध भी होता है, जिसे अक्सर नज़रअन्दाज़ कर दिया जाता है। यह सर्जक की रुचि और मिज़ाज से जुड़ा हुआ पहलू है। सृजन में इस रुचि और मिज़ाज की भूमिका दोधारी तलवार जैसी होती है। उपयुक्त कथावस्तु और उपयुक्त पात्र के साथ रचनाकार की रुचि

और मिज़ाज का मेल जहाँ सृजन को प्रसिद्धि के शिखर पर ले जाता है, वहीं बेमेल होने पर रसोद्रेक बाधित करता है। काश! कथाकार हृषीकेश सुलभ ने इसका ध्यान रखा होता और 'अग्निलीक' में अपने भदेस गँजेड़ी पात्रों का चित्रण खुलकर किया होता। उन्हें मौन रखने के बजाय किंचित मुखर किया होता। उनके चरित्र का उनके मन-मिज़ाज के अनुरूप थोड़ा विकास किया होता और उनकी भदेस ज़ुबान और बिन्दास जीवन-दर्शन में कोई सहचारी कथा रची होती। लँगटू ब्रह्म एवं पीर के थान तथा मदन साह की चाय दुकान को ठीहे के तौर पर इस्तेमाल करने वाले ये पात्र हर समाज और समय की धारा में मिलते हैं। अपने समय और सम्भावनाओं को ठेंगा दिखाने वाले ये पात्र व्यवस्था पर करारा व्यंग्य होते हैं। उपन्यास में गँजहे भदेस चरित्रों का किंचित चित्रण और उनकी मजलिस का वर्णन कथा के रसोद्रेक में गुणात्मक वृद्धि तो करते ही; कथानक के फ़लक को भी व्यापक बनाते। आख़िर भारत के लोक में और सामाजिक जीवन में भोजपुरी माध्यम से अंग्रेज़ी पढ़ाने वाले शिक्षक बँटी मिसिर, कथावाचक ढोंढ़ाई बाबा, शातिर थानेदार गरभू पाँड़े एवं बिन्दास मुन्ने मियाँ जैसे पात्र अपने-अपने किरदारों से विविधता तथा व्यापकता को ही तो सम्भव करते हैं। ऐसे भदेस चरित्रों के चित्रण से 'अग्निलीक' की कथावस्तु में निश्चय ही परिपूर्णता आती। इसी तरह ठेकेदार मनन चौधरी के किरदार के गौण होने से नेता-अफ़सर-ठेकेदार का गठजोड़ और खेल, जो हमारे समय का नग्न यथार्थ है, उपन्यास में खुलकर खिल नहीं पाया है।

एक बात और कि 'अग्निलीक' में चरित्रों के माध्यम से छपरा और सीवान अंचल के जिस दौर की कथा बुनी गई है, उस दौर में एक चरित्र ऐसा भी था, जिसकी गाँव से शहर और राजधानी तक तूती बोलती थी। वह अपने शुरुआती दौर में जिस तेज़ी से उभरा और विधायक तथा सांसद बना तथा सोहरत पाई, उसी तेज़ी से अंडरवर्ल्ड से साठ-गाँठ के कारण बदनाम हुआ और सज़ायाफ़्ता क़ैदी के तौर पर जेल में रहते हुए सुपुर्दे ख़ाक़ हुआ। 'अग्निलीक' की कथावस्तु में चरित्रों की भरमार होने के बावजूद, उस चरित्र की छाया तक नहीं मिलती। उपन्यास आख़िरकार चरित्रों के माध्यम से मानव जीवन और समाज का चित्रण ही तो है। ऐसे में चरित्र की वास्तविकता उपन्यास की कथावस्तु में विश्वसनीयता का भाव जगाती है। इस भाव के अभाव में औपन्यासिक कृति जीवन का महाकाव्य बनने से चूक जाती है। उपन्यासकार हृषीकेश सुलभ को 'अग्निलीक' में हमारे समय की खंड-खंड-पाखंड कथा रचते हुए इस बात का भी संज्ञान लेना चाहिए था।

नये सामाजिक यथार्थ और हिन्दी उपन्यास

पंकज पराशर

हृषीकेश सुलभ हिन्दी के ऐसे कथाकार हैं, जिनकी रचनाएँ पिछले तीन-साढ़े तीन दशक से मैं लगातार पढ़ता-गुनता रहा हूँ। उनके नाटकों के 'पठन' और मंचन दोनों के सूक्ष्म पर्यवेक्षण से मेरी लम्बी/गहरी वाबस्तगी रही है। इसलिए सन् 2019 में जब 'अग्निलीक' छपकर आया, तो कई कारणों से उनके इस 'पहले' उपन्यास को पढ़ने की मुझे गहरी उत्सुकता हुई! अव्वल तो यह कि सुलभ जी की कहानियाँ पढ़ते हुए यह महसूस होता रहा है कि उनके पास जीवन-जगत् के अनुभवों का एक बड़ा ख़ज़ाना है, जिसे बहुत किफ़ायतसारी से वह खर्च कर रहे हैं। उनकी बहुतेरी कहानियाँ अनेक घटनाओं, प्रसंगों, शैल्पिक चमत्कार और भाषा की बहुस्तरीयता से मुझे 'ओवरलोडेड' लगती थीं। कई कहानियाँ पढ़ते हुए तो ऐसा लगा जैसे कहानियों को वह यकायक ख़त्म कर देते हैं! या यूँ कहिए कि पात्रों के स्वाभाविक विकास और बयान के 'विस्तार' को जबरन रोक देते हैं—शायद कहानी के विधागत दबाव के कारण! इसलिए जब उनकी कहानियाँ पढ़ता, तो कई बार यह कसक रह जाती कि अगर सुलभ जी उपन्यास लिखते, तो उनकी बहुत-सारी कहानियों को उसकी स्वाभाविक पूर्णता प्राप्त हो पाती! लेकिन यह सोचकर अक्सर मायूसी हाथ लगती कि वह रूसी कथाकार अन्तोन चेखव और अमेरिकी कथाकार ओ हेनरी की तरह कहानियाँ लिखकर ही सन्तुष्ट हो लेते हैं! इसलिए जब 'अग्निलीक' के प्रकाशन की सूचना मिली, तो इस वज़ह से भी मेरे भीतर उत्सुकता जाग्रत हुई। यह देखना मेरे लिए बहुत सन्तोषप्रद था कि आख़िरकार उन्होंने अन्तोन चेखव और ओ हेनरी की 'परम्परा' को भंग किया! किताब के रूप में आने से पहले इधर-उधर प्रकाशित 'अग्निलीक' के जिन अंशों को मैं पढ़ पाया था, उससे यह तो पता चलता था कि 'अग्निलीक' की कथा-भूमि छपरा-सीवान की क्रान्तिकारी ज़मीन है, जो अनेक राजनीतिक-सामाजिक कारणों से पिछले कई दशकों से देशभर में ख़बरों/चर्चाओं के केन्द्र में रही है! इसलिए छपरा-सीवान के जटिल और परतदार यथार्थ को सुलभ जी ने किस तरह

पकड़ने और उसमें रमने की कोशिश की है, उसकी कामयाबी और नाकामयाबी को देखना कुछ कम दिलचस्प न होगा!

एक सहृदय पाठक के तौर पर जब हृषीकेश सुलभ के उपन्यास 'अग्निलीक' के 'पठन' से हम गुज़रते हैं, तो एक बड़ी और उदात्त रचना की तरह हिन्दी उपन्यास की लम्बी परम्परा याद आने लगती है। महान कवियों की कविताओं में जैसे उस भाषा-साहित्य की परम्परा उस रचना की पृष्ठभूमि में बोलती हुई-सी नज़र आती है, उसी तरह एक बड़ी कथा-रचना में उस भाषा-परम्परा की महान रचनाओं की स्मृतियों का क़दम-दर-क़दम एहसास होता है। जब हमने 'अग्निलीक' की कथा-भूमि की ज़मीनी हक़ीक़त से रू-ब-रू होकर सोचा किया, तो इस ज़मीन के तकरीबन सौ बरस पहले की हक़ीक़त और उसकी सांस्कृतिक स्मृतियों के इतिहास को लेकर मेरे भीतर अनायास एक तुलनात्मक विवेचन भी चलने लगा। यथार्थ का बदलता स्वरूप क्या उसी अनुपात में होता है, जिस अनुपात में समाज का स्वरूप बदल रहा या बदल चुका होता है? किसी ख़ास समय में हुए लेखक जब अपनी रचनाओं में अपने समय के यथार्थ को 'अपनी समझ' और 'अपनी राजनीति' के हिसाब से अंकित करते हैं, तो क्या समाजशास्त्रीय अध्ययनों से भी उस लेखकीय 'साँच' की गवाही मिलती है? या वह रचना महज़ गल्पकार द्वारा रचित एक 'गल्प', यानी गप्प-भर होकर अपने दायरे में सिमट जाती है?

सन् 2019 में प्रकाशित हृषीकेश सुलभ के उपन्यास 'अग्निलीक' की जो कथा-भूमि है, उसी कथा-भूमि के यथार्थ से वाबस्ता है, सन् 1926 में प्रकाशित आचार्य शिवपूजन सहाय का उपन्यास 'देहाती दुनिया'। इस उपन्यास में शिवपूजन जी घोषित करते हैं, "मैं ऐसे ठेठ देहात का रहनेवाला हूँ, जहाँ इस युग की नई सभ्यता का बहुत ही धुँधला प्रकाश पहुँचा है। वहाँ केवल दो ही चीज़ें प्रत्यक्ष देखने में आती हैं—अज्ञानता का घोर अन्धकार और दरिद्रता का तांडव नृत्य। वहीं पर मैंने जो कुछ स्वयं देखा-सुना है, उसे यथाशक्ति ज्यों का त्यों उसमें अंकित कर दिया है।" इस उपन्यास में ग्रामीण जीवन की रीति-नीति, मानव व्यवहार, सामाजिक सम्बन्ध, बोली-बानी, व्यंग्य-विनोद, राग-द्वेष, दमन-शोषण, गीत-गान, कथाएँ, मुहावरे आदि तत्त्वों को बुना गया है। आगे इसकी रचना-प्रक्रिया के बारे में शिवपूजन जी कहते हैं, 'इसका एक शब्द भी मेरी कल्पना की उपज नहीं है। जैसा देखा, वैसा लिखा।' भाषा का प्रवाह भी ठेठ देहातियों-जैसा ही उपन्यास में मिलता है। इसमें गाँव के चबूतरे पर पूरे गाँव के जीवन का विमर्श चलता है—रामटहल सिंह और उसकी रखैल बुधिया का एक प्रसंग है, जिसमें रामटहल की ब्याहता पत्नी महादेई से बुधिया का झगड़ा होता है। ब्याहता के घर में होने के बाद भी बुधिया ठाठ से रामटहल के घर में रहती है। बुधिया तीन बेटियों को जन्म देने के बाद भी मनबहल सिंह के साथ चली जाती है लेकिन वहाँ बुधिया का मोहभंग होता है और वह सोहावन के घर चली जाती है।

इस बीच बुधिया और रामटहल की बड़ी बेटी सुगिया का एक बूढ़े व्यक्ति के साथ अनमेल विवाह हो जाता है। अनमेल विवाह के इस प्रसंग में 'देहाती दुनिया' में कहा गया है, "हाय रे राम! ताड़ बराबर कनिया का वर यही है? इसको तो वह अपने लहँगे में छिपा लेगी! यह उसका दूध पिएगा कि माँग भरेगा! धिया का अभाग है कि इस उमर में वर भी मिला तो ऐसा कि हाथ से धोती भी न पहिर सके!" ग्रामीण जनजीवन में वर्जित बातें भी इस अकुंठ भाव से कह दी जाती हैं, जिन्हें अभिजात वर्ग कहने में संकोच करता है।

अब यहाँ सवाल यह उठता है कि हृषीकेश सुलभ के उपन्यास 'अग्निलीक' की चर्चा पर केन्द्रित रहने की बजाय यहाँ शिवपूजन सहाय के उपन्यास 'देहाती दुनिया' की चर्चा और उसके विवरण में जाने का भला क्या औचित्य है?'अग्निलीक' की कथा-भूमि से तकरीबन एक सौ बरस पहले सन् 1926 के पराधीन और अविभाजित भारत के ग्रामीण जीवन का जो यथार्थ था, वह इस सौ बरस के वक़्फे में बदले हुए स्वाधीन और विभाजित भारत में किस हद तक बदला? कितना यथावत है और कितना पहले से बदतर हुआ है?'अग्निलीक' को पढ़ते हुए मन के भीतर उठते हुए इसी तरह के अनेक प्रश्नों के सन्दर्भ में हिन्दी उपन्यास के इतिहास की स्मृतियों से पाठकों का साबका पड़ता है। कमाल यह कि स्त्री-पुरुष सम्बन्ध, विवाहेतर सम्बन्ध, यौनिकता आदि के जिस स्वरूप से आंचलिकता के लिहाज़ से पहले उपन्यास कहे जा सकने वाले 'देहाती दुनिया' में पाठकों का साक्षात्कार होता है, तकरीबन उसी ग्रामीण जीवन से सम्बद्ध यथार्थ से फणीश्वरनाथ 'रेणु' के उपन्यास 'मैला आँचल' में भी होता है। 'मैला आँचल' की कथा-भूमि में मेरीगंज की महिलाएँ आर्थिक, सामाजिक और यौन-मामलों में अधिक स्वतंत्र हैं। सभी स्त्री-पात्र या तो काम-विसंगति की शिकार हैं या काम-उत्पीड़न की। इससे बाहर न उनकी कोई हस्ती है, न किसी तरह की कोई राजनीतिक-सामाजिक सक्रियता। उनका होना जैसे पुरुष पात्रों के होने को सिद्ध करने के लिए होता है। फुलिया अपना सम्बन्ध सहदेव मिसिर, खलासी जी या पैटमैन के साथ रखती है, बिना किसी कुंठा या अपराध-बोध के। जबकि नये महन्त की दासी बनने के लिए रामपिरिया पंचायत को अँगूठा दिखा देती है। लेकिन 'मैला आँचल' में कई बार महिलाओं के यौन-व्यवहारों को लेकर एक पूर्वग्रह भी दिखता है, जो लेखक के इस समाज से बाहरी होने का संकेत देता है। वह सवर्ण टोलों में प्रचलित गप्पों का शिकार-सा दिखाई देता है। दलित महिलाओं की तुलना में सवर्ण महिलाओं की ग़ुलामी सामन्ती समाज के अन्धविश्वासी और कुरूप चरित्र के मुताबिक है। मसलन ब्राह्मण ज्योतिष अपनी पत्नी को सिर्फ़ इसलिए मरने देता है कि वह परपुरुष के सामने अर्द्धनग्न होकर अपना ऑपरेशन नहीं करवा सकती। राजपूत स्त्री उपन्यास में तभी दिखाई पड़ती है, जब हरगौरी की मृत्यु पर वह छाती पीट-पीटकर रोती है। फुलिया के यौन-जीवन के विपरीत कमली का गर्भधारण पूरे

परिवार के लिए एक कलंक बन जाता है। तहसीलदार के ख़ानदान की इज़्ज़त ख़तरे में पड़ जाती है। इससे स्पष्ट हो जाता है कि 'अग्निलीक' में भी चूँकि स्त्री-सम्बन्धों के ऐसे ही अनेक स्वरूप और अनेक परतों का अंकन हुआ है, इसलिए यह अनायास नहीं कि सुलभ जी के उपन्यासों से गुज़रते हुए हमें उस कथा-भूमि से सम्बद्ध हिन्दी के इन उपन्यासों की याद भी आती है।

'अग्निलीक' के स्त्री चरित्रों में रेशमा, जसोदा, कुन्ती, रेवती, रामझरी, नबीहा, नाज़ बेगम, गुल बानो, मुन्नी बी-जैसी स्त्रियों में जो साहस और ख़ुदमुख़्तारी दिखाने की कोशिश लेखक ने की है, वह 'देहाती दुनिया' और 'मैला आँचल' में चित्रित कहीं पुरुषों की छाया, कहीं रखैल, तो कहीं दासिन के रूपों से अलग बदली हुई सशक्त स्त्री-चरित्र के रूप में आती है! मोटे तौर पर देखें तो 'अग्निलीक' की रेशमा और गुल बानो के आपसी हित एक-दूसरे से टकराते हैं, जो प्रायः औरतों के बीच ईर्ष्या, कलह और संघर्ष के प्रमुख कारण बनते हैं। बाबा तुलसीदास ने भी इस प्रवृत्ति को लक्षित करते हुए लिखा है, 'मोह न नारि नारि कें रूपा। पन्नगारि यह रीति अनूपा' लेकिन यहीं हृषीकेश सुलभ की औपन्यासिक क्षमता और कुशल लेखकीय दृष्टि उभरकर सामने आती है। वह इस बारीक हक़ीक़त को लाँघ कर स्त्रियों के दुखों के साझेपन को उभारते हैं। उनके बीच बहनापे के भाव को रचना के केन्द्र में लाने की कोशिश करते हैं! यहाँ 'अग्निलीक' के लेखक 'देहाती दुनिया' और 'मैला आँचल' जैसी रचना से आगे के समय में बदलते हुए स्त्री-चरित्र को पहचानते हैं, लेकिन जब वह स्त्री-देह के मांसल सौन्दर्य का वर्णन करने लगते हैं, तो लगता है जैसे उनके भीतर फणीश्वरनाथ 'रेणु' परकाया प्रवेश कर जाते हैं।

महाकाव्यात्मक विस्तार को अपने भीतर समाए हुए 'अग्निलीक' का एक प्रसंग यहाँ देखें—

> रेशमा की अधनंगी देह बिछावन पर कुहुक रही थी और पतिया मलिया में सरसों का तेल लिये उसे मालिश कर रही थी। सम्भोग-प्रिया रेशमा को अपनी देह से घिन आने लगी थी। गरभू पाँड़े ने उसकी देह को रौरव नरक में बदल दिया था। ...सोलह साल की उम्र में सत्तर साल का बूढ़ा पति दो साल तक उसकी देह को थूक और लार से नहलाता रहा, तब भी ऐसी घिन नहीं हुई थी अपनी देह से रेशमा को। चन्दन तिवारी या पिंटू सिंह के साथ सोते हुए पल-छिन के लिए भी उसे अपनी देह से घिन नहीं आई। (पृ.101)

सुलभ जी ने जिस शास्त्रीय सौन्दर्यवादी दृष्टि से स्त्री सौन्दर्य का वर्णन किया है, उसे पढ़कर बार-बार महाकवि कालिदास रचित 'कुमारसम्भवम्' के आठवें और नवें सर्ग की याद आती है! कालिदास की दृष्टि में सबसे पहली आकर्षण की चीज़

रूप-सौन्दर्य है, जिसका सबसे आगे बढ़ जानेवाला अभ्युदय नायक-नायिका के लिए यौवन में बसन्त ऋतु में सम्भव होता है। सुलभ जी की सौन्दर्य-दृष्टि और अनुपम वर्णन-शैली से इस तथ्य की पुष्टि होती है कि उन्होंने न केवल भारतीय क्लासिक्स की महान परम्परा का गहन अवगाहन किया है, बल्कि ऐसे वर्णनों के ख़तरे और उसके दौरान बरती जानेवाली सावधानियों से वह बख़ूबी वाक़िफ़ हैं। लेकिन हिन्दी में कुछ ऐसे कूढ़मगज लोग भी हैं/रहे हैं, जिन्हें इस यथार्थ के वर्णन में लेखक के भीतर 'मर्दवादी लोलुपता' और 'पर्वर्टेड सुख का सन्धान' दिखाई पड़ता है! ऐसे नयनसुखों की विशेषता यह होती है कि जैसे ही उनका साबका इस तरह के कुछ शब्दों से पड़ता है, तो उन शब्दों को सूँघते ही वह चंचल हिरण की तरह उछल पड़ते हैं—यूँ सूँघा और यूँ उछला! जबकि रेशमा के साथ थानेदार गरभू पाँड़े जिस वहशियाना तरीक़े से बलात्कार करता है, उसके कारण रेशमा की मनोदशा इस तरह की हो जाती है कि उसे अपने ही देह से घिन आने लगती है। रेशमा अपनी यौनेच्छा दबाकर जीनेवाली दब्बू स्त्री नहीं है इसलिए उसकी पृष्ठभूमि को संक्षेप में बताकर आगे बढ़ जाने के लिए लेखक 'सम्भोग-प्रिया' शब्द-युग्म का इस्तेमाल करता है, न कि कथित मर्दवादी लोलुपता के कारण!

पितृसत्तात्मक समाज में पुरुषों के लिए यौन-सम्बन्ध बनाने की इच्छा ज़ाहिर करना जहाँ मर्दानगी का प्रतीक माना गया है, वहीं स्त्रियों के ऐसी इच्छा ज़ाहिर करने पर उन्हें रंडी, छिनाल, बेशर्म, क़लमुँही, वेश्या-जैसी अभद्र संज्ञा से पुकारा जाता है। मानो सेक्स पर सिर्फ़ पुरुषों का अधिकार है! हिन्दी में लोगों को आज भी यह बात हज़म नहीं होती कि कोई स्त्री भला सम्भोग-प्रिया कैसे हो सकती है क्योंकि इस मामले में अपनी पसन्द को ज़ाहिर करने का हक़ तो उसे है ही नहीं! शूद्रक के नाटक 'मृच्छकटिकम्' की 'माटीगाड़ी' शीर्षक से पुनर्रचना करने वाले हृषीकेश सुलभ के पास सौन्दर्य को व्यक्त करनेवाली परम्परा की गहरी समझ और नवोन्मेषशालिनी प्रतिभा से दीप्त मर्मभेदी दृष्टि है। इसी सन्दर्भ में 'अग्निलीक' का दूसरा प्रसंग देखें—

> घाघरा के तट पर जब आलाप भरते लीला, पूरी पृथ्वी साँस रोककर सुनती। लीला साह का कंठ-स्वर सुन धूसर बलुही माटी के रंगमंच पर नाचती थी घाघरा। घाघरा के झरझर बहते कज्जल जल का संगीत लीला साह के स्वर से मिलकर तट के जीवन को स्पन्दित करता। पृथ्वी और आकाश के सारे चर-अचर जसोदा के भाग्य को सराहते। अपने लीला के कंठ से झरते अमृत की धारा में जसोदा डूबती-उतराती रहती। कभी उसके होठों पर स्मित की चमक और आँखों में विस्मय की कौंध उभरती, तो कभी लीला की टीस भरी आवाज़ उसके भीतर उतरती और कलेजे में अनगिनत छेद कर जाती। फिर उसकी आँखों में मेघ बरसने लगते थे। (पृ. 37-38)

जिस समाज की कथा लेखक लिखते हैं, वह समाज प्रेम-समर्थक या प्रेम जैसी भावना का उत्प्रेरक न होकर, प्रेम के विरुद्ध नफ़रत और षड्यंत्र करने वाला समाज है। इसलिए यह अकारण नहीं कि पूरे 'अग्निलीक' में प्रेम के विरुद्ध अनेक तरह की व्यूह रचना चलती रहती है। अकलू यादव सहित जिन चार पीढ़ियों की जीवन-कथा में प्रेम के अनेक रूप दिखाई देते हैं, उसमें नफ़रत और षड्यंत्र के कारण जसोदा से लेकर रेवती तक के विशाल समयान्तराल में भी प्रेम की नियति और स्त्रियों के जीवन की गति कमोबेश वही नज़र आती है।

अकलू यादव की पत्नी जसोदा के अपूर्ण स्वप्न को उसकी पोती रेवती के स्वप्न तक ले जाकर लेखक एक महाकाव्यात्मक विस्तार देता है, वह स्त्री-मन के भीतर 'हाइबरनेट' हो चुके उस स्वप्न के अंकुरण तक जाता है, जिसकी असफलता एक टीस की तरह पाठक के भीतर बनी रह जाती है! यही नहीं कि सिर्फ़ जसोदा को इस जन्म में उसका प्रियतम लीला नहीं मिलता, बल्कि इसमें एक स्त्री-पात्र कुन्ती भी है जिसकी क़िस्मत में मुचकुन्द नहीं आता, अकलू पर सवारी करके वैधव्य-जीवन में कुछ जीवनरस खींच लेनेवाली रामझरी को भी अकलू नहीं मिलता और जसोदा की पोती रेवती को भी उसका प्रेमी मनोहर अन्ततः नहीं मिलता! यह अकारण नहीं कि असफल प्रेम के असह्य दुख-प्रान्तर में लेखक को जहाँ भी जीवनरस की ज़रा भी गुंजाइश नज़र आती है, तो उनकी भाषा काव्यात्मक हो जाती है! यहाँ फिर इस बात का ज़िक्र करना ज़रूरी लगता है कि ऐसे प्रसंग हिन्दी कथा-साहित्य में क्लासिक्स का दर्जा पा चुकी अनेक कहानियों की स्मृतियों में लेकर जाते हैं। 'अग्निलीक' के इन स्त्री पात्रों के असफल प्रेम और अन्तहीन प्रतीक्षा को देखकर सूरदास की गोपियाँ, फणीश्वरनाथ रेणु की कहानी 'रसप्रिया' की रमपतिया, निर्मल वर्मा के 'परिन्दे' की लतिका, मोहन राकेश रचित अविस्मरणीय चरित्र 'मिस पाल' याद आती हैं, जिनके पतझड़-जैसे जीवन में सिवाय अन्तहीन उदासी, दुख और जीवन बीत जाने की प्रतीक्षा के अलावा और क्या है! इसलिए सुन्दर का स्वप्न रचने की सुलभ जी की आकांक्षा अवकाश पाते ही मुरझा चुकी छुईमुई की पत्तियों की तरह फैलने लगती है! अकलू यादव की शादी के दृश्य को लेखक किन चित्रों और रंगभाषा में रचते हैं, उसका यह एक नमूना देखिए—

> कच्चे बाँस के खंभों पर फूस की छाजन वाला मड़वा काँप रहा था। घाघरा के रेतीले तट पर उपजे कुश की डंठलें काँप रही थीं। अमरपुर के पंडित के मंत्र काँप रहे थे। राम आसरे यादव की वह जंघा, जिस पर कन्यादान के समय जसोदा बैठी थी, काँप रही थी। दसों दिशाएँ काँप रही थीं। बाबू-बाबू गुहारती रही जसोदा, पर बाबू ने नहीं सुना। भइया-भइया पुकारती रही जसोदा, पर भाइयों ने नहीं सुनी उसकी पुकार...

> और अकलू यादव ने एक चुटकी सेनुर जसोदा की माँग में भर दिया और जसोदा सदा-सदा के लिए परायी हो गई। (पृ. 48)

ये स्त्रियों के अपने सगे ही होते हैं, जो उनके प्रेम, उनकी ख़ुशियों के फूल को रौंदकर कथित पितृसत्ता की इज़्ज़त को बचा लेने के दम्भ में जीते चले जाते हैं। लीला के प्रेम से वंचित करके अकलू के खूँटे से बाँधकर जसोदा को परायी कर देनेवाले उसके अपने सगे ही तो थे!

रेवती के जीवन-संघर्ष के चित्रण से गुज़रते हुए अगर आपको दलित लेखिका कौशल्या बैसंत्री की आत्मकथा 'दोहरा अभिशाप' याद आए, तो हैरत न कीजिएगा। बकौल कौशल्या बैसंत्री, दलित महिलाएँ सामाजिक हिंसा और घरेलू हिंसा को एक साथ अपने ऊपर झेलती हैं। दलित महिलाओं पर होनेवाले अत्याचारों में दलित महिला को सरेआम नंगा घुमाना कोई नई बात नहीं है। सवर्णों द्वारा अपनी जातीय श्रेष्ठता सिद्ध करने के लिए दलित स्त्री की अस्मिता पर ऐसे ही हमले किये जाते रहे हैं। दुख तब होता है, जब उसके समाज के द्वारा भी उसके साथ ऐसा ही होता है। पितृसत्ता के अनेक दमन और उत्पीड़न को झेलकर जीवन के चौथेपन में पहुँच चुकी जसोदा की पोती रेवती जिन शब्दों में अपने प्रेमी मनोहर से अपने दुख को बयान करती है, उसको देखकर स्त्री के दोहरे चिर-अभिशप्त मर्म तक पहुँच पाना मुमकिन हो सकता है—

> तुम नहीं समझ सकते मनोहर। तुम सिर्फ़ ग़रीबी से लड़ रहे हो। जाति से लड़ रहे हो। मैं एक लड़की हूँ और अपने से कई गुना ताक़तवर हर जाति और धर्म के पुरुषों से लड़ रही हूँ। तुम्हारी दरिद्रता और जाति कुछ देर के लिए तुम्हारे मनोबल को तोड़ सकती है। पर मैं जिनसे लड़ रही हूँ, यह लोग बाबा, पिता, भाई या परिजन होते हुए भी मेरी पूरी ज़िन्दगी को तबाह कर सकते हैं। मेरा लक्ष्य पहले भी आई.ए.एस. बनना नहीं था। आज भी नहीं है। ...मैं जानती हूँ कि तुम्हारे मुक़ाबले पढ़ाई में बहुत पीछे हूँ। बस एक साध थी...तुम्हारे साथ पढ़ते रहने की साध। मेरा लक्ष्य तुम हो मनोहर। तुम और केवल तुम। तुम्हें पाने के लिए मेरी असली लड़ाई अब शुरू हो गई मनोहर। (पृ. 243)

'अग्निलीक' में रेवती-जैसी तमाम स्त्रियों, मसलन रेशमा, जसोदा, कुन्ती, रामझरी, नबीहा, नाज़ बेगम, गुल बानो, मुन्नी बी को दूसरों के साथ-साथ 'अपनों' से भी निरन्तर संघर्ष करना पड़ता है। इसलिए इस दोहरे अभिशाप से उबरकर जब कोई स्त्री अगर सशक्त होकर उभरती है, तो उसके जीवट और कुटज-जैसी संघर्षशीलता का अनुमान किया जा सकता है।

हृषीकेश सुलभ चूँकि एक सफल नाटककार भी हैं, इसलिए आम कथाकार से अलग उनकी भाषा में चित्र और रंगभाषा का जो रचाव दिखाई देता है, उसके सहारे वह उपन्यास के तमाम पात्रों का सटीक अंकन करते हैं। 'अग्निलीक' के आरम्भ में शमशेर साँई की हत्या से वह उपन्यास की शुरुआत करते हैं और मनोहर रजक की हत्या के बाद उपन्यास समाप्त हो जाता है। एक हत्या से शुरू होकर दूसरी हत्या पर समाप्त होनेवाले 'अग्निलीक' का जो यह यथार्थ है, वह कथा की ज़मीन एक होने के बाद भी शिवपूजन सहाय के उपन्यास 'देहाती दुनिया' के समाज के बेहद हिंसक और घोर मनुष्यविरोधी हो जाने की गवाही देता है। उन्होंने कुशलतापूर्वक यह दिखाया है कि जसोदा का रेवती में कैसे कायान्तरण होता है। जिस प्रेम को वह नहीं पा सकी, उसके ब्याह में सब कुछ के 'काँपने' के बिम्ब से उपन्यासकार ने प्रेम की टूटी-बिखरी किरचों का एक विराट-सा शब्द-चित्र खींचा है। जब जसोदा की पोती रेवती अपने प्रेमी की हत्या का समाचार सुनती है, तो इस समाचार को सुनकर रेवती की मनोदशा का लेखक ने जिन शब्दों में चित्रण किया है, उसे पढ़कर लगता है वह भाषा की आत्मा में पैबस्त सारी मार्मिकता और दुख को खींचकर यहाँ उड़ेल देना चाहते हों—

> एक अनश्वर पुकार उसकी अस्थियों में...शिराओं के बहते रक्त में... मांस-मज्जा में चीख़ बनकर गूँज रही थी। अचानक उसे मनोहर दिखे। लीलाधर यादव के अँधेरे आँगन में खड़े थे मनोहर। आँगन के अँधियारे में उसकी आजी जसोदा देवी का चेहरा उभरा। ताँबई गोराई वाले चेहरे पर उम्र की अनगिनत गहरी लकीरों वाला चेहरा। रेवती जब आजी का चेहरा याद करती थी, उसे इन्हीं लकीरों में नदियों की जलधाराएँ दिखती थीं। आज इन लकीरों में मटमैली रेत भरी थी। रेवती ने अँधेरे में हाथ बढ़ाकर अपनी आजी जसोदा देवी का चेहरा अपनी हथेलियों में भर लिया। एक विलाप स्वर फूटा, जो अग्निलीक की तरह धरती से आसमान की ओर ऊपर उठता गया।' (पृ. 256)

'अग्निलीक' के विशाल कैनवस में फैले जीवनांचल में बहुत सारे पुरुष पात्र भी आते हैं, जो जसोदा, रेशमा, कुन्ती, रेवती, रामझरी, गुल बानो, नबीहा, नाज़ और मुन्नी बी-जैसे चरित्रों के तन, मन और जीवन को अनन्त कष्ट और संघर्षों का आख्यान बना देते हैं। इनमें से कुछ अहम किरदार हैं, मुखिया लीलाधर यादव, सरपंच अकरम अंसारी, लीला साह, पिंटू सिंह, अकलू यादव, मुंशी दामोदर लाल, बिलट महतो, नौशेर साँई, बैगा सुनार, मंसूर मियाँ, सुजीत, मुचकुन्द शर्मा, मनोहर रजक और अनिल माँझी। रेशमा जैसी ख़ुदमुख़्तार औरत और रेवती-जैसी स्त्री जो पटना में पढ़ी-लिखी है और पितृसत्ता की ताक़त और राजनीतिक सत्ता शह-मात से

परिचित है, का कुछ प्रसंगों में मौन रहना या हालात से समझौतापरस्ती उनके चरित्र की अस्वाभाविकता न होकर उनकी असहाय और निरुपाय मनोदशा को दिखाता है। मूल्य-निर्णय और खाँचेबन्दी की आदी आलोचना अगर इसे उपन्यासकार की सीमा बताने लगे, तो आश्चर्य इसलिए भी नहीं करना चाहिए क्योंकि रचना को महज़ साहित्यिक दायरे में रखकर देखनेवालों की सीमा किसी रचना की सीमा अन्ततः नहीं हो सकती। जो बात इस उपन्यास के आख़िर तक नहीं खुलती है, वह यह है कि रेशमा देवली में जिस अकरम अंसारी से 'लटपटाई' हुई थी, वह शमशेर साँई की हत्या का अभियुक्त है! पर यह बात थोड़ी असहज करती है कि उपन्यास के अन्त तक शमशेर साँई की हत्या की गुत्थी नहीं सुलझती है, जबकि इस हत्या की गुत्थी अगर सुलझ जाती तो देवली का सामाजिक ताना-बाना और कुछ पात्रों का विकास शायद कुछ अलग रूपों में हो सकता था। उसी तरह एक और बात थोड़ा खटकती है कि जिस सीवान के देहात को इस उपन्यास की कथा-भूमि बनाया गया है और उसमें कई दशकों के घटनाक्रम को समेटने की कोशिश में डकैती के बड़े रूप यानी माफियागीरी का यथार्थ कैसे आने से रह गया? जिस डकैती के धन्धे का अकलू यादव के बहाने सुलभ जी ने बहुत विस्तृत और विश्वसनीय चित्रांकन किया है, उस अंचल में हत्या और आतंक के कई दशक अलक्षित कैसे रह गए? कभी किसी पात्र के मुँह से प्रसंगवश भी कई दशकों तक उस इलाक़े में पसरे भयावह आतंक के बारे में किसी तरह का कोई ज़िक्र न आना शायद एकाग्रता से अधिक पचड़े में न उलझने की उपन्यासकार की मनोवृत्ति भी हो सकती है! सुलभ जी कथा की ईमानदारी और अनुभूति की शुद्धता को लेकर इतने साकांक्ष हैं कि 'अग्निलीक' में उन्होंने गाँव के अपने जीवनानुभवों और सामूहिक स्मृतियों को आधार बनाया है और उनके अनुभव के आकाश में कथा की विश्वसनीयता अपने शुद्धतम रूपों में दिखाई देती है।

अग्निपथ नहीं अग्निलीक

राहुल सिंह

अपने कथ्य और शिल्प दोनों में 'अग्निलीक' थोड़ा अप्रत्याशित उपन्यास है। इस अप्रत्याशा को जिस तसल्ली और गम्भीरता के साथ बुना गया है, वह इसे ख़ास बनाता है। समकालीनता की कसौटी पर तो यह एक सन्दर्भवान उपन्यास है ही। इससे गुज़रते हुए ऐसा महसूस होता है कि वक़्त के साथ इसकी प्रासंगिकता और बढ़ती जाएगी। हृषीकेश सुलभ इस उपन्यास के ज़रिये कथ्य को बरतने की एक शैली और शिल्प का पता दे जाते हैं। यह बात इस उपन्यास और हृषीकेश सुलभ दोनों को ख़ास बनाती है। बारीकियों से भरा यह उपन्यास एक लम्बे कालखंड को अपनी ज़द में लेता है—चार पीढ़ियों की कथा कहता है और उन पीढ़ियों की कथा को दर्ज करते हुए उनके देशकाल को दर्ज करता चलता है। अंचल को ब्योरे और बारीकियों दोनों के साथ डॉक्यूमेंट करता चलता है। कथा की शर्तों पर इतिहास जब इसमें चहलक़दमी करता हुआ दाख़िल होता है, तब समकालीन उपन्यासों में विमर्शों के दबाव के कारण इतिहास की थिगली की तरह मौजूदगी की ओर ध्यान जाता है। तब जाकर यह एहसास होता है कि साहित्य की ज़मीन पर इतिहास को कैसे पाँव धरना चाहिए। कथात्मकता की शर्तों पर इतिहास ही नहीं, अपितु समाजशास्त्रीय विश्लेषण भी मौजूद है। घाघरा नदी के किनारे बसे गाँवों का इतिहास और समाज जितनी सहजता से उन्होंने इस उपन्यास में वर्णित किया है, उसे पढ़कर इस बात पर यक़ीन कर पाना मुश्किल है कि यह उनका पहला उपन्यास है। इसे पढ़ते हुए उनके लम्बे साहित्यिक रियाज़ का पता चलता है मानो कहानी और नाटकों का सत्व और अनुभव उन्होंने यहाँ निचोड़कर रख दिया है। अन्यथा इतने बड़े फ़लक के उपन्यास में ऐसा सधापन पहली बार में कम ही देखने को मिलता है।

'अग्निलीक' की कथा एक हत्या के साथ खुलती है। उसके ब्योरों के साथ आगे बढ़ती है। और फ़क़त कुछ पन्नों में इस बात का अन्दाज़ा हो जाता है कि आप इस उपन्यास की गिरफ़्त में आनेवाले हैं। शुरू के दो-ढाई पन्ने में ही इस बात का अनुमान हो जाता है कि क़िस्सागोई और कहन के ढंग में कुछ बात है।

क़िस्सागोई की संगत में लोक की थाप कोरस की तरह मौजूद है। जैसे-जैसे आप आगे बढ़ते हैं यह एहसास शिद्दत से घर करने लगता है कि हृषीकेश सुलभ के पास न सिर्फ़ एक समृद्ध कथ्य है, बल्कि उसको पठनीय तरीक़े से परोसने की कला भी है। मतलब कथ्य और शिल्प दोनों धरातलों पर यह उपन्यास आपको एकदम शुरू में ही बाँध लेता है। ज़ाहिर है इसके बाद पढ़ना लाज़िमी हो जाता है। ऐसा प्रतीत होता है कि उपन्यास शमशेर साँई की हत्या की गुत्थियों को सुलझाने की दिशा में आगे बढ़ेगा। पर जैसा कि मैंने कहा कि यह एक अप्रत्याशित उपन्यास है, तो पूरे उपन्यास में शमशेर साँई की हत्या का साया मौजूद रहने के बावजूद उसकी गुत्थी उलझी ही रहती है, लेकिन पूरे उपन्यास को गति देने का काम वह एक हत्या करती है। यह कैसे सम्भव होता है इसे जानने के लिए आपको इस उपन्यास से गुज़रना होगा। हत्या के इस औपन्यासिक 'ट्रीटमेंट' पर सैमुएल बैकेट के नाटक 'वेटिंग फॉर गोदो' की याद आती है। जैसे उसमें पूरे नाटक में 'गोदो' के आने की एक प्रत्याशा मौजूद है, वैसे ही इस उपन्यास में भी लगता है कि शमशेर साँई का असली क़ातिल आगे सामने आ जाएगा। पर शमशेर की हत्या इस उपन्यास का एक 'डिपार्चर प्वाइंट' भर है, जहाँ से कहानी उड़ान भरती है, पर उस उड़नपट्टी पर वापस लौटती नहीं है। शमशेर एक 'ट्रिगर प्वाइंट' है, जहाँ से कहानी दागी भर गई है। कथा कहने के लिए इस घटना को एक 'टेक ऑफ' की तरह बरता गया है। यह बर्ताव इतना सुचिन्तित और बझाये रखनेवाला है कि उपन्यासकार की नीयत का भान होते-होते उपन्यास आधा ख़त्म हो चुका होता है। शमशेर साँई की हत्या कहानी को गति देने का बहाना भर है। मानो उसकी हत्या के पूर्व एक सन्तुलन था और उसकी हत्या घटनाओं की एक अन्तहीन शृंखला को जन्म दे देती है। उस सिलसिले को दर्ज करने के क्रम में ही कथा एक सूत्र धारण करती है। उस सूत्र के इर्द-गिर्द अन्तःसूत्रों की गलियाँ निकल आती हैं जो मुख्य कथा सूत्र से जुड़ जाती हैं। इन अन्तःसूत्रों की बुनियादी भूमिका धारावाहिकता को बनाए रखते हुए मुख्य कथा-भूमि को समृद्ध करते चलना है। इसकी धारावाहिकता में गति तो है ही वैविध्य भी है। केन्द्र में यद्यपि लीलाधर यादव का परिवार है पर उसके साथ और उसके आसपास मौजूद तमाम लोग उतनी ही अनिवार्यता से कथा की पूरी संरचना को धारण करते हैं, मानो उनमें से किसी को हटाकर कथा के ढाँचा को अक्षुण्ण नहीं रखा जा सकता है। इस बात को ठीक तरीक़े से नोटिस लें तो इसमें एक शानदार वेब सीरीज़ की पूरी सम्भावनाएँ कूट-कूटकर भरी दिखती हैं। कहानियों का मकड़ जाल और धारावाहिकता ये दो बातें किसी भी वेब सीरीज़ में बुनियादी तौर पर देखी जा सकती हैं, जो यहाँ भी बहुत ठोस तरीक़े से मौजूद हैं।

इस उपन्यास की एक और ख़ासियत इसका 'आख्यान' की परम्परा में होना है। आख्यान के भीतर उपाख्यानों की इतनी समृद्ध मौजूदगी है कि अलग से रुककर

केवल उन उपाख्यानों का अध्ययन किया जा सकता है। चूँकि इस उपन्यास के केन्द्र में घाघरा नदी है, तो इसकी कथा-शैली को नदी के रूपक के ज़रिये भी समझने का यत्न करते हैं। जैसे किसी भो नदी का एक माभूली सा उद्‌गम होता है, पर ज्यों-ज्यों प्रवाह के साथ उसका जलसंग्रहण क्षेत्र बढ़ता जाता है, उसकी जलराशि बढ़ती जाती है, उसके प्रवाह में एक गाम्भीर्य आता जाता है। इस उपन्यास में भी मूल आख्यान को समृद्ध करने वाली उपाख्यानों की असंख्य जलधाराएँ मौजूद हैं, जो इसके मूल कथानक में ख़ुद को खोती चली जाती हैं। यदि कथा कहने की इस पद्धति पर ग़ौर करें तो पाएँगे कि यह भारतीय आख्यान परम्परा की चिर-परिचित शैली है। और इसे बरतने का साहित्यिक संस्कार भी हृषीकेश सुलभ ने मानो भारतीय महाकाव्यों से ही अर्जित किया है। वह तरीक़ा यह है कि कथा में कोई मामूली या ग़ैरमामूली पात्र भी आया है, तो उसे कथा की पृष्ठभूमि में ही वर्णित करने का एक प्रयत्न मौजूद है। इससे कोई कथा से बाहर नहीं रह जाता। पात्रों की बहुलता के बावजूद उनकी स्पष्ट चरित्रगत पहचान मौजूद है। इसे जिस ढंग से उन्होंने अंजाम दिया है, वह किसी भी उपन्यासकार के लिए पढ़ने और गुनने की चीज़ है। बल्कि यह उपन्यास चरित्रों का एक जंगल सरीखा है, एक के बाद एक पात्र दाख़िल होते हैं और चरित्र में तब्दील होते चले जाते हैं। गरभू पाँड़े इसका सटीक उदाहरण है, जो केवल तीन मौक़ों पर आकर बिहार-झारखंड के थानाध्यक्षों की एक छवि साकार कर जाता है। इस वाक्य को समझने के लिए भी आपको उपन्यास को पढ़ना होगा। बल्कि इसको घटित होते हुए देखकर चेखव के उस इशारे का अर्थ पात्रों के सन्दर्भ में समझ में आता है जो उन्होंने स्टेज पर टँगी बन्दूक के बाबत कही थी। मतलब एक विरल क़िस्म का प्राकलन (कैलकुशेन) पात्रों की उद्‌भावना के सन्दर्भ में यहाँ देखा जा सकता है। मामूली-से लगनेवाले पात्रों की भी कथा अनिवार्यतया मौजूद है। मानो इस उपन्यास में उनके दाख़िल होने की शर्त ही यह बदी थी कि उसकी एक कथा होनी चाहिए। लेकिन यह जिस निष्पाप तरीक़े से अंजाम दी गई है, उसे देखकर यह ज़रूर लगता है कि बहुत लम्बा वक़्त इस रचना को पकने में लगा है। मतलब लिखा भले यह जब भी गया हो, पर लिखने से पहले इसको बार-बार जिया गया है। इसलिए इसकी धारावाहिकता में एक प्रवाह है, जिसमें पाठक को बहा ले जाने का सामर्थ्य है।

आख्यान वाली इस शैली की एक विशिष्टता और है, वह यह कि आख्यान के बड़े वृत्त के भीतर उपाख्यानों के लघु वृत्त की मौजूदगी। कई बार ऐसा भी प्रतीत होता है कि उपाख्यान ही मूल आख्यान है। उपन्यास की संरचना के भीतर यह प्रक्रिया जब साकार होती है तो उसकी बाहरी ध्वन्यात्मकता में एक अलग क़िस्म के सामाजिक और राजनीतिक पाठ को विकसित होता हुआ हम देख सकते हैं। आख्यान और उपाख्यान को क्रमशः केन्द्र और हाशिये के तौर पर देखें, तब जाकर यह बात स्पष्ट होती है कि कैसे हाशिया केन्द्रीयता अर्जित करता है और

केन्द्र हाशिये में चला जाता है। कथा के धरातल पर आख्यान और उपाख्यान की इस अदला-बदली को कई बार लक्ष्य किया जा सकता है। संरचना के बजाय इसे सामाजिक संरचना के धरातल पर उतारकर देखने पर यह नतीजे नहीं दिखते हैं। वर्चस्वशील जातियाँ कथागत संरचना में कमज़ोर तो पड़ती हैं, पर अपदस्थ नहीं होती हैं। अन्तिम परिणति और प्रभाव में शायद इस निष्कर्ष पर सबाल्टर्न नज़रिये से आपत्ति की जा सकती है, पर उसके बचाव के मूल में वर्चस्वशाली सामन्ती समाज अपनी ऐतिहासिकता के साथ उपस्थित है। फिर भी कोई देखना-सुनना चाहे तो कमज़ोर होते सामन्ती प्रभावों को देख सकता है लेकिन वह 'अंडरटोन' के तौर पर ही है। यह उपन्यास इस दिशा में भी थोड़ा रुककर पाठ की माँग करता है। सामन्ती जातियों के ढहते दर्प और अधिकारों की समान्तर कथाएँ भी पूरे उपन्यास में बिखरी पड़ी हैं। पर अन्त की जो त्रासदी है, वह यथार्थ के धरातल पर तो संगत जान पड़ती है लेकिन आदर्श की दृष्टि से निराश करती है।

हिन्दी भाषी प्रदेशों में 'जाति' की जो ताक़तवर उपस्थिति है, उसे यहाँ देखा जा सकता है। बिहार और घाघरा के कछार के सन्दर्भ में यह उपन्यास तकरीबन वैसा ही महत्त्व रखता है जैसा कोसी के सन्दर्भ में फणीश्वरनाथ 'रेणु' का उपन्यास। जाति कैसे सामाजिक संरचना को प्रभावित करती है? बदलते वक़्त के साथ इस जातिगत वर्चस्व पर चोटें कहाँ पड़ी हैं? और उसकी कैसी प्रतिक्रिया हुई? बदलते वक़्त के साथ जातिगत समीकरणों में कैसे बदलाव लक्षित हुए? धार्मिक मामलों ने इसे कैसे प्रभावित किया? सत्ता के समीकरणों ने इसमें कौन से बदलाव किये? गाँव की राजनीति ने स्थानीय स्तर पर जाति के सवाल में कौन-सा 'म्यूटेशन' पैदा किया? इन सवालों के आलोक में भी इस उपन्यास को देखा जा सकता है। राजपूत, ब्राह्मण, कायस्थ, यादव के घटते-बढ़ते प्रभावों को बदलते वक़्त के साथ यह उपन्यास दर्ज करने की कोशिश करता है, जिससे उस इलाक़े की बदलती 'डेमोग्राफ़ी' की एक राजनीतिक-सामाजिक समझ तो विकसित होती ही है। यहाँ हृषीकेश सुलभ शिवमूर्ति की ज़मीन पर खड़े दिखते हैं। शिवमूर्ति के यहाँ भी इस क़िस्म के बदलाव को उसकी पूरी सामाजिक प्रक्रिया में पकड़ने की ज़िद देखी जा सकती है। दोनों के यहाँ गाँवों के मामले में ग़ज़ब की पठनीयता मौजूद है। पठनीयता को बनाए रखने के लिए दोनों रचनाकारों के द्वारा अपनाई गई साझी साहित्यिक युक्तियों पर भी बात की जा सकती है। उस पर फिर कभी। फिलहाल इस सन्दर्भ में उपन्यास से दो उद्धरण रख रहा हूँ जिससे ऊपर इंगित बातों को समझने में थोड़ी सहूलियत हो।

> राजपूत और कायस्थ के आदमी का फ़र्क़ बूझो। राजपूत का आदमी कपार फोड़कर जेल चला जाता है और कायस्थ का बिना अपना कपार फोड़वाए दूसरे का कपार फोड़ने के इल्जाम में जेल भिजवा देता है।

> लगभग बीस घरों का कायस्थों का टोला उजड़ चुका था। कायस्थों में अस्सी प्रतिशत भूमि बिक चुकी थी। अधिकांश खेती यादवों और अंसारियों के हाथ थी। जो थोड़ी-सी खेती बची थी उसकी उपज लेने वाले बहुत दूर जाकर बस गए थे। केवल डीह बची थी। मकान ढह चुके थे या ढह रहे थे।

दोनों उद्धरणों में बबुआन टोला की कमज़ोर होती स्थिति का विश्लेषण है तो बनते-बिगड़ते मुस्लिम-यादव समीकरणों की पड़ताल भी है। शानी ने कभी 'गोदान' के सन्दर्भ में यह सवाल उठाया था कि आख़िर उस गाँव में कोई भी मुस्लिम पात्र क्यों नहीं है? हृषीकेश सुलभ के उपन्यास में मुस्लिमों की मौजूदगी प्रतिशत के मामले में इक्कीस ही है। भारतीय गाँव-पंचायत में जो आबादी की उपस्थिति है, हृषीकेश सुलभ अपनी कथा में उसका एक प्रतिसंसार रचते हैं।

उपन्यास एक हत्या से शुरू होकर दूसरी हत्या पर समाप्त होता है, मध्याह्न में भी दो-तीन हत्याएँ हैं। उपन्यास की शुरुआत में एक अल्पसंख्यक की हत्या है और आख़िर में एक दलित की। पहली हत्या अबूझ है, आख़िर हत्या में उपन्यास का मर्म समाहित है। और वह यह कि चार पुश्तों के बाद भी उस परिवार में अब भी एक स्त्री अपने स्वप्न को साकार करने में समर्थ नहीं हो सकी है। बल्कि उपन्यास के मध्य में भी इस स्वप्न को जीने की कोशिश में एक नामालूम-सी हत्या दर्ज है—मुचकुन्द शर्मा की हत्या। जसोदा से रेवती के मध्य चार पीढ़ियों का अन्तर है, पर स्वप्न एक है। वह स्वप्न जसोदा का भी साकार नहीं हो सका था, कुन्ती का भी साकार नहीं हुआ, रेवती का भी नहीं हुआ। यहीं से इस उपन्यास का एक स्त्रीवादी पाठ विकसित होता है और हृषीकेश सुलभ के 'मास्टर स्ट्रोक' की ओर ध्यान जाता है कि यद्यपि कथा की सतह पर मर्दों और उनकी मर्दानगी का दबदबा है, पर सतह के नीचे स्त्री अस्मिता का एक 'अंडरकरंट' मौजूद है जो आगे चलकर इस मर्दानगी को पटकनी देकर उभर आता है। नारी शक्ति का यह उद्भव इतना सहज और स्वत:स्फूर्त क़िस्म का है कि उसकी वैचारिकी की ओर तत्क्षण ध्यान नहीं जाता है। एक साथ इतनी स्त्रियाँ परिदृश्य में अपने दमखम के साथ आ खड़ी होती हैं कि उपन्यास का पूरा मिज़ाज बदल जाता है। अचानक से मानो उपन्यास की धुरी बदल जाती है। उपन्यास के भीतर अचानक एक नहीं प्रत्येक उपाख्यान का नेतृत्व एक औरत करने लगती है। चाहे वह रेशमा कलवारिन हो, गुल बानो हो, मुन्नी बी हो, नाज़ हो, नबीहा हो या आख़िर में रेवती हो। कथा में यह 'ट्रांजिशन' ग़ज़ब का क्षण है। उनके मध्य विकसित होने वाले समीकरण भी सब बाकमाल हैं। खाँटी सामन्ती मर्दानेपन के मध्य से स्त्री अस्मिता और स्त्री संवेदना का यह जो सोता फूटता है, वह भी अप्रत्याशित ही है। उपन्यास इस क्षण में पुनर्नवा हो जाता है।

तब इस उपन्यास के शीर्षक की ओर ध्यान जाता है कि वह क्यों अग्निपथ न होकर 'अग्निलीक' है।

प्रेम की कई छवियाँ इस उपन्यास में मौजूद हैं। जसोदा और लीला साह का प्रेम पूरी मार्मिकता के साथ मौजूद है तो अकलू यादव और जसोदा का गृहस्थ प्रेम भी है। अकरम अंसारी की अय्याशी पूरी विलासिता के साथ मौजूद है तो मुन्नी बी की दयनीय दास्तान भी है। रेवती और मनोहर की अधूरी प्रेम कहानी है। मरजाद का सवाल है, मरजाद बचाने का जतन है, तो मरजाद के नाम पर 'ऑनर किलिंग' भी है। जंग और मोहब्बत में सब जायज़ है की दार्शनिकता वाला प्रेम मौजूद है और संघर्ष भी मौजूद है। इस उपन्यास को पढ़ते हुए प्रेम की कई छवियाँ मन में टँकी रह जाती हैं। मुझे जो दो प्रसंग अत्यन्त मार्मिक लगे उसमें एक तो लीला साह और जसोदा का असफल और असमय काल-कवलित प्रेम है, जिसे जसोदा अपने प्रण से स्मरणीय बना देती है। पहली बार अपने नइहर से विदा होकर ससुराल देवली के लिए जाती हुई जसोदा ने राह में मन ही मन तय कर लिया था कि "न सही लीला साह के हाथों माँग में चुटकी भर सेनुर, पर बेटा हुआ तो उसे लीला ही पुकारेगी" और वह रखती है अपने बेटे का नाम लीलाधर यादव। लेकिन इससे ज़्यादा मर्मस्पर्शी मुन्नी बी और गुल बानो का बहनापा है, जहाँ गुल बानो के कंधे पर नाउम्मीद मुन्नी बी का सिर टिका है। नौशेर साँई की हरकतों में जो दयनीयता है, वह भी स्मृतियों में घर कर जाती है। ख़ासकर उसकी अपनी बीवी के साथ मोबाइल में फ़िल्म देखने की मामूली-सी चाहत।

स्मृति में केवल दृश्य ही नहीं टँके रह जाते हैं, घटनाएँ भी अंकित हो जाती हैं। यह एक घटनाबहुल उपन्यास है। घटनाबहुलता की प्रवृत्ति हृषीकेश सुलभ को प्रेमचन्द की कथा परम्परा से जोड़ने का काम करती है। घटना को कहानी में बरतने वाला प्रेमचन्द से बड़ा कथाकार तो हिन्दी कथा साहित्य में मुझे दूसरा नहीं दिखता है, पर उस घटनाबहुलता का तकरीबन उसी तरीक़े से उपयोग हृषीकेश सुलभ 'अग्निलीक' में करते हैं। छोटी-छोटी त्रासदी को साकार करने में वे इसका मारक इस्तेमाल करते हैं। इस लिहाज़ से देखें तो 'अग्निलीक' छोटी-छोटी त्रासदियों का समुच्चय-सा जान पड़ता है। हृषीकेश सुलभ उन त्रासदियों को बुनते नहीं हैं, घटित होते दिखाते हैं। यह उनकी ख़ूबी है। यूँ ही यह उपन्यास एक हत्या से शुरू होकर कई हत्याओं से होकर नहीं गुज़रता है। घटनाओं का बुनियादी काम कथ्य को मनचाहा मोड़ देना होता है लेकिन घटनाओं को बरतने की तमीज भी बहुत से समकालीन कथाकारों के यहाँ देखने को नहीं मिलती है, इसलिए इसे अलग से रेखांकित कर रहा हूँ। हृषीकेश सुलभ इस मामले में मास्टर आदमी हैं।

इस उपन्यास की एक और ख़ूबी है कि आप ठीक-ठीक तय नहीं कर सकते हैं कि उपन्यासकार की हार्दिकता का संस्पर्श किस पात्र को क़ायदे से मिला है।

जैसे ही आपको लगता है कि कोई नायकत्व या केन्द्रीयता अर्जित कर रहा है, एक व्यवधान-सा पैदा हो जाता है। इसका चरम उपन्यास के अन्त में देखने को मिलता है, जो सर्वाधिक अप्रत्याशित है। भले यह निर्ममता या निर्मोहीपना उन्होंने कथा के धरातल पर दिखलाया हो, पर इसे अर्जित करना आसान नहीं होता है। बर्तोल्त ब्रेख्त के नाटकों में इसे देखा जा सकता है। दुनिया इसे ब्रेख्तीय प्रभाव या अलगाव के तौर पर जानती है और इसका सम्बन्ध एक क़िस्म की निर्वैयक्तिकता से होता है। यह निर्वैयक्तिकता इलियट की वस्तुनिष्ठता से इतर अर्थों में कथा में क्रियमान रहती है। कथा में इस निर्वैयक्तिकता का आशय एक क़िस्म की तटस्थता से जुड़ता है। किसी कथाकार के लिए इस तटस्थता को अर्जित करने के लिए ग़ज़ब की निस्पृहता की आवश्यकता होती है। और इसे कथा में शिल्प के बतौर नहीं जीवन में स्वभाव के बतौर अर्जित करना होता है तब यह रचनाशीलता के धरातल पर रूपान्तरित हो पाती है। अकलू और मनोहर की हत्या को इस निर्मोहीपन के उदाहरण के बतौर रेखांकित किया जा सकता है। ये दोनों भी बिलकुल अप्रत्याशित तरीक़े से घटित होते हैं। पाठक सन्न रह जाता है।

लोक की गाढ़ी मौजूदगी इस उपन्यास की एक और ऐसी ख़ासियत है, जिसकी अनदेखी असम्भव है। लोक की दृष्टि से इस उपन्यास का एक अलग पाठ विकसित किया जा सकता है। ज़ाहिर है बिना ज़मीनी हुए लोक का ऐसा वैविध्यपूर्ण और बहुस्तरीय पाठ विकसित कर पाना नामुमकिन है। लोक की इस दिलचस्प बुनावट के कारण इस उपन्यास में एक विरल हो चुकी पठनीयता आबाद होने लगती है। लोक की इस विविधरंगी छटा को इतने स्तरो पर साकार किया गया है कि उसके लिए न केवल स्वतंत्र लेख की आवश्यकता है, अपितु कई पाठ की भी दरकार है। फिर भी कुछेक संकेत तो किये ही जा सकते हैं। लोक को परिभाषित करने वाली चीज़ें लोक-स्मृति, रीति-रिवाज़ आदि में होते हैं। घाघरा के कछार और तटों की बात करते हुए पोखर, वृक्ष, देवथान, पीर स्थान से सम्बन्धित बातों को यथाप्रसंग हृषीकेश सुलभ जब एक-एक करके उपन्यास में पिरोते हैं तो वह पूरा परिवेश जीवन्त हो उठता है। चाहे वह लँगटू ब्रह्म की कथा हो, दुधही पोखर की कहानी हो या जोगी पीर का ज़िक्र हो। उन सबके वहाँ होने के मूल में जो लोक आस्था है, इसका संकेत करना वे नहीं भूलते मानो केवल कथा नहीं उसके परिवेश से भी पाठकों को परिचित कराना उनका बुनियादी धर्म है। इस वजह से कथा और परिवेश इस उपन्यास में एक-दूसरे से बेतरह घुले दिखते हैं। उन्हें ठीक-ठीक अलगाकर देख पाना मुश्किल है। यह भी इस उपन्यास की एक ख़ूबी है, बल्कि आंचलिकता को शायद इसके बग़ैर साकार करना सम्भव भी नहीं है।

आंचलिकता को बुनने में शब्दों की जो भूमिका होती है, वह इस उपन्यास में आद्यन्त मौजूद है। एकदम शुरुआती पन्नों से कुछेक उदाहरण रख रहा हूँ,

जिससे आप इस बात का अनुमान कर सकें। बल्कि ज़्यादा बेहतर होगा कि एक पृष्ठ के इस परिच्छेद से ही इसका नमूना प्रस्तुत करूँ—

> बरसात का पानी दुधही में जमा होता। ...इसे टोटहा के दुसाध ही कर पाते थे। ...करंगा धान छींट दिया जाता। फिर डाँठों में गाभ फूटते...इन्हें जल में उतरकर टूँग लिया जाता। ...पहले दोन और ढेंकुल से दुधही का जल उलीचकर रबी की फसल की पटवन होती थी। ...किनारे की धरती जैसे-जैसे जल से उगरिन होती, चना और तीसी छींट दिया जाता। फगुनहट बहते-बहते दुधही का तट तीसी के नीले फूलों से पट जाता। नीले फूलों के वलय के बीच दुधही के थिराए जल में तैरतीं चल्हवा मछलियाँ और किनारे के पाँक में डेरा डाले रहतीं गैंची और गरई। ...चल्हवा को भोग लगाने बगुले आते। दुधही का पेट पानी से कभी ख़ाली नहीं होता। जेठ-बैसाख का ताप भी दुधही के जल को सोख नहीं पाता।

इस उद्धरण से आप इसके परिवेश में विन्यस्त लोक और अंचल की ख़ुशबू को आसानी से महसूस कर पाएँगे। अगर कोई चाहे तो फणीश्वरनाथ रेणु और हृषीकेश सुलभ की आंचलिकता का तुलनात्मक अध्ययन कर सकता है। कोसी और घाघरा के तटीय गाँवों की बसाहट, बानी बोली, विचार-ब्यौहार को आमने-सामने रखने से कुछ दिलचस्प नतीजे सामने आ सकते हैं, पर यह अध्ययन पर्याप्त शोध और समय की माँग करता है।

इस उपन्यास को पढ़ने के क्रम में कुर्सीनामा या वंशावली को जानने-समझने का एक तरीक़ा आपको आना चाहिए, क्योंकि यह चार पीढ़ियों और उनके सगे-सम्बन्धियों के एक बड़े कुनबे की कथा कहता है। यदि इसमें आप थोड़ा कमज़ोर हैं तो हो सकता है कि आपको कुछ पन्ने उलटकर पीछे आना-जाना पड़े। देवली, अमरपुर, मानिकपुर, पटना यह केवल स्थान न होकर कथा में रिश्तेदारियों के ठीहे भी हैं। मतलब इस कथा का अपना एक मानचित्र है, जिसे पढ़ने के लिए बस थोड़ी शुरुआती एहतियात की ज़रूरत है। अन्यथा शमशेर साँई, अकरम अंसारी, मुन्ने मियाँ के बीच मौजूद गुल बानो, मुन्नी बी, नाज़ बेगम, नबीहा और रेशमा आपको परेशान कर सकती हैं। लेकिन एक बार इसको समझ लें तो कथा में रस आएगा।

हृषीकेश सुलभ के यहाँ ब्योरे युवा पीढ़ी के कथाकारों की तुलना में अलग तासीर के साथ मौजूद हैं। ब्योरे इनके यहाँ 'डिटेलिंग' वाले अर्थ में नहीं हैं। सूचित करनेवाले अर्थ में हैं, घटना के साक्ष्य के तौर पर हैं, घटना के साक्षी के तौर पर नहीं। एक उदाहरण से इस बात को समझाने का जतन करता हूँ। पहली बार जब रेवती का मोबाइल उसके चचेरे भाई सुजीत के हाथ लगता है तो उसके प्रेम सम्बन्ध का पता पाकर वह उसकी जो गत बनाता है, उसके बारे में सुलभ लिखते हैं—

> भाई ने बाबा, पिता और चाचा के आने का इन्तज़ार तक नहीं किया और बड़े भाई होने के अपने अधिकारों का उपयोग करते हुए रेवती पर हाथ उठा दिया। उसके केश पकड़ घसीटा। उसने अपनी बीस साल की बहन को कुछ ही पलों में माटी के ढूह में बदल दिया।

बस इतना ही। इससे एक शब्द ज़्यादा नहीं। यही दृश्य नई पीढ़ी के कथाकारों के ज़िम्मे आ जाता तो वह इस पर पूरा पन्ना खेल जाते, बल्कि अगली सुबह भी चोट के निशान और दर्द के साथ होती। ब्योरे को सूचना में न्यूनीकृत करके बरतने की एक अदा हृषीकेश सुलभ के पास मौजूद है। सुजीत की मौजूदगी को वे कैसे रेखांकित करते हैं वह भी देखिए—"रमन के दो बेटे थे—सुजीत और रंजीत। दोनों के दोनों स्वभाव से उग्र ओर पढ़ाई-लिखाई में फ़ेलियर।" कथा-कहानी में इस क़िस्म की सूचना की अपनी अहमियत रही है। ऐसे प्रसंगों में मुझे प्रेमचन्द की कथाशैली बार-बार याद आती है।

आख़िर में दो और बातें कहना चाहता हूँ—एक शीर्षक को लेकर और दूसरा एक असावधान सी गलती को लेकर। 'अग्निलीक' शीर्षक एकबारगी अबूझ-सा लगता है। अग्निपथ से इसके अलगाव में एक सृजनात्मकता है। अग्निपथ की ध्वन्यात्मकता में एक मर्दानापन है जबकि 'अग्निलीक' में एक स्त्री परम्परा की अनुगूँज विन्यस्त है जैसे सीता की अग्निपरीक्षा। लेकिन उपन्यास में एक वाक्य आता है जो 'अग्निलीक' के इस अर्थगत विस्तार को संकुचित करता है। पहले उस वाक्य को देखते हैं—"अचानक आसमान में द्युति कौंधी और अग्नि-लीक बनाती हुई चली गई क्षितिज के पार।" इससे इस उपन्यास का अर्थ खुलता है कि वस्तुतः 'अग्निलीक' से हृषीकेश सुलभ का आशय क्या है? यह वाक्य इस उपन्यास के अर्थ विस्तार को संकुचित करता है। क्योंकि वह चाहे बिजली हो या टूटता तारा उसका जो प्रकाशमान पथ होता है, वह क्षणिक होता है। दामिनी में तो फिर भी उस क्षण में पूरे परिदृश्य को रौशन कर देने का सामर्थ्य होता है पर अन्ततः उसका ख़ुद का वजूद क्षणिक ठहरता है। इस उपन्यास में अग्निलीक बनाने का सामर्थ्य रखनेवाले किसी पात्र के वजूद की समाप्ति को क्षणिकता के दायरे में नहीं रखा जा सकता है। यह पंक्ति उपन्यास में कोई दो सौ तेरह पृष्ठों के बाद आती है। तब तक अग्निलीक का एक आशय पाठकों के मन में विकसित हो चुका होता है, और यह हृषीकेश सुलभ के निर्दिष्ट अर्थ से ज़्यादा उदात्त है, जो पाठकों के मन में एक इस क़िस्म का 'इम्प्रेशन' तब तक बना चुका होता है कि इस उपन्यास के पात्रों का जीवन इतना कठिन है कि जीना आग के रास्ते पर चलने के समान है और वे इस अग्लिनीक पर चलकर या तपकर कुन्दन की तरह दमक रहे हैं या दमकने को तैयार हैं। दूसरी एक असावधानी है जो उपन्यास के लगभग अन्त में रेवती और मनोहर के मध्य एक संवाद में नज़र आती है। जब रेवती मनोहर से पूछती है—

"हमारे साथ फगुआ नहीं खेलोगे?" इस सवाल के बाद हृषीकेश सुलभ दो पंक्तियाँ लिखते हैं "वर्षों पहले घाघरा के तट पर लीला साह ने जसोदा से यही पूछा था। रेवती को भला क्या मालूम कि उसके रक्त में घुल-मिलकर यह सवाल कब से बह रहा है!" बाद के दो वाक्य इस बात की तस्दीक करते हैं कि उपन्यासकार को लगता है कि कहीं यह बात पाठकों की स्मृति से उतर न जाए कि यही सवाल जसोदा ने लीला साह से तीन पीढ़ी पहले पूछा था। दरअसल रेवती जब पूछती है तो जसोदा की स्मृति ख़ुद-ब-ख़ुद जग जाती है। हॉन्ट करती है। हृषीकेश सुलभ पाठकों की स्मृति पर भरोसा नहीं कर पाते हैं और छूट ना जाए इस एहतियात में यह दो वाक्य खर्च बैठते हैं। ख़ैर, इन दो बातों को दरकिनार कर दें तो 'अग्निलीक' एक शानदार कथा यात्रा है, जो एक लम्बी कालावधि को अपने दायरे में लेती है। ध्यान से पढ़ें तो यह आज़ादी के पहले आरम्भ होती है, आज़ादी के साथ बढ़ती है और हमारे वक़्त तक आती है। कोई चाहे तो इसमें हमारे समय का अक्स भी ढूँढ़ सकता है।

नये यथार्थ का दस्तावेज़

प्रियदर्शन

एक रंगकर्मी और रंग निर्देशक के रूप में हृषीकेश सुलभ की पहचान इतनी प्रबल रही है कि इस बात की ओर कम ही ध्यान जाता है कि वे बहुत समर्थ कथाकार भी रहे हैं। उनका नया उपन्यास 'अग्निलीक' हमें मजबूर करता है कि हम उन्हें समकालीन उपन्यासकारों की भी प्रथम पंक्ति में रखें।

'अग्निलीक' एकाधिक वजहों से हमारे समय का महत्त्वपूर्ण उपन्यास है। इसे पढ़ते हुए सबसे पहले इसकी भाषा पर ध्यान जाता है। इतनी चाक्षुष, ऐंद्रिक और समृद्ध हिन्दी लिख सकने वाले लोग हमारे समय में अंगुलगण्य भी नहीं हैं। इस भाषा में बहुत सारी तहें हैं। शुद्ध तत्सम शब्दावली के औदात्य से लेकर ठेठ देशज ठाठ तक परम्परा के सौन्दर्य और मिट्टी की सुवास से भरी यह भाषा इतनी वेगमयी है कि पाठक लगभग मुग्ध भाव से इससे बँधा रहता है। यह न कंकड़दार किताबी हिन्दी है न सपाट-सरलीकरणों वाली तथाकथित नई हिन्दी—यह जातीय स्मृति के विराट वृक्ष की उलझी हुई शाखाओं-प्रशाखाओं के बीच से निकलती, बहुत जटिल यथार्थ के तन्तुओं को बारीकी से पकड़ती, मन और माटी के मर्म को साधती और बहुत सारे चरित्रों की भाषा में बतियाती ऐसी समृद्ध, समर्थ और सम्प्रेषणीय हिन्दी है जिसे बार-बार पढ़ने का मन करता है। साफ़ है कि यह हिन्दी सिर्फ़ भाषिक ज्ञान से उत्पन्न नहीं हुई है, बल्कि देशकाल की बहुत गहरी समझ के साथ और परम्परा के बहुत सारे रूपों में बहुत गहरे उतरकर अर्जित की गई है। यह भाषा तभी सम्भव होती है जब आप शास्त्रीय अध्ययन के अलावा घर-गृहस्थी, खेती-बाड़ी, किसानी-मज़दूरी, लोहारी-सुनारी, गाँव-जवार, नदी-नालों, पोखर-तालाबों, लताओं और वृक्षों की भाषा से भी परिचित हों और यह भी जानते हों कि जो अनबोला है, उसे कैसे व्यक्त करें।

उपन्यास की दूसरी ख़ासियत यहीं से निकलती है। यह उपन्यास एक स्तर पर, बल्कि मूलतः एक आंचलिक उपन्यास है। हालाँकि यह कहने के ख़तरे बहुत हैं। आंचलिक उपन्यास का नाम लेते ही सबको बरबस फणीश्वरनाथ रेणु और

'मैला आँचल' और 'परती परिकथा' जैसे उनके उपन्यास याद आ जाते हैं। साथ ही आंचलिकता का ऐसा ठप्पा लग जाता है कि लोग यह देखने की ज़हमत भी नहीं उठाते कि इस आंचलिकता में कितनी विश्वजनीनता समाई हुई है। न रेणु सिर्फ़ आंचलिक थे और न हृषीकेश सुलभ हैं।

दरअसल, इस उपन्यास को पढ़ते हुए रेणु की याद आना स्वाभाविक है। 50 के दशक के भारतीय गाँव की जो कहानी रेणु ने लिखी थी, इक्कीसवीं सदी में वह बहुत दूर तक बदल चुका है। पहले टोलों में बँटी सामाजिकता के बीच जो राजनीतिक दाँव-पेच थे, उनकी सारी विडम्बनाओं के बावजूद उनमें एक बुनियादी मनुष्यता की आभा शेष थी, लेकिन अब जो नया य़थार्थ है, वह कहीं ज़्यादा मरणांतक घात-प्रतिघात से भरा है, उसमें मनुष्यता है लेकिन पहले से कहीं ज़्यादा लथपथ। इस लथपथ समय की कथा हृषीकेश सुलभ ने बहुत बड़े मंच पर लिखी है। इस मंच पर तरह-तरह के किरदार आते-जाते हैं, तरह-तरह की पीढ़ियाँ आती-जाती हैं और हम ऐसी कहानी या कहानियों से रू–ब–रू होते हैं जो हमारे समकालीन समय और समाज का आईना बन जाती हैं। रेणु ने कोसी के अंचल की कहानी लिखी थी, हृषीकेश सुलभ ने घाघरा से लगे गाँवों को अपनी कथा-भूमि बनाया है, लेकिन कुछ इस विस्तार और गहराई से कि यह सिर्फ़ एक अंचल की कथा नहीं रह जाती है, यह सामन्तवाद की बहुत मज़बूत पकड़, चुनावी राजनीति से उसके गठजोड़ और इससे मुक़ाबला करने की अस्मितावादी छटपटाहट की गाथा भी बन जाती है।

पठनीयता इस उपन्यास की तीसरी ख़ासियत है। यह पठनीयता भाषिक चमत्कार से नहीं निकली है बल्कि कई सूत्रों को पिरोकर एक बड़ी कथा बनाने के कौशल का नतीजा है। उपन्यास का पहला ही वाक्य है—'शमशेर साँई की हत्या हो गई थी।' मन्दिर से पाँच सौ गज दूर, बीच सड़क पर इस शख़्स को बहुत बीभत्स तरीक़े से मारा गया है—यह उपन्यास की अगली कुछ पंक्तियों से समझ में आता है। यह सवाल सबके ज़ेहन में है कि शमशेर साँई जैसे मज़बूत शख़्स को कौन मार सकता है? लेकिन यह अपराध-कथा या जासूसी उपन्यास नहीं है, यह एक अपराध से शुरू होकर एक पूरे इलाक़े की सामाजिक-राजनीतिक विडम्बनाओं की शिनाख़्त का दस्तावेज़ बन जाता है। उपन्यास में एक के बाद एक कथाएँ खुलती जाती हैं। एक कथा गाँव के मुखिया लीलाधर यादव की है, जिनके पिता अकलू यादव कभी रासबिहारी चौधरी की खेती सँभालते थे, डकैती के एक झूठे मुक़दमे में फँसाए गए, सात साल की जेल काटी, लौटकर आए तो गृहस्थ बनते-बनते डकैत बन बैठे और अन्ततः बदला लेने की कोशिश में मारे गए। पढ़ाई-लिखाई में लीन रहने वाले लीलाधर यादव की ज़िन्दगी अपने पिता की लाश देखकर बदल गई।

एक सिरे पर ज़मींदारी, दबंगई, डकैती से लेकर मुखियागीरी और सरपंची तक और दूसरे सिरे पर शोषण, पिटाई, यौन उत्पीड़न, अपमान और प्रतिशोध तक के आपस में बेहद उलझे लेकिन जुड़े हुए तारों के बीच जिस सार्वजनिक ग्राम्य या क़स्बाई जीवन का ख़ाक़ा हृषीकेश सुलभ खींचते हैं, वह हमें एक स्तर पर स्तब्ध छोड़ जाता है। पुराने सामन्ती अहंकार की ढहती हुई भीतों के बीच उगती नई विडम्बनाओं की बेलें बड़ी आसानी से पहचान में आ जाती हैं।

निस्सन्देह, इन विडम्बनाओं के बीच कुछ बदलाव प्रीतिकर भी हैं। उपन्यास के महिला चरित्र उसकी अलग ताक़त हैं। लीलाधर यादव की माँ जसोदा अपने पहले प्रेम को नहीं भूली है और उसी के नाम पर उसने अपने बेटे का नाम लीलाधर रखा है। एक बहुत सूनी और कई दुर्भाग्यों से सनी ज़िन्दगी जीते हुए भी उसने अपने भीतर का प्रतिरोध बचाए रखा है और आने वाली पीढ़ियों को सौंपने को तैयार है। इसी तरह रेशमा, गुल बानो, मुन्नी बी ऐसे अद्‌भुत चरित्र हैं जो पिटकर, बदनामी झेलते हुए, अपने स्त्रीत्व की सीमाओं के पार जाकर अपने वजूद के लिए लड़ते हुए, तमाम तरह के विद्रूप झेलते हुए, अपने दुखों के बीच अपना घर बनाते हुए अन्ततः जीवन को सहनीय और सुन्दर बनाते हैं। ये कथाएँ इस उपन्यास का बहुत मार्मिक पक्ष हैं।

उपन्यास में कथाएँ और भी हैं—गाँवों में बिकती ज़मीनों की, शहर में बैठकर गाँव की ज़मीन और राजनीति दोनों साधने की, पुलिस के बीभत्स चरित्र की, जिसका आईना गरभू पांड़े है; साम्प्रदायिकता और जातिवाद की लगातार बनी रहने वाली सच्चाई की और इन सबके भीतर नये सामाजिक उभारों की, रज्जन पासवान जिसका प्रतीक हैं; उन लोकतांत्रिक मजबूरियों की, जिसमें सब अपना-अपना समीकरण बिठाने को मजबूर हैं, न बदलने वाली सामन्ती ठसक की, जिसके चेहरे पिंटू सिंह और सुजीत सिंह जैसे नौजवान हैं, और बदल रही दुनिया की जिसमें मनोहर और रेवती हैं—इन सबको मिलाकर भारतीय गाँवों का नया महासागर बनता है।

हृषीकेश सुलभ निश्चय ही इस उपन्यास के लिए बधाई के पात्र हैं। लेकिन एक बात काले टीके की तरह जोड़नी होगी। जब आप इतना बड़ा उपन्यास लिखते हैं तो उसके सारे किरदारों को सँभालना, एक सूत्र में जोड़ना, उन्हें पाठकों की स्मृति में इस तरह बसाना कि वे कथा के अविभाज्य हिस्से की तरह लगें, आसान नहीं होता। इस उपन्यास में भी यह मुश्किल दिखाई देती है। कहानियाँ आपस में जुड़ती हैं, लेकिन फिर भी टूटन रह जाती है। वे स्वतंत्र या समानान्तर कथाओं का सुख देती हैं, लेकिन एक सम्पूर्ण विन्यास कुछ बिखरता सा लगता है। लेकिन यह उन तमाम उपन्यासों की नियति होती है जो इतने बड़े फ़लक पर लिखे जाते हैं।

दूसरी बात यह कि अन्ततः यह बात खुलकर सामने नहीं आती कि आख़िर शमशेर साँई को किसने और किसलिए मारा, जबकि कहानी यहीं से शुरू होती है। अचानक हम पाते हैं कि उपन्यासकार ने उत्सुकता और उलझन का जो सूत्र दिया था, वह बीच में ही कहीं अटका रह गया है।

लेकिन इन बहुत मामूली सी शिकायतों के बावजूद यह लोक और भाषा के रस में पगा ऐसा उपन्यास है जिसे पढ़ना अपनी भाषा का उत्सव मनाने सरीखा लगता है। कह सकते हैं कि कोई ठेठ और वीतरागी आलोचना दृष्टि इस पर भी सवाल उठा सकती है, लेकिन यह उपन्यास अपनी एक अलग लीक बनाता है।

ये नये मिज़ाज की धरती है

वन्दना राग

आज के दौर में शाया हो रहे उपन्यासों की भीड़ में 'अग्निलीक' एक मुख्तलिफ़-सा उपन्यास बन उभरता है। न सिर्फ़ अपने कलेवर और वितान में, बल्कि एक सर्वथा नई ज़मीन की कहानी कहने में भी। इसे ग्रामीण ब्रह्मांड की जातक कथा उर्फ़ जात कथा का आधुनिक, तथ्यात्मक आख्यान कहा जा सकता है। उपन्यास पीढ़ियों की यात्रा करते हुए अपने समकाल को कभी ज़िन्दादिली तो कभी सांकेतिक शोकगीतों से चिन्हित करता है। यहाँ सन्देश देने के भावुक दावे नहीं हैं, न ही समाधान देने की चिर-परिचित भंगिमा। यहाँ तो एक सरस चाक्षुष बयान है जिसमें से आप अपने हिस्से का तारतम्य निकालकर ग्रामीण जीवन की धड़कन महसूस कर सकते हैं और उससे आगे बढ़ना चाहें तो बृहत्तर मानवीय जगत् की धड़कन भी महसूस कर सकते हैं। इसके अतिरिक्त यहाँ आप, अपने हिस्से के सुख-दुख, ईर्ष्या-द्वेष, संघर्ष, जय-विजय, सबकी प्रति छायाओं को भी पहचानकर अंगीकार या अस्वीकार भी कर सकते हैं; यह फिर आपका अपना अख़्तियार हुआ, आपकी अपनी सुविधा!

इससे इतर जो सबसे अहम बात है, जिसका दावा उपन्यास मुखर रूप से क़तई नहीं करता है, दरअसल वही अन्दरूनी बात, इस उपन्यास को विशेष बनाती है और वह इस कथन से उपजती है—'जो स्थानीय है वही वैश्विक है!'। यह सिर्फ़ कथन नहीं एक निहायत गम्भीर फ़लसफ़ा है और इस फ़लसफ़े की अनुगूँज इस उपन्यास में हर पड़ाव पर बहुत साफ़ सुनाई पड़ती है। उपन्यास स्थानीयता की बात स्थानीय भाषा में करते हुए, जाने कब आपको पर्यावरण और मनुष्य के अछोर बन्धनों, मनुष्य जीवन की क्रूरताओं, चालाकियों, दमन और प्रेम के उस वैश्विक फ़लक से इस मज़बूती से जोड़ देता है कि आप चकित रह जाते हैं। भूतपूर्व सारण ज़िले और वर्तमान के सीवान ज़िले के जातीय समीकरण और वर्चस्ववादी राजनीति का इक्कीसवीं सदीय संस्करण है 'अग्निलीक'। सीवान ज़िले में समरस से अनेक गाँव हैं, जहाँ बिहार के ज़िलों की साझी संस्कृति से इतर कुछ विशिष्ट पहचानें हैं—

मिट्टी की बनावट, लोगों की बुनावट और बोली-बानी! स्थानीय बानगियों से भरी परिभाषाएँ, जहाँ दुधही सिर्फ़ एक पोखर नहीं, अमृत का पर्याय है—

"इसका जल दूध के माफ़िक था और दुसाध टोला के लिए अमृत।"

"दुधही और टोटहा टोले में माई-बेटे का रिश्ता था।"

और सँपही की भी बात निराली थी। वह जलधार नहीं, भूगोल का टुकड़ा नहीं, प्रकृति की गवाक्ष थी और ग्रामीण जनजीवन की सहचर। वह ऋतुओं के आने और जाने के हिसाब से बनती और सँवरती। कभी ऐश्वर्य से भर फूलकर लहराती तो कभी सिकुड़कर दुबलाती।

"सिकुड़कर छिछली हो चुकी सँपही के मन्थर प्रवाह में अब इतनी ताक़त नहीं बची थी कि वह मुन्नी वी का दुख हर सके।"

गाँव के ये छोटे-छोटे जल स्त्रोत दरअसल घाघरा की परम्परा के पालक हैं। घाघरा नदी जो अपने आकार के वैभव से, कथा में विचरने वाले पात्रों के जीवन का बड़ा हिस्सा घेरती है। महत्त्वपूर्ण ढंग से उनके प्रेम और विरह की साक्षी बनती है—

> इधर रेवती ने मनोहर पर मुट्ठी भर अबीर फेंका और उधर अमरपुर में बहती घाघरा की जलसतह पर इन्द्रधनु उग आया। रँग गया था घाघरा का जल...इस इन्द्रधनु के एक छोर पर जसोदा थीं और दूसरे छोर पर लीला साह। दोनों इस इन्द्रधनु की प्रत्यंचा की डोर पकड़ घाघरा की धारा में तैर रहे थे...।

घाघरा के तट पर आलाप भरते लीला, पूरी पृथ्वी साँस रोककर सुनती। लीला साह का कंठ-स्वर सुन धूसर बलुही माटी के रंगमंच पर नाचती थीं घाघरा। लीला साह, जसोदा और रेवती-मनोहर, एक ही युग के तो नहीं लेकिन उनके प्रेम का यह जज़्बा, शिराओं से होता हुआ, वक़्त और पीढ़ियों के पार जा, नये किरदारों में निरूपित हो जाता है। प्रेम के ऐसे अभिभूत करने वाले प्रसंग उपन्यास में पीढ़ी-दर पीढ़ी घटते रहते हैं, नैसर्गिक कोमलता, सरलता और भरपूर पैशन के साथ। यह पीढ़ी-दर-पीढ़ी-चलने वाला निराला खेल प्रकृति से प्रारम्भ हो प्रकृति की गोद में समाता है। नदियाँ इस पूरी जीवन-यात्रा को प्रतीकात्मक ढंग से अपने अन्दर समा बहा ले जाती हैं, इस युग से उस युग तक। प्रेम और जीवनी-शक्ति सब नदियों के इर्द-गिर्द ही बसती है इन क्षेत्रों में। नदियों की भूमिका अभिभावक समान ही है।

इसी अद्भुत प्रकृति का पर्यावरण किन्ही भी सन्दर्भों में यहाँ के लोगों से विलग नहीं होता। यह लेखक का अनुमान नहीं, कोई काल्पनिक गठन का प्रयास भी नहीं, यह तो ऐसी असीम वास्तविकता है जिसे इस उपन्यास की मांस-मज्जा में घुला मिला होना ही था—इतना ठोस सच है यह। इतिहास गवाह है कि इन क्षेत्रों में ग्रामीणों का अपनी नदियों से प्रगाढ़ बन्धन बरसों-बरस से चला आया है। किंवदन्तियों की उर्वर

भूमि को हमेशा से पोसता भी आया है यह सम्बन्ध। इक्कीसवीं सदी में भी कमोबेश यह सम्बन्ध बरक़रार है, भले ही उसका रूप विपन्न और छीजा हुआ मालूम देता है आज। गाँव की प्रकृति तो अब पुरानी जैसी रही नहीं। गाँव बहुत बदल गया है। उसका आर्थिक और सामाजिक परिवेश भी ख़ासा परिवर्तित है आज। अब यहाँ ट्रैक्टर से खेती होती है। अब पुराने क़िस्म के हलवाहे नहीं रहते यहाँ, लेकिन मौसम अभी भी दगा दे जाता है और खेती उसकी मार सहती है। अभी भी यहाँ बाँस की गाछी है...करौंदे के फल हैं और क़िस्म-क़िस्म की मछलियाँ तैरती हैं जलधारों में—चल्ही, गैची और गरई, पंडुक पक्षी की तान अभी भी यहाँ सुनाई पड़ती है। यहाँ धान था तो अब ईख भी है यहाँ। और यदि अभी भी लँगटू ब्रह्म पीपल के पेड़ पर रहते हैं और खीर और गाँजे का चढ़ावा पसन्द करते हैं तो पाकड़ के पेड़ की बात और भी निराली है—तरह तरह के प्रेत रहते आए थे उस पर, जिनमें, जाति धर्म और लिंग का भेद नहीं था। अब भी रहते हैं शायद लोगों के मन और मन के क़िस्सों में। एक अस्फुट से स्वर की लिलही कोठी भी है इस क्षेत्र में, जो अंग्रेज़ों के फुटप्रिंट्स की कहानी इंगित करती है। अँग्रेज़ साहब जब था, तो उसके निहितार्थ भी थे यहाँ। लगान और शोषण की कथाएँ थीं। रॉबिन हुड की तर्ज़ पर स्थानीय कथानायक भी थे, जो डकैती की विद्या में पारंगत थे। उसका ऐसा बेजोड़ वर्णन है कहानी में कि पाठक का आश्चर्य से काठ हो जाना तय है। इतने बारीक अन्दाज़ में यह वर्णन है कि लगता है लेखक की आँखन-देखी घटना है क्या? स्मृति का कोई टुकड़ा जो ऐसे गहरे धँसा है कि उसकी मुक्ति लिखकर ही सम्भव थी।

अनगिन मसले जैसे होते हैं सभी के जीवन में, देवली गाँव—जीवन का मेटाफर भी है।

कहानी आगे बढ़ती है पूरे वेग से और शमशेर साँई की उपन्यास के प्रारम्भ हुई हत्या की गुत्थी सुलझाने से अधिक, उसके बहाने से राजनीतिक व्यवस्था और जातीय समीकरण पर खुलकर पसर जाती है। जाति व्यवस्था के परिप्रेक्ष्य में गँधाती, कुरूप राजनीति। आज की राजनीति।

क्षेत्र के राजपूतों और ब्राह्मणों की दुर्दशा हो चुकी है। राजनीति में अब कोई निर्णायक अस्तित्व बचा नहीं उनका और पूजा-पाठ करते ढोंढ़ाई बाबा अब सिर्फ़ एक पेटू ब्राह्मण की हैसियत रखते हैं जिनकी जातिगत कुटिलता को ग्रहण करने वाले यजमान भी कम बचे हैं। यहाँ अब यादवों, मुसलमानों और अन्य पिछड़ी जातियों के गठजोड़ से चुनाव लड़े जाते हैं। और इससे क्या इनकार कि जाति की नाल तो ऐसी गड़ी है इस देश के समाज में कि हिन्दू ही नहीं, विधर्मी मुसलमान भी जाति अनुसार ऊँच-नीच तय करता और मानता है। सय्यद और पठान के आगे अंसारी बेचारा तो हमेशा से ही निकृष्ट ठहरा और आज भी ठहराया जाता है। उपन्यास में इस क्षेत्र के बदलते जातीय समीकरण की सच्चाई को बहुत बेबाक़ी से दर्शाया गया है

और बाबासाहब के कहे की अनेक अर्थछवियों को यहाँ हम मौजूद पाते हैं। जात एक इरादा है जो पितृसत्ता और ब्राह्मणवादी सोच के घटक मिश्रण से पैदा होकर युगों से भारतीय समाज का स्थायी सच बना हुआ है।

बस कभी एक जात तो कभी दूसरी एक को कोहिनिया के वही करने लगती है, जिसको नष्ट करने का दावा करते हुए वह सत्ता पर क़ाबिज़ हुई थी।

मुखिया लीलाधर यादव का शमशेर साँई के साथ मिलकर गाँव की राजनीति में वर्षों तक बने रहना और फिर सरपंच अकरम अंसारी के शमशेर साँई को तोड़कर अपने पाले में कर लेने में ही कहीं शमशेर साँई की हत्या की गुत्थी उलझी हुई है क्या? उपन्यास इस सवाल के जवाब के लिए आपको पन्ने-दर-पन्ने उकसाता है। लगता है कि खोज की एक रोमांचक यात्रा पर आप बढ़ चलें हैं और अन्त तक पहुँचे बिना तो अब कोई निजात नहीं।

सबसे अच्छी बात है कि सारी राजनीतिक उठापटक के बीच स्त्रियाँ अपने पूरे वैभव के साथ बनी रहती हैं। उनका अभिमत अनेक तरह के उलटफेर भी करता है। वे निर्णायक भूमिकाओं में हैं और उनकी उपस्थिति को लेकर बहुत सी बातें की जा सकती हैं। वे उपन्यास के हर खंड में सशक्त किरदार निभाती हैं और प्रतिरोध की सिर्फ़ नज़ीर ही नहीं पेश करतीं बल्कि प्रेम की गाथा में अगुआ बन इतिहास गढ़ती हैं। चाहे वो जसोदा हो जो आज तो बुज़ुर्ग हैं—लेकिन जो हमेशा से ज़िद्दी रही है और युवावस्था के अपने प्रेमी लीला साह से प्रेम का इज़हार करने से गुरेज नहीं किया कभी। उसके प्रेम की परिणति लेकिन, प्रेम की अमर प्राप्ति में नहीं होती। जातीय संरचना यहाँ भी आड़े आती है। निराशा की बात तो है लेकिन अन्तिम बात नहीं।

इसके वर्षों बाद एक उत्साहजनक बात घटती है जो उसके अपूर्ण प्रेम को जिए जाने की ज़िद से उपजती है। उसकी ज़िद जिसके आगे सारे तर्क असफल हो जाते हैं, वही ज़िद उसके डी.एन.ए. से होती हुई उनकी पड़पोती में प्रवाहित होती है, अदम्य साहस बन। उसकी पड़पोती—रेवती उपन्यास में बीतने वाले नये ज़माने की अहम किरदार।

लेकिन इसी नये ज़माने में, रेवती से भी पहले ज़िक्र की हक़दार है अद्भुत रेशमा कलवारिन जिसकी उत्पत्ति, बनावट-बुनावट उसके सामाजिक मान-मर्दन को जन्म देने के लिए काफ़ी है। वह समाज की नज़रों में पूर्णरूपी तत्त्वमय भोग्या है, जिसे भोगने वाले उसकी जाति भूलकर उसे भोगते हैं—चाहे वे राजपूत हों या मुसलमान—सरपंच अकरम अंसारी। उपन्यास इस बात को मज़बूती से रेखांकित करता है कि स्त्री की मजबूरी या मनमर्ज़ी पर यदि ज़ोर-आज़माइश की जाए तो विस्फोट भी हो सकता है, जो प्रतिशोध से अधिक प्रतिरोध के सकारात्मक अस्मिता संघर्ष में तब्दील हो जाता है। स्त्री सशक्तीकरण की यह अघोषित बड़ी लड़ाई है,

जो छोटे क़स्बों और गाँवों में आवाज़ पा रही है। रेशमा कलवारिन के अन्दर जब धैर्य का तथाकथित मज़बूत धागा चटकता है तो वह न सिर्फ़ अकरम अंसारी को शारीरिक सबक सिखाती है—उसकी छाती पर चढ़कर, बल्कि स्त्री अस्मिता की अवधारणा के मूल फ़लसफ़े को भी ठीक से खोलकर बता देती है, "हरामी साला,... हमको रंडी बूझता है का रे?..जबर्दस्ती मेरे घर में घुसेगा?..साले, बिना मेरी मर्ज़ी के तू मेरी अँगुरी तक नहीं छू सकता..।" स्त्री निर्णायक भूमिका में है यहाँ और यह उसका मौलिक अधिकार है। रेशमा कलवारिन की मार्फ़त उपन्यास में सिस्टरहुड, यानी बहनापे की ख़ूबसूरत संरचना की गई है, जिसमें गुल बानो, मुन्नी बी, नाज़ बेगम, पतिया हजामिन, सब संगमिलात हो गाँव की युगों से चली आ रही सामाजिक और राजनीतिक परिदृश्य की संरचना ही पलट देती हैं।

और अब रेवती की बात जो ख़ुद मुखिया लीलाधर यादव के ताक़तवर खानदान की वारिस है, दलित मनोहर रजक से प्रेम कर बैठती है। रेवती की प्रेमकथा पुनः उस जातिगत बन्धन को चुनौती देने वाली कथा साबित होती है जो पीढ़ियों पहले जसोदा ने भी झेली थी। यह कैसी अभूतपूर्व त्रासदी है कि इस पेचीदा और चुनौतीपूर्ण जीवन में जब प्रेम को ही सभी बन्धों से पार जा पृथ्वी को सिंचित करना था तभी उसकी तरलता को नष्ट कर, उसे अन्य सुविधाभोगी और व्यापार-विनिमय के कारोबार में उलझाकर हम अपने जातिगत अहं को तुष्ट कर सफलता का विजयगान गाते हैं... जो न सिर्फ़ फ़र्ज़ी है बल्कि बेहद असन्तोष से भरा और फ़ानी भी। तो फिर क्या राजनीति ही जीवन है? ताक़त ही सब कुछ? और जिसे हम ब्राह्मणवादी व्यवस्था कहते हैं न, वही चोले बदलकर-बदलकर भारतीय समाज में अवतरित होती है और दीमक की तरह सभी सुन्दर बातों को चाटती चली जाती है क्या?

यह परले दर्जे की क्रूरता है! उपन्यास यह कहता नहीं, मैं उसमें से यही ग्रहण करती हूँ।

निष्ठुर होते जाते समय की कहानी है यह। हमारे समय और समाज की बर्बरताओं और विरोधाभास की भी कहानी है यह। हमारे ऐसे समाज की जो सामन्ती झूले में झूलते हुए पूँजीवाद की ज़मीन पर भी पैर टिकाए रखना चाहता है। जो विकास की बात करते-करते एक ऐसे गुज़रे रहस्य लोक में विचरने को अभिशप्त है जिसका अस्तित्व ही सन्दिग्ध है। विचारधारा की लड़ाई यदि कभी रही भी थी तो आज उसके बदले रूपों में अवसरवाद के हसीन मुखौटे हैं। हम सब अपनी पसन्द और सुविधानुसार उसमें से एक मोल लेकर अपने मुँह पर उसे मढ़े-मढ़े घूम सकते हैं। उपन्यास से गुज़रते हुए यह चोट हम सबको धीरे से लग ही जाती है।

लगभग 35-40 वर्षों के लेखन के बाद, हृषीकेश सुलभ अपना पहला उपन्यास शाया करते हैं और बिहार के बदलते हुए ज़िले सीवान को हमारे सामने ऐसे प्रस्तुत कर देते हैं जैसा आज वह है! यह कितनी सुन्दर बात है! यही उपन्यास की भी

सबसे सुन्दर बात है। उसका स्फूर्त, जीवन्त और वास्तविक होना। यथार्थवादी होना लेकिन शुष्कता से अपने को बचा ले जाना और दिलचस्प रवानगी की अद्भुत टेर पकड़ना। रही बात कला की, तो नाटक लिखने वाले बहुआयामी लेखक के पास भाषा की जादूगरी तो है ही, चित्रण का जादू भी लाजवाब है। कला की बानगियाँ इसमें कूट-कूटकर भरी हैं। उसका आस्वाद अप्रतिम है। लगता है हम सब देवली नामक गाँव के रंगमंच से मुख़ातिब हैं और साक्षात देख रहे हैं जीवन के अद्भुत ड्रामे को।

उपन्यास 'अग्निलीक' दरअसल नोस्टाल्जिया का प्रतिपक्ष रचता है और भारतीय गाँवों की अनेक संवेदनशील धारणाओं को ध्वस्त करता है। कथा-कहानी और स्मृति से घटते ग्रामीण जीवन के स्पेस को यह नये सिरे से खँगालता है जिसकी आज बहुत ज़रूरत है। हमारे समय को दर्ज करते इस उल्लेखनीय उपन्यास की इसी प्रासंगिकता में इसका लम्बा जीवन निहित है।

क़यामत से क़यामत तक जीवन

गीताश्री

वरिष्ठ साहित्यकार हृषीकेश सुलभ जी का पहला उपन्यास 'अग्निलीक' (राजकमल प्रकाशन) एक बार में, एक साँस में पढ़ी जाने वाली किताब नहीं है। अनेक साँसों का तूफ़ान है इसमें। पात्रों का घना जंगल, जीवन का ताप और एक लम्बा कालखंड। एक से मिलते हैं कि दूसरा खड़ा हो जाता है। साथ चलने लगता है, आपको तर कर देता है।

एक बार सुलभ जी से पूछा था—"आपके उपन्यास की थीम क्या है?"

उनका जवाब था—"पूरा जीवन है।"

सच ही तो कहा था—"जीवन से बड़ी थीम क्या है? हम उसके टुकड़ों को चुनकर पहाड़ खड़ा करते हैं। उन्होंने पूरा जीवन चुन लिया।"

एक है जसोदा, एक हैं लीला साह। दोनों के अमिट प्रेम की छाया में चलती है जीवन की करुण महागाथा। उपन्यास की कथा शुरू होती है इसके पात्रों के जन्म के साथ। देश को आज़ादी मिलने वाली है, घोषणा हो चुकी है, इसके साये में देश अपने को तैयार कर रहा है। इसी समय कथा के पात्र जन्म लेते हैं, कथा वहीं से उनके साथ चली आती है मोबाइल युग तक। जीवन कितनी दूर तक लीला करता है। लीला नाम के दो पात्र हैं और दोनों कथा को जीवन देते हैं। यूँ तो कथा में पच्चीस से ज़्यादा पात्र हैं, मगर इन दोनों लीला (पात्रों) के बिना कहाँ रस। एक लीला प्रेम को अधखाए अमरूद की तरह छोड़कर हमेशा के लिए लोप हो जाता है, जैसे कोई सुग्गा। उसकी प्रेमिका जसोदा पर लेखक का दिल आ जाता है। कुछ बेढंगे आलोचकों को यह बात चुभ गई है। यहाँ वे लेखक को अलग रहने की सलाह देते हैं। लेकिन यह आरोपण नहीं, जसोदा का रुप वर्णन पढ़कर आप अवाक रह जाएँगे। बिना मोहित हुए भला कैसे लिखा जा सकता है ऐसे? जसोदा के बारे में वे लिखते हैं—

> घाघरा के कज्जल जल-सी चमकती हुई जसोदा की गोरी देह को अपनी जामुनी भुजाओं में बाँधे अकलू अपलक निहार रहे थे उसका मुख। ...और उत्फुल्ल चन्द्रमा निहार रहे थे जसोदा को कसने वाली अकलू की बाँहों में

> उभरी मछलियों को,...पीठ पर उग आई पतली नदी-सी रेख को...काँधों पर उभरे पहाड़ों के शिखर को। जब कभी अकलू की विशाल छाती के नीचे दबकर मसले जाते हुए अमृतकलश पल-छिन के लिए झलकते, चन्द्रमा की आँखें चौंधिया जातीं। ...जसोदा की गोरी जंघाओं और पिंडलियों से टकराकर परावर्तित होती चाँदनी की आभा से दीपित हो रहा था आकाश। ...जसोदा के सघन काले बालों के विस्तार में खो जाने के भय से चन्द्रमा बार-बार उसकी नाक की लौंग पर आकर बैठ जाते थे।

यहाँ पर आकर पाठक ठिठक सकते हैं। आलोचक सवाल उठा सकते हैं। सहृदय यहाँ रचना का अप्रतिम सौन्दर्य पा सकते हैं। यह पूरा पैरा सिर्फ़ पढ़ने की ज़रूरत नहीं, इसे देखने की ज़रूरत है किसी ऐंद्रिक पेंटिंग की तरह। रचना को देखने की आँख भी पेंटिंग को देखने वाली आँख की तरह होनी चाहिए, जो रचना को सुने भी और देखे भी। जैसे पेंटिंग देखी और सुनी जाती है। एक कैनवॅस है जिस पर एक स्त्री का सौन्दर्य समूची सृष्टि को चुनौती देता महसूस होता है। अभिसार के क्षणों में स्त्री का सौन्दर्य उसे अद्वितीय बना देता है। इन क्षणों में श्रृंगार हावी होगा ही। लेखक से बचकर निकलने की उम्मीद क्यों? इतना नैतिकता का आग्रह क्यों? लेखक अपनी रचना में इससे एक अनूठा सम्बन्ध स्थापित करता है, वह तटस्थ नहीं रह सकता। उससे तटस्थता की उम्मीद, गैरज़रूरी है। जसोदा के रूप वर्णन में रचनाकार की उपस्थिति दिखाई देती है, इसीलिए यहाँ कृत्रिमता नहीं है। लेखक जब अपनी रचना से भावनात्मक सम्बन्ध स्थापित करता है तो उसके पास अनोखी, मौलिक सौन्दर्य-दृष्टि होती है जो उसके वर्णन को कृत्रिमता से बचाती है। जैसे रीतिकाल का पाठ करने के लिए अलग नज़रिये और अभ्यास की ज़रूरत की बात सुधीश पचौरी करते हैं, ठीक वैसे ही अभ्यास की ज़रूरत है सुलभ जी के इस पैरा के पाठ के लिए है। स्त्री का सौन्दर्य हो या प्रकृति का सौन्दर्य, यह जीवन स्थिति है, हम उससे भाग नहीं सकते। रचना में सौन्दर्य वर्णन एक स्वायत्त सत्ता होती है। इस पर रूपवाद (फ़ार्मलिज़्म) का आरोप लगाकर इसे कटहरे में खड़ा नहीं कर सकते।

और यही इस रचना का मूल केन्द्र नहीं है कि आलोचना वहीं आकर ठिठक जाए। कहानी बहुत दूर तक जाती है। रचना के मूल्यांकन के समय लेखक की दृष्टि और मंशा को समझे बिना सही मूल्यांकन नहीं किया जा सकता, जैसे इस उपन्यास के लेखक का इस संसार से जो रिश्ता बनता है वो कैसा है; वो चीज़ों को, मनुष्यों को किस तरह देखते हैं, सब के साथ कैसा रिश्ता जोड़ते हैं आदि। सुलभ जी के समूचे रचना संसार में कुछ ध्वनिया एक-सी मिलेंगी। स्त्री और नदी से उनका गहरा तादात्म्य है। एक संवेदनशील लेखक का रिश्ता भी संवेदनशील उपादानों से बनता है।

पहले नदी की बात, फिर उनके स्त्री पात्रों की बात करेंगे।

लेखक का नदियों से अटूट रिश्ता है। उनकी कई कहानियों में नदियों का पानी है। उसका आवेग है। पढ़ते हुए आप बहते जाते हैं। नदी की उपस्थिति तरल बनाती है और विराट भी। इस विराट का चरम देखना है, अलौकिकता देखनी है तो देखिए इस उपन्यास में। जहाँ स्त्री और नदी एक-सी हो जाती हैं। नदी वैसे भी स्त्री का रूपक मानी जाती है। इस बार घाघरा नदी पर फ़िदा हो जाएँगे। यह अलग बात है कि घाघरा अब सरयू कहलाएगी। नाम बदल गया। नाम बदलने से चरित्र नहीं बदलता। घाघरा तो वैसी ही रहेगी।

एक अंश पढ़िए—

> उद्दाम यौवन के वेग से बहुगुणित होता घाघरा का सौन्दर्य। नये समागम को आकुल, उल्लसित और भव्य जीवन की अकूत शक्ति से अपनी बाँहों में बाँधकर कठोर और विशाल चट्टानों का मान-मर्दन कर उन्हें चूर-चूर करती हुई घाघरा बहती जातीं।
>
> अपनी तीक्ष्ण लहरों की चितवन से अपने ऊपर मँडराते मेघों को भेदतीं और बरसने के लिए विवश करतीं। अपने प्रेमी चूरे पर्वत के हृदय में वाण की तरह धँसतीं...उसे चीरकर जल उड़ेलतीं, वनचरों और वनस्पतियों को जीवन सौंपती हुई आगे बढ़तीं। हरीतिमा से आच्छादित तराई में प्रवेश करते ही घाघरा अपनी मृणाल बाँहें फैलातीं और गिरवा-धार को जनमतीं। अपनी दोनों बाँहों में तराई को बाँध प्रणय-लीला रचतीं और काम-कुपित इन्द्र के मेघ-प्रहारों से उपजी विद्युत-द्युति को अपने अन्तरंग में धारण करती हुई भारत में प्रवेश करतीं।

और उपन्यास के प्रोटागोनिस्ट लीला साह उसके तट पर जब आलाप भरते तो पूरी पृथ्वी साँस रोककर सुनती। घाघरा नाचती थी उनकी धुन पर। नदी और पुरुष का ऐसा अद्भुत मेल कहीं और न देखा-पढ़ा। नदी नहीं, स्त्री है जो अपने अभीष्ट, काम्य पुरुष तक पहुँचने की ऐसी दुर्गम यात्रा करती है। या यह कोई आत्मा है जो परम ब्रह्म में मिलने के लिए आकुल यात्रा करती है। जब लेखक नदियों की चर्चा करते हैं तब किसी भूगर्भ शास्त्री की तरह नज़र आते हैं। नदी के उद्गम से लेकर उसके मिलन तक का रूट और इतिहास उन्हें पता है। वे स्त्री के इतिहास को नदी से जोड़कर अमूर्त ढंग से ये सब जता देते हैं।

पाँच पीढ़ियों तक चलने वाली इस कथा में नदी अद्भुत सौन्दर्य के साथ अवतरित होती है। जब पहली पीढ़ी यानी जसोदा की गोद में उसकी पोती सोई है तब का वर्णन देखिए—

> कोई कूल-किनारा नहीं। केवल धारा थी, जिसके भाग्य में था छूट जाना और धीरे-धीरे सूखते जाना और प्रतीक्षा करना आषाढ़ के मेघों की।

जब नदी की बात हो तो भीतर तक भीगती हूँ, जब अँधेरों की बात हो तो रात कटती नहीं। ऐसी ही एक रात का वर्णन पढ़िए—

> धरती निरन्तर अन्तरिक्ष में घूम रही थी पर रात बिलम्बित गति से सरक रही थी। मारुबिहाग के आलाप के आरोह के साथ ऊपर उठती रात और अवरोह के साथ नीचे सम पर आकर थम जाती। रात के संगीत को यति देती हुई हवा शान्त थी। रात के संगीत को और उदास...और बोझिल बनाता हुआ कुहरा गहन से गहनतर होता जा रहा था। बन्दियों की तरह दम साधे पंछी वृक्ष के कोटरों में...घोंसलों में पड़े थे...

यहाँ प्रकृति का सौन्दर्य है। वही आँख जो स्त्री सौन्दर्य को देखती है उसी से प्रकृति को रचती है। निर्मल वर्मा ने इसे ही कलात्मक सौन्दर्य कहा है। वे कहते हैं—सुन्दर वही है जो पूरी तीव्र अनुभवशीलता के साथ व्यक्त हो। जसोदा का सौन्दर्य वर्णन हो या प्रकृति का...दोनों में लेखक का कलात्मक कौशल दिखाई देता है। यही कौशल इसे प्रामाणिक बना देता है।

'अग्निलीक' में एक गाँव है, अपनी संरचना में जटिल। पूरा गाँव पात्र है इस उपन्यास में। सभी समुदाय के लोग हैं। सभी वर्ग, धर्म के लोग। यह एक गाँव की कहानी नहीं, एक देश की कहानी है। सबका जीवन है, उनके संघर्ष हैं, सुख-दुख हैं। कोई एक नायक नहीं। गाँव ही है मुख्य पात्र, धुरी। उसके गिर्द चक्कर लगाते हैं पात्र। कुछ पुरुष हैं, कुछ स्त्रियाँ हैं। बेहद स्वाभाविक। कोई 'लार्जर दैन लाइफ़' नहीं। सब अपनी परिस्थितियों के मारे हैं।

फिर दूसरा है—कालखंड। समय अपने पूरे मिज़ाज के साथ दर्ज हुआ है। चाहे स्वतंत्रता पूर्व का समय हो या मोबाइल युग का। समय की शिनाख़्त आसानी से कर सकते हैं। ये समय बनते हुए देश का है, उसकी तसवीर है। उसके लोग हैं जो बीसवीं सदी में प्रवेश कर रहे हैं। समाज और देश दोनों बदल रहे थे। दुनिया करवट ले रही थी। स्वतंत्रता संग्राम और सौ साल पुरानी ग़दर की स्मृतियाँ ताज़ा थीं। ज़मीन के टुकड़े बँट रहे थे किसानों और ज़मींदारों में। आपसी सम्बन्ध भी बदल रहे थे।

जसोदा और लीला साह का प्रेम अधूरा रह जाता है। जसोदा उस दौर की स्त्री का प्रतीक है—जिस खूँटे से बाँध दो, बँध जाती है। उपन्यास के अन्त तक आते आते स्त्रियाँ सशक्त होती चली जाती हैं और अपनी शर्तों पर जीवन और सम्बन्ध चुनती हैं। जसोदा फिर भी मन में बस जाती है। आसानी से न भुलाई जाएगी। इसके सौन्दर्य में डूब जाएँगे—जिसके सौन्दर्य से चन्द्रमा की आँखें चौंधिया जाएँ,

जिसके काले सघन बालों में खो जाने के भय से चन्द्रमा बार-बार उसकी नाक की लौंग पर आकर बैठ जाते थे, जिसकी देह घाघरा के कज्जल जल-सी चमकती थी।

'लौंग का लश्कारा' याद आया? हाल-फिलहाल कहाँ पढ़ा ऐसा वर्णन, याद नहीं।

जसोदा के मोहपाश से छिटककर कहानी लम्बी यात्रा करती हुई रेशमा कलवारिन तक पहुँचती है। वहाँ तक आते-आते उपन्यास का पूरा विमर्श बदल जाता है। समय बदल जाता है। स्त्रियाँ मुखर हो चुकी हैं। वे बदनाम होते हुए भी मोर्चे पर डटी रहती हैं। जगनिन्दा की परवाह किये बिना बाहर निकलती हैं और मनपसन्द साथी का साथ चुन लेती हैं। अपनी मानसिक और दैहिक कामनाओं को पहचानती हैं। निडर हैं, स्पष्ट हैं। वे अपने समय को पहचान लेने वाली औरतें हैं। उन्हें राजनीतिक ताक़तों का एहसास है। वे उस ओर जाना चाहती हैं। वे यह भी जानती हैं कि बहनापा क्या चीज़ होती है। एक स्त्री, दूसरी स्त्री के साथ जब तक खड़ी नहीं होगी, यह जंग नहीं जीती जा सकती। जीवन जंग ही तो है। हम सब योद्धा। जीना और लड़ना एक बराबर। बिना लड़े कौन जी सका है, कौन बच सका है। इस उपन्यास की औरतें समझती हैं। रो-रोकर दिन नहीं काटतीं। एक्शन लेती हैं। तभी रेशमा कलवारिन, गुल बानो के साथ उम्मीद और भरोसे की तरह खड़ी हो जाती है। रेशमा और गुल बानों के बीच बहनापा और दुख के साझेपन की कथा उभरती है। वे एक-दूसरे की दुश्मन न बनकर, दुख की साझीदार बनती हैं। एक प्रसंग है—

> दुख, दुख को टेर रहा था।
>
> उस दिन रेशमा कलवारिन के सामने बिना कुछ कहे-सुने बिलख-बिलख कर रोती रही थी गुल बानो। आँसुओं से तरबतर उसके ताँबई चेहरे को रेशमा ने अपनी छाती से सटा लिया था और उसके उलझे केशों को बिना कुछ बोले सहलाती रही थी। दोनों के बीच नि:शब्द संवाद चल रहा था। बिना कुछ कहे दोनों एक-दूसरे से बहुत कुछ कहती-सुनती रहीं। बहुत देर तक रेशमा की छाती से लगी रही गुल बानो। धीर-धीरे उसकी हिचकियाँ थमीं। गुल बानो को लग रहा था मानों वह ठहरे हुए पानी के गहरे डुबाव से उबर कर बाहर निकली हो अभी-अभी।
>
> रेशमा ने पानी लाकर दिया था उसे। ...रेशमा ने जो लाकर दिया था पीने के लिए वह केवल जल नहीं था, भरोसा था। अपनापे का भरोसा। गुल बानो के असह दुखों के चौबीसों घंटे हरियाए रहने वाले घावों को शीतल करता यह अपनापे का जल उसकी आत्मा को तर कर गया था।

यही है असली विमर्श। यही है असली लक्ष्य। लेखक बहनापे के असली सूत्र को पकड़ते हैं। उन्हें एक-दूसरे के मुकाबले खड़ा नहीं करते। लेखक जीवन में जिनका

बहुत आदर करते हैं, उनकी रचना में भी वो आदर भाव दिखाई देता है। आगे हम इसे और स्पष्ट करेंगे।

मैंने शुरू में ही कहा था कि इस उपन्यास का फ़लक बहुत विराट है। किसी देश के बनने-बिगड़ने की कथा है। उसके नागरिक हैं जो बनते हुए देश और समाज के साथ तालमेल बिठाने में लगे हैं। आज़ादी नियामत है, उससे ज़्यादा महत्त्वपूर्ण उसे सँभाल ले जाना है।

उपन्यास की शुरुआत हत्या से होती है और अन्त भी हत्या से। इसके बीच तैरती ज़िन्दगियाँ हैं। यह उपन्यास एक हत्यारे समय में हमारे बीच आया है। उपन्यास किसी अपराध कथा की तरह शुरू होता है मगर कथा कहीं और चली जाती है। हत्यारे की खोज में नहीं लगती। पाठक सजग होगा तो कथा में हत्यारे का सुराग़ पा लेगा। अन्यथा वह हत्यारे की खोज में भटकता रहेगा। रचना, पाठकों को भी काम पर लगाती है।

मन में संशय था कि सुलभ जी का पहला उपन्यास हत्या से कैसे शुरू हो सकता है, एक अशुभ शुरुआत-सी लगी। जैसे 'कामायनी' में जल-प्रलय से शुरुआत है। उसके बाद समूचा जीवन खुलता है। हत्या सांकेतिक भी हो सकती है, समय को दर्शाने के लिए। एक बड़ा मेटाफर भी। एक हत्या समूचे कालखंड का चरित्र खोलकर धर देती है। आज़ादी के उत्तरार्द्ध की कथा है, जहाँ पात्रों की बहुलता है। उनकी समस्याएँ भी अनेक और सघन हैं। घात-प्रतिघात है। चालें हैं, स्वार्थ हैं, सत्ताएँ हैं, राजनीति है। टूटते-बिखरते सम्बन्ध हैं। कई पीढ़ियों की कहानी है। जसोदा से लेकर उसकी परपोती रेवती तक कथा चलती है। पीढ़ियाँ बदलती हैं तो समय बदलता है। देश बदलता है। इस बदलाव को पीढ़ियों के माध्यम से चीन्हना बड़ा काम है। पात्रों के सघन वन में सबके साथ न्याय करना, सबकी उँगली पकड़कर उसकी नियति तक साथ लेकर चलना आसान काम नहीं है। 'अग्निलीक' के बहुपरतीय कथानक में हर परत में आग है, आग की लीक है। उस पर चलता है एक देश। समूचा जीवन। जीवन के परिवर्तन की अन्तर्कथा है। यह उपन्यास नहीं, एक देश है। घनी आबादी वाला देश। हर पन्ने में साँसें सुनाई देती हैं। उजबुजा जाती हूँ...बाहर निकलती हूँ कि कोई पात्र उँगली पकड़कर डुबकी लगा देता है।

फणीश्वरनाथ रेणु के पास कोसी नदी है तो सुलभ जी के पास घाघरा और गंडक। यहाँ भी यादगार स्त्री पात्र हैं जो स्मृतियों में सदा ठहरी रहेंगी। जसोदा, रेशमा, गुल बानो, मुन्नी बी, रामझरी, नबीहा, कुन्ती...ये सब स्मृतियों से वैसे ही झाँकेंगी जैसे रेणु की स्त्रियाँ।

बतौर पाठक कहती हूँ—रसिया लीला साह की तरह ही यह उपन्यास भी 'अजगुत' है।

अपनी ही राख से पुनर्सृजित होने का स्वप्न

प्रज्ञा

प्रेम शब्द जितना सुखद और रूप, रस, गन्ध, श्रवण, स्पर्श से भरा हुआ है उतना ही वह मनुष्य के भीतर मनुष्यता को बचाए रखने का सम्भवत: अन्तिम कोना भी होता है। पर प्रेम का इतिहास इस बात की गवाही नहीं देता। मानव मन का सबसे कोमलतम भाव मानव समाज के सबसे क्रूर प्रहारों का केन्द्र बनता है। हत्याएँ, आत्महत्याएँ और जघन्यतम अपराध की वेदी पर प्रेम को अनेक बार जलते, नष्ट होते फिर अपनी ही राख से एक नये रूप में उठ खड़े होते भी देखा गया है—फ़ीनिक्स की तरह। जो जलता तो है पर नष्ट नहीं होता। जो बुझता तो है पर सुलगता रहता है। जो नफ़रत की कठोर चट्टानों के बीच अंकुर की तरह फूटता है और समाज की बर्बर मनुष्य विरोधी सत्ताओं को चुनौती देता बार-बार खड़ा होता है—कभी यहाँ, कभी वहाँ, कभी इस अंचल में, कभी उस अंचल में, कभी उस युग में, कभी इस युग में, कभी इस देश में तो कभी उस देश में। कई बार लगता है कि प्रेम करने वालों की मिट्टी कुछ और ही होती है। ये माटी कबीर की 'सीस उतारे भुईं धरे' वाले रूप और बोधा के 'यह प्रेम को पन्थ कराल महा/तरवारि की धार पै धावनो है'—शब्दों की रंगत जैसी है। इस रंग-रूप वाले जैसे आग की नदी में गोते खाते हैं और मुस्कराते हैं। पार उतरते हैं या डूब जाते हैं। उनके जलने से आग की नदी और अधिक पवित्र, और अधिक मानवीय, और अधिक चमकीली होती चलती है। उसकी चमक से और-और प्रेम करने वाले उसकी ओर बढ़े चले आते हैं। वरिष्ठ नाटककार-कथाकार हृषीकेश सुलभ का पहला उपन्यास 'अग्निलीक' प्रेम के पक्ष और स्त्री जीवन की अन्तर्लय को उसके सामाजिक-सांस्कृतिक-राजनीतिक-आर्थिक स्तर पर ठोस रूप में पकड़ता है।

प्रेम की इसी चमक और आकर्षण के कारण उपन्यास में जसोदा और उसकी चौथी पीढ़ी की रेवती कब समय के अन्तराल को पारकर एक-दूसरे में घुलमिल जाती हैं, पता ही नहीं चलता। जसोदा जैसे रेवती हो जाती है पर रेवती को जसोदा से भी अधिक क्रूरताओं का सामना करना पड़ता है। समय की भूमि पर भौतिक

विकास की रेखाएँ अवश्य दृढ़ होती हैं। शक्ति, सम्पन्नता, ऐश्वर्य, वर्चस्व सभी जसोदा की स्थितियों से आगे बढ़कर रेवती की पीढ़ी देखती है, पर स्त्री जीवन में प्रेम की सहज लीक बना पाना, उसे समग्रता में जीना चौथी पीढ़ी में भी असम्भव जान पड़ता है। सवाल उठता है कि आज़ादी के कुछ समय पहले के वर्षों और इक्कीसवीं सदी के सोलह वर्ष बीतने के बाद भी जातिगत पूर्वग्रह, धार्मिक जड़ताएँ, स्त्री की पराधीनता न सिर्फ़ पूर्ववत बनी हुई है बल्कि उसकी स्थितियाँ और अधिक जटिल क्योंकर हुई हैं? स्त्री के लिए शिक्षा के रास्ते भले ही सुगम और कुछ लचीले हुए हैं पर ख़ुदमुख़्तारी के रास्ते आज भी कंटकित हैं। इसलिए उपन्यास स्त्री के सन्दर्भ में एक ऐतिहासिक जड़ता और स्त्री पराधीनता की लीक को भी सामने लाता है।

बिहार के अंचल को सुलभ अपनी कहानियों-नाटकों में गहराई से सामने लाते रहे हैं। वास्तव में रचनाकार अपने परिवेश से ही यथार्थ का लोक चुनता और रचता है। हृषीकेश सुलभ का बहुचर्चित नाटक 'अमली' हो या फिर उनकी कहानी 'अगिन जो लागी नीर में'—उनके पाठकों को 'अग्निलीक' पढ़ते हुए दोनों का स्मरण हो आना सहज स्वाभाविक है। एक तरफ़ सामन्ती व्यवस्था में पिसती अमली की दारुण कहानी है तो दूसरी ओर सामन्ती-पूँजीवादी दुष्चक्र में सताई जा रही माधुरी देवी हैं। एक परिस्थितियों की शिकार है तो दूसरी परिस्थितियों से लोहा लेती हुई उस नारकीय तंत्र को अपने साहस से भेदती है। उसका निजी प्रतिशोध सामने आता है। 'अगिन जो लागी नीर में' कहानी के कई अंश हमें 'अग्निलीक' में भिन्न सन्दर्भों में मिलते हैं पर सवाल उठता है कि 'अग्निलीक' की रेवती क्या माधुरी देवी बन पाएगी? इस सवाल के जवाब तीन धरातलों पर खोजे जा सकते हैं—रेवती के शिक्षित संस्कार, उसके शिक्षित और विवेकवान दलित प्रेमी मनोहर रजक की रेवती के भाई सुजीत सिंह द्वारा हत्या और रेवती का मुखिया पद के लिए चुनाव लड़ना। एक तरफ़ रेवती अपनी आजी (दादा की माँ) जसोदा की अपेक्षा मुक्त हो रही है। उसे अपनी आजी की वजह से शिक्षा और इच्छानुसार विवाह करने का अधिकार मिलता है, पर स्त्री के लिए समाज की अमरबेलें अधिकारों का अन्तिम सिरा अपने हाथों में कसकर थामे रखती हैं। इसलिए शिक्षित संस्कार और सत्ता के गलियारे में क़दम रखती रेवती भी पराधीन ही है। इच्छा न होने पर भी चुनाव लड़ने का मौक़ा उसे सहज नहीं मिला है। मुखिया और सरपंच पद महिलाओं के लिए आरक्षित कर दिये जाने के एवज में यह चुनाव उसके जीवन में जबरन उतारा जाता है। उसके दादा और फ़ूफ़ा पूरी योजना बनाकर उसे चुनाव के लिए राज़ी करते हैं। दादा लीलाधर की पहली पसन्द रेवती क़तई नहीं है। वह अपने पोते सुजीत सिंह की राजनीतिक परिवार से सम्बद्ध सुशिक्षित मंगेतर को जल्दी वैवाहिक बन्धन में बाँधकर परिवार की बहू को चुनाव में उतारना चाहते थे। इस राह में आड़े आता है सुजीत सिंह का स्त्री-विरोधी और सत्तालोलुप चरित्र जो विवाह के बाद पत्नी के

नाम पर मुखियागीरी करने लगेगा और यह बात तार्किक पत्नी को रास नहीं आएगी। लीलाधर के बहनोई ही इस समस्या के समाधान के लिए रेवती का नाम सुझाते हैं और रेवती को बड़ी चालाकी से भविष्य के स्वप्न दिखाकर चुनाव लड़ने के लिए राज़ी किया जाता है—

> बबुनी, अपने हिसाब से जीने के लिए यह ज़रूरी है कि ताक़त अपने हाथ में हो...ताक़त और सत्ता तुम्हारे द्वार पर खड़ी है। ठुकराओ मत इसे। हमारी बात के पेट में छिपी बात को समझो। अभी तो तुम्हें बहुत लड़ना है। (पृ. 241)

उपन्यास का अन्त एक तरह से स्त्री के जीवन में शिक्षा, प्रेम और सत्ता जैसी स्वाधीनताओं को थोथा और खोखला सिद्ध करता है। सब कुछ रेत होने की स्थिति में रेवती सोचती है—

> रेवती जब आजी का चेहरा याद करती थी, उसे इन्हीं लकीरों में नदियों की जलधाराएँ दिखती थीं। आज इन लकीरों में मटमैली रेत भरी थी। रेवती ने अँधेरे में हाथ बढ़ाकर अपनी आजी जसोदा देवी का चेहरा अपनी हथेलियों में भर लिया। एक विलाप-स्वर फूटा, जो अग्नि-लीक की तरह धरती से आसमान की ओर ऊपर उठता गया। (पृ. 255)

उपन्यास के इस त्रासद अन्त पर रेवती भिन्न परिस्थितियों में भी अमली प्रतीत होती है और 'अगिन जो लागी नीर' में की माधुरी देवी की अपेक्षा उसकी प्रगतिशील छवि की तुलना में कमतर महसूस होती है। समान परिवेश में जूझ रही रेवती और माधुरी का संघर्ष तुलनात्मक आधार पर माधुरी की साहसिक छवि रचता है जो युवा पीढ़ी की अपनी बेटी सुवन्ती स्नेहा से अधिक प्रगतिशील और अस्तित्व के प्रति अधिक जागरूक होकर पाठक के मन पर अंकित हो जाती है। सवाल उठता है क्या रेवती स्त्री दमन की इस जड़ लीक को तोड़ पाएगी?

'अग्निलीक' उपन्यास क़िस्सागोई के अनेक रंगों को सामने लाता है। इसकी पठनीयता पाठक को चकित कर देती है। कथाएँ, उपकथाएँ, इतिहास, वर्तमान सब घुले-मिले रूप में संग चलते हैं। भूगोल, इतिहास और किरदारों के जीवन की डिटेलिंग बहुत महीन है। मुखिया लीलाधर, सरपंच अकरम अंसारी, उसका दाहिना हाथ शमशेर साँई, अठारह सौ सत्तावन का संघर्ष, सीवान के डिस्ट्रिक्ट मजिस्ट्रेट लिंच, अफ़ीम की खेती, अफ़ीम एजेंट डोनियल, हरिजन टोला, टोटहा टोला, दुसाध टोला, जसोदा, कुसुमी देवी, रेशमा कलवारिन, कुन्ती, नाज़ बेगम, मुन्नी बी, गुल बानो, मनोहर रजक, अनिल माँझी, अच्छेलाल, अकलू यादव, पिंटू सिंह, नौशेर साँई, गरभू पाँड़े और ढोंढ़ाई बाबा आदि अनेक किरदारों से यह उपन्यास सज़ा है।

जीवित के साथ मृत और किंवदन्ती बन गए लँगटू ब्रह्म, मुस्लिम पीर की रोचक कथाएँ, उनमें सद्भाव और उनसे जुड़े लोकविश्वासों की कथाएँ भी पूरी तौर पर उपन्यास में दर्ज हैं। डकैती, अपराध, हत्या की कहानियों के साथ, पुलिस तंत्र की अराजकताएँ, राजनीतिक षड्यंत्र, बाढ़ के प्रकोप, फसल की तबाही, शराब-गाँजा-स्त्री विलास, दलित-सवर्ण संघर्ष, पारिवारिक कलह, दबंगई की कथाएँ भी उपन्यास में गुँथी हुई हैं। शिवपूजन सहाय के 'देहाती दुनिया', फणीश्वरनाथ रेणु के 'मैला आँचल' जैसे आंचलिक उपन्यासों की कड़ी में 'अग्निलीक' एक महत्त्वपूर्ण उपन्यास है। आंचलिक उपन्यासों के ताने-बाने में राजनीति की केन्द्रीय भूमिका, अंचल विशेष के विविधवर्णी रंगों की छटा, जातिगत-सामाजिक-आर्थिक सम्बन्धों की जटिलताएँ 'अग्निलीक' में बहुत प्रबल रूप में सामने आई हैं। सिद्धहस्त रचनाकार सुलभ ने जहाँ एक ओर रोचकता और जिज्ञासा को थमने नहीं दिया है वहाँ उनके कुशल नाटककार ने कथा में दृश्यों का सजीव अंकन और नाटकीयता का क्रम भी भंग नहीं होने दिया है। अपने आरम्भ से ही यह उपन्यास घाघरा और गंडक नदी के आसपास बसे गाँवों—मनरौली, देवली, सीवान, हसनपुर, अमरपुर आदि का नज़दीकी जायज़ा लेता चलता है और पटना शहर की यात्रा भी कराता है। सीवान की धरती पर जातिगत आधार पर बने-बसे टोलों के विश्वास, समय की माँग के अनुसार अन्य टोलों से बने राजनीतिक समीकरणों के चलते यहाँ नायक यह अंचल ही है। उपन्यास के अनेकानेक पात्र अपनी विशिष्ट कथाओं के बावजूद इस अंचल विशेष में सहनायक की तरह सामने आते हैं।

उपन्यासकार इस अंचल की कहानी को अपराध कथा से आरम्भ करता है। मनरौली के निवासी शमशेर साँई की क्रूरतम हत्या से पूरा इलाक़ा स्तब्ध है। जिस व्यक्ति पर सत्ता का हाथ हो जन्माष्टमी के दिन उसकी ऐसी बर्बर मृत्यु कई सवाल उठाती है। क़ानूनी कार्यवाही लगातार चलती है पर उपन्यास के अन्त तक इस हत्या की गुत्थी सुलझती नहीं। मुखिया लीलाधर और सरपंच अकरम अंसारी से पुलिसिया पूछताछ होती है और बाद में अकरम अंसारी को जेल होती है। यह ज़रूर है मृत शमशेर साँई की विधवा गुल बानो, उसके पिता साहेब साँई उसके अपाहिज और शातिर भाई नौशेर साँई की कहानी आगे बढ़ती है। यह कहानी अपने वितान में स्त्री केन्द्रित कहानी बनती चली जाती है। यह इस उपन्यास की ख़ूबसूरती है। बुज़ुर्ग ससुर, अपाहिज-अविवाहित-कुंठित देवर के साथ कठिन जीवन जीती गुल बानो की संघर्ष कथा सामने आती है। प्रेम करने वाले पति की मौत के बाद शून्य से शुरुआत करने वाली गुल बानो अपने टूटे-बिखरे परिवार को अथक प्रयासों से सँवारती है। दूध से आजीविका का इन्तज़ाम करती गुल बानो एक ओर शराबी-कबाबी सरपंच अकरम अंसारी की सताई गई रेशमा कलवारिन से जुड़ती है तो दूसरी ओर उसकी रखैल और पीड़िता मुन्नी बी से। मुन्नी बी का निकाह अपने देवर से करवाकर

उससे पारिवारिक स्तर पर जुड़कर गुल बानो, मुन्नी बी के आजीवन निस्सन्तान रहने के सत्य को जानकर बिना विचलित हुए एक-दूजे के आजीवन संगी-साथी होने की ठोस बात तरल मन से कहती है। परिस्थितियों के संयोग से तीनों स्त्रियों का अपनत्व इस उपन्यास में बहनापे की सुदृढ़ लीक रचता है जो जसोदा-रेवती के प्रेम की लीक की तुलना में बहुत मज़बूत और सकारात्मक है। दुख और पीड़ा से उबरी ये तीनों स्त्रियाँ अपने जीवन-समाज को नया आकार देती हैं। अपनी राख से ख़ुद को संघर्ष की भूमि पर पुनर्सृजित करने की कला इनकी अदम्य जिजीविषा और साहस का ही परिणाम है। गुल बानो के अपने प्रति समर्पित पति की हत्या, अकरम अंसारी पर जान छिड़कने वाली रेशमा को अकरम अंसारी का थानाध्यक्ष गरभू पाँड़े से उसकी जान बचाने की ख़ातिर देह सौंपने का आदेश और मुन्नी बी का अकरम अंसारी द्वारा किया गया क्रूर यौन शोषण—इन पीड़ाओं से मुक्त होकर ये तीनों किरदार अपनी ज़िन्दगी का नया रास्ता खोजती हैं। अकरम अंसारी के दाहिने हाथ मुन्ने मियाँ अपनी बहन मुन्नी बी के शोषण से बहुत दुखी हैं पर बाद में उनकी पत्नी नबीहा दोनों भाई-बहनों के नाते को जोड़ती है। पूरे उपन्यास में दाम्पत्य का सफल और प्रेम से पगा रूप प्रत्यक्षत: मुन्ने मियाँ और नबीहा के जीवन में ही दिखाई देता है। शमशेर साँई और उसकी पत्नी गुल बानो के प्रेम के जीवन्त दृश्य तो उपन्यास में नहीं हैं पर वे दोनों भी एक-दूसरे के प्रति समर्पित बताए गए हैं। प्रेम की असफलताएँ अनेक किरदारों की ज़िन्दगी का कटु सत्य है। जसोदा के जीवन से लीला साह के प्रेम के अंकुर रौंदकर उसका जल्द विवाह और परिवार द्वारा आजीवन सम्बन्ध-विच्छेद किया जाना दरअसल पितृसत्ता का एक मुक्त होना चाहती स्त्री से लिया गया बदला है। स्वाभिमानी जसोदा भी कभी अपने मायके का रुख़ नहीं करती और अपनी सन्तान का नाम अपने प्रेमी के नाम पर लीलाधर रखती है। यही उसका प्रतिशोध है। उपन्यास की मुख्य कथा जसोदा-लीलाधर-कुन्ती-रेवती आदि की पीढ़ियों को साथ लिये चलती है।

उपन्यास के अन्त में चुनाव के दौरान रेवती, रेशमा से बहुत प्रभावित होती है। जसोदा, जसोदा की बेटी कुन्ती और उदार परवरिश में पली जसोदा की शिक्षित पड़पोती—रेवती इस कड़ी में मुक्ति संघर्ष में जुड़ती हैं। निजी स्वतंत्रता की दृष्टि से तो जसोदा और रेवती आगे बढ़ जाती हैं पर पूर्वग्रहों की चक्की में दोनों का जीवन बर्बाद होता है। इधर बूढ़े अच्छेलाल से मजबूरी में किये गए विवाह को निबाहती रेशमा प्रेम के मामले में बेधड़क है। पति की नाक के नीचे वह पिंटू सिंह और बाद में अकरम अंसारी से सम्बन्ध रखती है। लेकिन अकरम अंसारी जब स्वार्थ से संचालित होकर रेशमा को थानाध्यक्ष गरभू पाँड़े के पास जाने और उसकी देह की सौदेबाज़ी कर हत्या के इल्ज़ाम से बरी होने की बात सोचता है तो रेशमा का स्वाभिमान आहत होता है। उपन्यास के स्त्री पात्रों में केवल रेशमा और गुल बानो

के जीवन में ही गुणात्मक-सकारात्मक परिवर्तन आता है। रेशमा, कलवारिन से मनिहारिन, फिर सरपंच पद की उम्मीदवार, और फिर शराबबन्दी की नेत्री बनती है। चतुराई से कलाली के धन्धे से न सिर्फ़ अपने बूढ़े पति को निकालती है बल्कि उसकी पूर्व पत्नी के बच्चों के साथ अच्छे सम्बन्ध भी बनाती है। एक ओर पारिवारिक समरसता तो दूसरी ओर धर्म की राह पर छठ पर्व को पूरे विधि-विधान से मनाकर वह अपनी धूमिल छवि को चमकाती है। सारे बुरे धन्धे छोड़कर वह चूड़ियों और सौन्दर्य प्रसाधनों की दुकान खोलती है और लीलाधर के प्रस्ताव पर सरपंच पद के लिए तुरन्त स्वीकृति देती है। उसके सपने उसके उजले भविष्य की राह बनाते हैं। गुल बानो उसके चुनाव प्रचार में आगे बढ़कर साथ देती है। स्त्री पात्रों में रेशमा और गुल बानो ही सबसे प्रेरक किरदार हैं। दोनों ही अपनी सामाजिक-आर्थिक मुक्ति और स्वत्व के प्रति सचेत हैं।

लगभग दो-ढाई वर्ष के समय में अतीत की स्मृतियों से एक वृहद कालखंड को समेटता यह उपन्यास सामन्तवाद की गहरी जड़ों की शिनाख़्त करता है। आज़ादी के बाद लोकतंत्र का पहिया भले ही आगे गतिमान हुआ पर सामन्तवादी जड़ताएँ पूर्ववत बनी रहीं। जातिगत और लैंगिक आधार पर व्यक्ति और स्त्री को मनुष्य न मानने की कवायद आज भी जारी है। सुखद यह है कि इसमें भी रेशमा और गुल बानो जैसी साहसी स्त्रियाँ अपने लिए नया आकाश रच लेती हैं, पर वे अपवाद हैं। अधिसंख्य स्त्रियाँ, सुशिक्षित और तार्किक होकर भी स्वयं को इसी आकाश के नीचे बन्धक पाती हैं। पढ़ी-लिखी रेवती अपने प्रेमी मनोहर से कहती है—

> तुम नहीं समझ सकते मनोहर। तुम सिर्फ़ ग़रीबी से लड़ रहे हो,...जाति से लड़ रहे हो। मैं एक लड़की हूँ और अपने से कई गुना ताक़तवर हर जाति और धर्म के पुरुषों से लड़ रही हूँ। तुम्हारी दरिद्रता और जाति कुछ देर के लिए तुम्हारे मनोबल को तोड़ सकती है, पर मैं जिनसे लड़ रही हूँ ये लोग बाबा, पिता, भाई या परिजन होते हुए भी मेरी पूरी ज़िन्दगी को तबाह कर सकते हैं। (पृ. 243)

रेवती भली-भाँति जानती है कि उसकी आजी जसोदा का अतीत ही उसका वर्तमान है। जसोदा के प्रेम को रौंदकर विवाह करवा देना और फिर कभी मायके न बुलाने में उसके सगे-सम्बन्धी ज़िम्मेदार थे। आज वही अतीत रेवती का वर्तमान है। शिक्षा उसकी मुक्ति का साधन बन सकती है पर स्त्री-विरोधी सामाजिक संरचना उसकी मुक्ति में बाधक है। उपन्यास इसे सूक्ष्मता से उभारता तो है पर एक अन्तर्विरोध रेवती की बातों से साफ़ झलकता है। वह मुक्ति चेतना से लैस होने और आत्मनिर्भर होने की अपेक्षा यह स्वीकारती है—

> मेरा लक्ष्य पहले भी आई.ए.एस. बनना नहीं था। आज भी नहीं है। ...मैं जानती हूँ कि पढ़ाई में तुम्हारे मुकाबले बहुत पीछे हूँ। बस एक साध थी,...तुम्हारे साथ पढ़ते रहने की साध। मेरा लक्ष्य तुम हो मनोहर। केवल तुम। (पृ. 243)

इस तरह रेवती एक सामान्य स्त्री की तरह पुरुष की अनुगामिनी और प्रेयसी बने रहने को अपना लक्ष्य मान लेती है। यह बात इसलिए खटकती है कि एक ओर वह जाति की बन्दिशें तोड़ रही है तो दूसरी ओर अपनी अस्मिता के प्रति उसकी ऐसी उपेक्षा उसे एक तरह से पितृसत्ता के बनाए किले की औरतों में शामिल कर देती है।

स्त्री जीवन के विविधवर्णी लोक को लेकर चलने वाला यह उपन्यास अकेली, अभावग्रस्त, शोषित और अपमानजनक हालात की शिकार स्त्रियों को आत्मबल से लैस और सामाजिक रूप से मुखर दिखाता है। पुरुष की लोलुप दृष्टि और स्त्री देह को उपभोग की वस्तु मानने वाले समाज से रेशमा अपना बदला लेती है। वह भरे बाज़ार अकरम अंसारी से गुत्थमगुत्था होकर अपने सम्मान की लड़ाई लड़ती है। गुल बानो और मुन्नी बी का भविष्य की सूरत भाँपकर एकजुट होने का दृश्य भी गहरी संवेदना और सकारात्मकता से रचा गया है। यही नहीं रेवती के लिए शिक्षा और अधिकार की ज़मीन रचने के लिए उसकी आजी—जसोदा, माँ—कुसुमी देवी और बुआ—कुन्ती संकल्परत दिखाई देती हैं। वे चाहती हैं जिन जड़ताओं की वजह से उनके जीवन में इच्छाओं के अंकुर नहीं फूटने दिये गए ऐसा रेवती के साथ न हो। रेवती के दादा लीलाधर ऊपर से भले ही उदार दिखें पर भीतर से बेहद चुस्त आदमी हैं। परम्पराओं के अनुपालक और सत्ता समर्थक—पितृसत्ता, धर्मसत्ता और राजसत्ता समर्थक। रेवती के मामलों में उनकी चुप्पी रेवती का पक्ष नहीं, बल्कि बाढ़ के पानी को निकालने की उनकी एक चालाक कोशिश दिखाई देती है। रेवती को शिक्षा का अधिकार देना स्त्री मुक्ति की दिशा में उठाए क़दम का सूचक नहीं है। रेवती के दलित प्रेम के विषय में जानकर चुप्पा बने रहना उनके स्वार्थपूर्ण सामन्ती संस्कारों को ही उजागर करता है। रेवती को चुनाव के लिए तैयार करने में उसके प्रेम को शिकार के जाल की तरह इस्तेमाल किया जाता है। सजग ढोंढ़ाई बाबा, राजनीति की बिसात अपने पक्ष में बिठा लेने वाले लीलाधर के विषय में सही कहता है—

> वाह रे लीलाधर! अपरम्पार है तुम्हारी लीला! इसको कहते हैं राजनीति। पचास डेग की दूरी पर हैं पर हवा तक न लगी! (पृ. 249)

यही नहीं शमशेर साँई की हत्या की गुत्थी पर भी उसकी चुप्पी पाठक को नागवार गुजरती है। उपन्यासकार ने लीलाधर के राजनीतिक व्यक्तित्व और लाभ-लोभ के समीकरणों को इस प्रकार सामने रखा है—

> दो हज़ार ग्यारह में अकरम अंसारी के उदय के बाद शेख बदरू हारे, पर लीलाधर यादव मुखिया पद पर क़ाबिज़ रहे। इस चुनाव में उनके सहयोगी शमशेर साँई को अकरम अंसारी ने तोड़ लिया था। जिस शमशेर को वह पालते रहे,...जिसे उन्होंने समसेरवा से शमशेर साँई बनाया वही पाला बदलकर अकरम के साथ हो गया। (पृ. 93)

इस तफ़सील से शमशेर साँई की हत्या में शक की सूई लीलाधर पर ज़रूर अटकती है। पूरा उपन्यास बिहार में पूँजी और राजनीति के गठजोड़ से बनी वर्चस्ववादी ताक़त को सामने लाता है। लगता है अधिकांश का सपना जैसे यही ताक़त अर्जित करना है। इसके लिए वह समय-समय पर स्वार्थपूर्ण दृष्टि से राजनीतिक, जातिवादी और अर्थकेन्द्रित समीकरण बनाता-बदलता चलता है।

उपन्यास में पूजा-पाठ, लोकाचार आदि पक्ष भी मुखरता से सामने आए हैं। उपन्यास की भाषा अंचल के महत्त्व को उजागर करती है। साथ ही आरम्भ में लोकगीतों का प्रयोग इसे नयापन देता है हालाँकि लोकगीतों के भावानुवाद अधिकांश उपन्यास के आरम्भिक हिस्से में गद्य रूप में ही दिये गए हैं। मूल रूप का यहाँ अभाव है। हृषीकेश सुलभ यों भी लोकगीतों के संग्रहकर्ता और गुणग्राहक रहे हैं। अपने नाटकों और कुछ कहानियों में वह इन गीतों को पाठकों के लिए लाते भी रहे हैं। गीत की लय के साथ उपन्यास की भाषा भी लयात्मक है। ख़ासतौर से उपन्यास में वर्णित नदियों, मौसमों, अतीत और प्रेम के अंशों के वर्णन ख़ासे लयात्मक हैं। उपन्यास में ऋतु परिवर्तनों को बहुत बारीकी से पकड़ा गया है—

> आसिन माह की तीखी धूप खिली और धान के पौधों की बाढ़ को पंख लग गए। अपनी बूँदों में दूध लिये हथिया नक्षत्र के मेघ हवा के तेज़ थपेड़ों के साथ आए। झमाझम बरसते हुए धान के खेतों में दूध भरकर विदा हुए। देवली, मनरौली, मानिकपुर सहित पूरे जवार के पोखरों, ताल-तलैयों, बरसाती नालों और गहिर ज़मीन वाले चँवर के खेतों में जल की यह आख़िरी खेप थी। हथिया नक्षत्र की वर्षा के बाद जल का मटमैलापन थिराने लगा था और कज्जल जल से झाँकने लगी थीं चल्हवा, पोठिया और सिधरी मछलियाँ। इस कज्जल जल के नीचे सँपही के पेट में बिछे पत्थरों की चादर पर घोंघा, सितुहा और अईंठा अलसाए पड़े रहते। (पृ. 109)

प्रकृति के ऐसे अनेकानेक वर्णन उपन्यास में हैं जहाँ प्रकृति की रागात्मक लय को जीवनलय के साथ उपन्यासकार ने रोमान से भरकर साधा है।

'अग्निलीक' उपन्यास का भूगोल ही उसका नायक है और इस भूगोल में सक्रिय अनेक किरदार, उनके अतीत, घटनाएँ सभी इस बात की तसदीक करते हैं कि

सत्ताओं का चरित्र मनुष्य विरोधी है। चाहे वह जाति की सत्ता हो, धर्म की सत्ता, पितृसत्ता या चुनावी राजनीति से अर्जित सत्ता। यहाँ निजी स्वार्थ हैं, थोथी जीवन सरणियाँ और जड़ होती परम्पराएँ हैं। दलित यहाँ इनसान नहीं समझे जाते और स्त्रियाँ कठपुतलियाँ बनाई जाने को विवश की जाती हैं, उनके जीवन में न प्रेम को सहज रहने दिया जाता है न जीवन को। साम्प्रदायिकता मन में गहरे पैठ, इनसान को इनसान से जुदा कर रही है। यही नहीं, सवर्ण जातियों में भी अगाड़ी-पिछाड़ी की अहंकारवादी ठसक है। मनुष्य विरोधी सत्ताएँ, धनबल और पुलिस प्रशासन का अन्यायी गठजोड़ एक ऐसे अंचल को पाठक के सामने लाता है जहाँ पानी सदियों से जमा-ठहरा पड़ा है, ज़रूरत है इसमें एक नया आवर्त रचने की। ऐसे परिदृश्य में पाठक एक पर्यवेक्षक की तरह इस पूरे समय से गुज़रता है। उपन्यास का त्रासद अन्त उसके लिए एक बड़े संकेत की तरह है कि नफ़रत की आग में जलाई गई रेवती क्या फ़ीनिक्स की तरह अपनी ही राख से एक नया रूप लेकर उठ खड़ी हो सकेगी?

देशज दुनिया की महागाथा

नागेन्द्र

'अग्निलीक' अस्सी के दशक की शुरुआत में ही एक सफल नाटककार की पहचान बना चुके रचनाकार की चार दशक लम्बी कथा यात्रा का अगला और ताज़ा पड़ाव है। ज़ाहिर है इस यात्रा में सात-आठ कथा संग्रहों में बिखरी कहानियों का समृद्ध अनुभव संसार रचा-बसा है। एक ऐसे रचनाकार का इतने अन्तराल के बाद अब जाकर उपन्यास लिखना महत्त्वपूर्ण तो है ही, अब तक 'न लिखने' के कारण पर एक सवाल भी। कहना न होगा कि हृषीकेश सुलभ अपने इस पहले ही उपन्यास में उन उम्मीदों पर बहुत आगे बढ़े हुए दिखते हैं, जो उनका पाठक उनसे लम्बे समय से कर रहा था। उन चुनौतियों पर भी जो ख़ुद उनके अन्दर से उन्हें मिलती रही होंगी।

यह उपन्यास कई सवाल छोड़ता है। कई सवालों से पर्दा भी उठाता है। एक बड़ा सवाल यह कि जब हमारे आज के कथा साहित्य से गाँव लगभग बाहर हो चुका हो, तब ग्रामीण पृष्ठभूमि में जाकर, वह भी इतने गहरे देशज यथार्थ का ऐसा उपन्यास लिखने की क्या मजबूरी थी? अस्वीकार होने का डर भी कुछ होता है? लेकिन उपन्यास इन और ऐसे सवालों के ख़ुद से जवाब दे देता है और वह भी बहुत मज़बूती के साथ। वैसे भी सुलभ जिस तरह की भावभूमि के साथ, जिस ग्रामीण पृष्ठभूमि से आते हैं और जिसे उन्होंने अपने साथ बहुत गहरे उतार रखा है, उसमें यह सवाल ख़ुद-ब-ख़ुद बेमानी हो जाता है। इसकी तसदीक के लिए उनका पूरा सृजन हमारे सामने मौजूद है।

सुलभ उन चंद रचनाकारों में से हैं जिनकी रचनाओं में उतरा गँवई यथार्थ महज़ अतीत के अनुभवों की परिणति नहीं है। सच तो यह है कि पूरी तरह शहर में बस जाने के बाद, आज भी वे उस गँवई यथार्थ के साथ बहुत क़रीब का न सिर्फ़ रिश्ता रखते हैं, बल्कि उसे पूरी शिद्दत के साथ जीते भी हैं। यह जीना और इस जीने से निकले अनुभव ही हैं कि 'अग्निलीक' इस दौर का एक अत्यन्त महत्त्वपूर्ण उपन्यास ही नहीं हमारी देशज दुनिया की महागाथा बनकर सामने आया है।

'अग्निलीक' दरअसल हमारे गाँव-समाज के द्वंद्व की दास्तान है। अन्तर्द्वंद्वों से सराबोर उस ग्रामीण यथार्थ की महागाथा, जहाँ से 'समाज' का बनना शुरू होता है। जहाँ वह सब है जो इस समाज को बिगाड़ता है। इसे छिन्न-भिन्न करता है। लेकिन ख़ुद को छिन्न-भिन्न करते हुए भी यह गाँव ही है, जो ख़ुद को बचाना भी जानता है। यहाँ शमशेर साँई से लेकर मुखिया लीलाधर यादव, सरपंच अकरम अंसारी, दरोग़ा गरभू पाँड़े और बजरंगी डोम जैसे पुरुष चरित्र हैं तो ग्रामीण यथार्थ से गहरे रू-ब-रू कराता वह सारा कुछ है जो हाल के उपन्यासों में प्रायः अनुपस्थित है।

इस उपन्यास की सबसे बड़ी ताक़त इसकी स्त्री है, बहुतायत में इसकी स्त्रियाँ। जसोदा, रेशमा, कुन्ती, रेवती, गुल बानो, मुन्नी बी, नाज़ बेगम, नबीहा और... और...। इनके तमाम शेड्स हैं, विविध मनरंगों (मूड-मिज़ाज) वाले। ये बहादुर हैं, मज़बूत हैं। ये विद्रोही, भावुक और प्रेम विह्वल भी हैं। लेकिन जो भी हैं, अपने चारित्रिक 'चरम' के साथ हैं। ये जो करती हैं, पूरी शिद्दत से, पूरे मनोयोग से करती हैं। विद्रोह भी..., प्रेम भी..., डाह भी...सामाजिक बदलाव की धुरी भी बनती हैं। बल्कि कहें कि यह शेड यहाँ सबसे ज़्यादा मज़बूती से उपस्थित होता है। हृषीकेश सुलभ इन और इतने मन-मिज़ाज वाली स्त्रियों के साथ, और उनके बीच भी ख़ासी मज़बूती से तालमेल बिठाते हैं। सब कुछ अन्तर्गुम्फित, इतना सिलसिलेवार कि हैरत होती है। यहीं पर उपन्यासकार से एक सवाल फिर बनता है, कि इतनी सारी स्त्रियाँ एक साथ एक कथा-भूमि में लाने की मजबूरी हो न हो, कोई ख़ास वजह तो ज़रूर रही होगी!

एक चरित्र जसोदा का भी है। ...पुराने ख़याल और परिवेश के बीच एक ऐसी 'आधुनिक' स्त्री की मिसाल, कि इस 'पात्र रचना' पर अचरज हो सकता है। रेवती की पढ़ाई और विवाह के लिए उसकी इच्छा का जैसा सम्मान जसोदा के ज़रिये सामने आया है, वह गाँव के बदलते रंग की अलग ही मिसाल है। हालाँकि ऐसी जसोदाएँ हमारे बीच मौजूद हमेशा से रही हैं, बस उनको पहचानने, उनकी शिनाख़्त करने वाली नज़र की ज़रूरत है, जो प्रायः या तो उन तक पहुँचती नहीं या हमारे पूर्वग्रह हमें उन तक पहुँचने के बावजूद उनकी बात करने से रोकते रहे हैं। ख़ैर, जसोदा के चरित्र पर अलग से चर्चा की गुंजाइश है।

घटनाबहुल 'अग्निलीक' में एक और संसार भी है। डाकुओं का अद्भुत संसार। इतने क़रीब से देखा और भोगा हुआ-सा, गोया कोई उन्हीं के बीच का वह सब लिख रहा हो। वह है ही इतना भयावह और उनके अन्दर की दुनिया का एहसास लिये हुए कि कई बार अतिनाटकीयता की हद तक अविश्वसनीय भी लगे और इतना विश्वसनीय भी कि, लगे लिखते वक़्त लेखक और पढ़ते वक़्त पाठक उसका अभिन्न हिस्सा बन गया हो।

उपन्यास एक सवाल भी छोड़ता है। ऐसे वक़्त में जब राजनीति और समाज दोनों के सामने नई चुनौतियाँ हों, समाज बिलकुल नये सन्दर्भों के साथ उद्वेलित हो, 'अग्निलीक' में वह राजनीति, वह देश-काल-समाज, अनुपस्थित क्यों है? लेकिन पूरा पढ़ लेने के बाद जब इतने बड़े फ़लक के एक देशज-गँवई यथार्थ का उपन्यास सामने आता है तो लगता है कि लेखक ने वाकई 'उस तथाकथित समकालीन यथार्थ' से बचते हुए, इस गँवई और भोगे हुए यथार्थ को अपने उपन्यास की पृष्ठभूमि बनाकर ज़्यादा बड़ा और ज़रूरी काम किया है, जो लम्बे समय से हिन्दी उपन्यास में न सिर्फ़ अनुपस्थित है, बल्कि जिसकी अनुगूँज लम्बे समय तक सुनाई देती रहेगी।

'अग्निलीक' के कुछ दृश्य ऐसा अद्‌भुत माहौल रचते हैं कि हम बरबस उसी लोक में पहुँच जाते हैं, हृषीकेश सुलभ जिस लोक से अभी-अभी निकलकर आए हैं। शमशेर साँई की हत्या के बाद उपजे हालात, साँई की क्षत-विक्षत देह, पुलिस का पहुँचना, लाश उठाने के लिए बजरंगी डोम की मनावन और विफल रहने की कातरता, इस सबके बीच सरपंच की मौजूदगी, बजरंगी का कलाली जाकर लौटना, फिर उसी कलाली की 'गन्ध' से दरोग़ा की जुबान लपलपाना, सरपंच का असमंजस, 'मन-मिज़ाज बनाने' का दरोग़ा का इसरार, और सरपंच का जुगाड़...। इससे आगे है शमशेर साँई की हत्या के विरोध में खड़ा एक बड़ा समाज, उस पर क़ाबू पाने-न पाने की जद्दोजहद और इस सबके बीच पुलिसिया दाँव से घेरे में आए सरपंच का 'पलटी मारना'...।

यह सब मिलकर एक ऐसा अद्‌भुत लोक रचते हैं जो अचानक हमारा देखा हुआ-सा लगने लगता है, और भोगा हुआ भी। बिहार और पूर्वी उत्तर प्रदेश के ग्रामीण यथार्थ से जिसका ज़रा भी साबका होगा, यह सब उसे अचानक अपने आसपास की कहानी लगने लगता है। गाँव की जटिलताओं, कुटिलताओ, प्रेम, ईर्ष्या, जातीय और साम्प्रदायिक मेल के बीच अचानक आती टूटन और फिर उसका जुड़ना और इस सबके बीच पुलिसिया मौजूदगी, जैसा मायालोक रचते हैं, वह कहीं-न-कहीं हमें हाल की कुछ घटनाओं से भी जोड़ जाता है।

रही बात उपन्यास की भाषा की तो उसकी बात ही बेमानी है। हृषीकेश सुलभ उन चंद लेखकों में शुमार हैं, जिनकी भाषा का जादुई प्रवाह किसी को भी मुग्ध कर सकता है।'अमली' से 'अग्निलीक' तक की यात्रा इसका प्रमाण है। उपन्यास एक पिछड़े गँवई समाज में साम्प्रदायिकता, जातिवाद, सामन्ती अहंकार, पुलिसिया रोबदाब, ग्रामीण लुम्पेनवाद की सूत्र-दर-सूत्र शिनाख़्त करते हुए, 'स्त्री दमन' और उनके मुखर होते स्वर को जिस तरह बड़े सन्दर्भों के साथ प्रस्तुत करता है वह इसे अपने समय की सामाजिक-राजनीतिक विडम्बनाओं का दस्तावेज़ बना देता है। भविष्य के एक और उपन्यास की भावभूमि भी।

साहस भरे फ़ैसले लेती हैं 'अग्निलीक' की स्त्रियाँ

प्रज्ञा पांडेय

उपन्यास 'अग्निलीक' लगभग सत्तर वर्ष की कालावधि में बिहार के ग्रामीण अंचल की राजनीतिक, सामाजिक जीवन की कथा समेटते हुए चलता है। इस उपन्यास में घाघरा और गंडक नदी के किनारे बसे हुए गाँवों की अन्तरंग कथा है। यह उपन्यास चार पीढ़ियों की कथा कहता है। वरिष्ठ कथाकार, उपन्यासकार हृषीकेश सुलभ ने कड़वे यथार्थ की पृष्ठिभूमि पर स्त्रियों को ज्योतिपुंज की तरह उकेरा है। इसमें, नदियों के पाट हैं, उसकी धार और किनारे हैं तथा चारों ओर फैली प्रकृति की अद्भुत छटा है। हृषीकेश सुलभ ने देशज शब्दों की गन्ध से प्रकृति और मौसम के सौन्दर्य को अप्रतिम रूप में लिखा है—

> किनारे की धरती जैसे-जैसे जल से उतरान होती, चना और तीसी छींट दिया जाता। फगुनहट बहते-बहते दुधही का तट तीसी के नीले फूलों से पट जाता। नीले फूलों के वलय के बीच दुधही के थिराए जल में तैरतीं चहल्वा मछलियाँ और किनारे के पाँक में डेरा डाले रहतीं गैंची और गरई। दूर-दूर से उड़ते हुए जल में खेलते पंडुक पंछी और चाँदी-सी चमकती चहल्वा का भोग लगाने बगुले आते।

> सावन-भादों में भी धरती की प्यास नहीं मिटी, आषाढ़ की छिटपुट वर्षा धरती की कोख तक नहीं पहुँच सकी। धरती की कोख अगर नम नहीं होती ख़रीफ की फसल तो जाती ही है, रबी की आस भी टूट जाती है। देवली, मनरौली, पुरैना, मानिकपुर आदि गाँवों के चँवर में धान की रोपनी तक नहीं हो सकी। आषाढ़ के पानी में लगे बीचड़े रोपनी के इन्तज़ार में खड़े-खड़े झुलस गए। सावन-भादो में बाँकी अदा से लहराने वाली सँपही के पेट में धूल उड़ती रही।

'अग्निलीक' की सघन कथा में प्रेम के अनेक गुंजलक हैं और साथ ही अनेक स्त्रियाँ हैं। चार पीढ़ियों को लेकर चलने वाले इस उपन्यास में आत्मिक

और खालिस दैहिक प्रेम भी बहुत सघन रूप में मिलता है। जसोदा और लीला साह की प्रेमकथा पूरे उपन्यास पर परिघटित होती हुई लगती है। जबकि रेवती और मनोहर की प्रेमकथा अधूरी रह जाती है लेकिन रेवती का अपने प्रेमी मनोहर से यह कहना कि 'हमारे साथ फगुआ नहीं खेलोगे?' उपन्यास में रेवती की दादी जसोदा से उसके प्रेमी द्वारा भी कहा गया है। यह पाठक के मन को छू जाता है। यह कथा का मनोवैज्ञानिक पक्ष है जिससे लेखक पाठक को अपनी लेखनी से प्रभावित करके उसे बाँधने में सफल हो जाते हैं।

रेशमा, मुन्नी बी, नाज़ बेगम, गुल बानो, रेवती, कुन्ती आदि अनेक सामान्य दिखाई देतीं स्त्रियाँ साधारण स्त्रियाँ नहीं हैं। ये स्त्रियाँ जटिल और विषम परिस्थितियों में बहुत साहस से अपनी उपस्थिति दर्ज कराती हैं। जसोदा अपनी परपोती के लिए ये निर्देश देती है कि उसकी पढ़ाई किसी क़ीमत पर बन्द नहीं होनी चाहिए। यह सामाजिक ढाँचे और स्त्रियों के भीतरी जीवन में बदलाव का संकेत है।

रेशमा का बहुरंगी किरदार तो उपन्यास की जान है ही। वह प्रसंग बहुत रोचक है जहाँ रेशमा और गुल बानो एक-दूसरे को फूटी आँख न सुहातीं, वहाँ लेखक उन्हें उनके उदात्त स्वरूप में रचते हैं—

> पतली-सी गली में खुलता एक छोटा सा दुपलिया दरवाज़ा और लोहे की छड़ी वाली एक खिड़की थी। खिड़की से आती रोशनी में गुल बानो ने देखा, एक साँवली औरत तख़्त पर बैठी थी और खिड़की के पार निहार रही थी। गुल बानो की नज़र उसकी नज़र से मिली...दोनों ने अपने-अपने दुखों की चादर से अपने को ढक रखा था...दुख, दुख को टेर रहा था। उस दिन रेशमा कलवारिन के सामने बिना कुछ कहे-सुने बिलख-बिलखकर रोती रही थी गुल बानो। आँसुओं से तरबतर उसके ताँबई चेहरे को रेशमा ने अपनी छाती से सटा लिया था और उसके उलझे केशों को बिना कुछ बोले सहला रही थी। दोनों के बीच नि:शब्द संवाद चल रहा था...रेशमा ने पानी लाकर दिया था उसे। घूँट-घूँट पानी गुल बानो के कंठ के भीतर उस रात ऐसे उतरा कि जैसे महतारी की छाती से सूँता हुआ दूध उतर रहा हो।

ऐसे अनेक दृश्य उपन्यास में जगह-जगह मिलते हैं जिनमें करुणा, प्रेम और मानवीय भावनाओं की बौछार से पाठक भीगता रहता है। रेशमा कलवारिन का चरित्र पूरी कथा में अपनी अलग जगह बनाता है। हृषीकेश सुलभ उसे लिखे जा रहे समय की प्रतिनिधि स्त्री बनाकर उभारते हैं। रेशमा लीक से हटकर, समाज की परवाह न करते हुए साहस से भरे फ़ैसले लेती है। अकरम को खुले बाज़ार में बेइज़्ज़त करके रेशमा साबित करती है कि वह साहसी और सच्ची है।

इस उपन्यास में वर्णित भयावह सामाजिक अव्यवस्था को सँभालने में स्त्रियों का योगदान अपने चरम पर मिलता है—

> मनरौली की हों या देवली की या फिर किसी गाँव की, जिन-जिन औरतों की बदचलनी के क़िस्से मशहूर थे, वे सब क़िस्मत की मारी और नरमदिल मिलीं गुल बानो को। वे जो चौबीसों घंटे अपने आदमी के नाम की तस्बीह लिये फिरती थीं और नाक पर मक्खी तक न बैठने देती थीं, कठकरेज मिलीं।

इन वाक्यों में उपन्यासकार इन स्त्रियों के अन्तर्मन को बाँचते हैं।

थिएटर और नाटकों से जुड़े हृषीकेश सुलभ दृश्य खींचते हैं। पाठक की आँखों में वे घटित होते हैं। प्रकृति के चन्द्रमा, जल और रास्ते के साथ गाँव की मिट्टी की महक ख़ुद-ब-ख़ुद चली आती है। एक बानगी यह है—

> कातिक के चन्द्रमा की उजास बरस रही थी। चमक रहे थे पाकड़ के हौले-हौले झूमते चिकने पात। गुल बानो ने रौज़ा के किनारे हाल में बनी चहारदीवारी वाली राह पकड़ ली। यह राह आगे जाकर दाईं ओर मुड़ती और टोटहा टोला होते हुए दुधही पोखर के भीट से गुज़रती। गुल बानो ने टोटहा टोला पार किया। दुधही पोखर आया। दुधही पोखर के भीट के उस पार था मनरौली। गुल बानो लम्बे-लम्बे डेग भर रही थी। उसे घर पहुँचने की जल्दी थी। उसके साथ-साथ चन्द्रमा माथ ऊपर चल रहा था। जैसे ही वह दुधही पोखर के भीट पर चढ़ी, उसके माथ से उतरकर चन्द्रमा पोखर के जल में तैरने लगा। वह भीट पर चलती रही और चन्द्रमा तैरते हुए साथ चलता रहा।

उपन्यास का आरम्भ इस वाक्य से होता है—'शमशेर साँई की हत्या हो गई थी' इस तरह उपन्यास के पहले पन्ने से ही हत्या एक सनसनाहट का सूत्रपात करती है। इस हत्या की गुत्थी की तफ़्तीश और पड़ताल के साथ ही समाज की स्याह और गुत्थमगुत्था ज़िन्दगी, जातिगत सामाजिक तंत्र तथा स्वार्थों में लिपटी लोलुपता और राजनीति के अनैतिक बन्ध भी खुलते हैं। एक बानगी देखिए—

> सरपंच अकरम अंसारी की बोलेरो गाड़ी जब मौक़ा-ए-वारदात पर पहुँची, पुलिस बजरंगी डोम का मनावन करने में लगी थी। साम-दाम-दंड-भेद सब अपनाकर दरोग़ा थक चुका था, पर बजरंगी था कि बिना दारू के लाश उठाकर ठेला पर लादने को तैयार नहीं था और पुलिस एक पाई खरचने को तैयार नहीं थी। सरपंच के आते ही माहौल में थोड़ी हलचल हुई। दरोग़ा बोला—"का महराज? आप लोग तो गजबे हैं!

मुखिया-सरपंच दोनों फ़रार। वकुआ हुए बारह घंटे बीत गए और आप लोगों का कोई पता-ठिकाना नहीं है। इस गाँव का डोम साला इतना मुँहजोर है कि पुलिस-परसासन की बात सुनने के लिए तैयार नहीं।"

उनके बीच साहसी और उदात्त स्त्रियाँ प्रकट होती जाती हैं जिनका पहले कोई अस्तित्व नहीं रहा था। अकरम अंसारी की बीवी नाज़ बेगम जिसके दुखों की इन्तिहा नहीं थी, जिसके पास बोलने के लिए अपनी आवाज़ भी नहीं थी और जिसको एक कोने में डालकर अकरम अंसारी ने दूसरी औरत कर ली थी, वह भी अकरम अंसारी की गिरफ़्तारी के बाद इतना साहस बटोर लेती है कि अकरम की रखी औरत मुन्नी बी को घर से निकालकर ही चैन लेती है और टोला-मुहल्ला साँस डकार भी नहीं लेता, वो नाज़ बेगम के साथ है।

एक हत्या से शुरू होकर यह उपन्यास दूसरी हत्या पर ख़त्म होता है इसके बावजूद यह स्त्री पात्रों पर केन्द्रित उपन्यास है। यहाँ स्त्रियाँ वैसी ही हैं जैसी वे होती हैं लेकिन विशेषता यह है कि हृषीकेश सुलभ उनके अन्तस को उद्घाटित करके उन्हें बेधड़क प्रस्तुत करते हैं। मुन्नी बी नौशेर साँई से कहती है—"उठकर बैठ और मेरी बात सुन" मुन्नी बी की फुसफुसाहट भरी आवाज़ में घन की चोट जैसी धमक थी। "कल हमारे सामने अपनी भौजी से बोल कि तू निकाह करना चाहता है। हामी भर दूँगी। पर एक बात सोच ले कि अगर गुल बानो ने न की तो भी तुझे निकाह के लिए राज़ी होना पड़ेगा। हमारे हामी भरने के बाद हर हाल में निकाह के लिए तैयार हो तबहीं आगे बढ़ियो।"

जसोदा का विवाह-पूर्व का प्रेम उपन्यास में ख़ुशबू की तरह निरन्तर अपना एहसास बनाए रहता है। स्त्रियों के जीवन को क्या पहली बार रचा गया? ऐसा तो बिलकुल नहीं है लेकिन 'अग्निलीक' की स्त्रियाँ लेखक की क़लम से इस तरह सजीव हो जाती हैं जैसे ऐसी संवेदना के साथ वे पहली बार रची गई हैं। स्त्रियों की सहने और जूझने की अपार क्षमता समाज की धारा का रुख़ बदल देती है। स्त्रियाँ विषपायिनी हैं और मौन या मुखर दोनों ही हालात में वे अग्निलीक चुनती हैं।

उपन्यास का अन्त तो होता है लेकिन लगता है कि कथा अपने अन्त से दुबारा शुरू हो गई है जैसे कि अपनी ही राख से दुबारा जन्म ले रही हो। अन्त में रेवती के प्रेमी की उसके भाई द्वारा की जाने वाली हत्या समाज की और पितृसत्ता की दुरभिसन्धियों की ओर बहुत धारदार तरीक़े से संकेत करती है। इस तरह यह कथा ख़त्म होकर भी ख़त्म नहीं होती है।

उपन्यास की भाषा लोकगीतों जैसी है। उपन्यासकार नाटककार भी हैं इसलिए इनके उपन्यास में भाषा दृश्य रचती है। भाषा की धार और माधुर्य किसी बड़े काव्य के आख्यान की याद दिलाते हैं।

नई लीक स्थापित करेगा 'अग्निलीक'

सुधांशु गुप्त

उपन्यास का जन्म प्रश्न या प्रश्नों से होता है। तभी वह जीवन से जुड़ पाता है। वास्तव में व्यक्ति को समाज से प्रश्न ही जोड़ते हैं और प्रश्न ही व्यक्ति में ख़ुद को तलाश करने की जिज्ञासा पैदा करते हैं। ये प्रश्न ही हैं जो व्यक्ति की संवेदना को तीव्र करते हैं। ये प्रश्न राजनीतिक, सामाजिक, आर्थिक, नैतिक, आध्यात्मिक हो सकते हैं। ये प्रश्न श्लील या अश्लीलता से जुड़े हो सकते हैं या युद्ध और शान्ति से जुड़े। इन प्रश्नों का अपने समय से टकराना ही उपन्यासों को बड़ा बनाता है। प्रेमचन्द का 'गोदान' हो या जैनेन्द्र कुमार का 'त्यागपत्र', तोल्स्तॉय का 'पुनरुत्थान' हो या 'युद्ध और शान्ति', अज्ञेय का 'शेखर एक जीवनी' हो या 'नदी के द्वीप' या और भी उपन्यास जिन्हें महान उपन्यासों का नाम दिया गया, उनकी ख़ासियत यही रही कि वे अपने समय से प्रश्न करते दिखाई पड़ते हैं। हालाँकि हिन्दी में बहुत से उपन्यास ऐसे भी लिखे जाते हैं, जिनकी दुनिया बाहरी घटनाओं और परिवेश पर केन्द्रित होती है। ऐसा भी नहीं है कि ये उपन्यास गम्भीरता लिये नहीं होते या इनमें समय से जुड़े सवाल नहीं होते। निश्चित रूप से होते हैं। बस फ़र्क़ इतना होता है कि ऐसे उपन्यासों में चीज़ें या अनुभव 'उधार के' लगते हैं।

अब बात हृषीकेश सुलभ के उपन्यास 'अग्निलीक' पर। हृषीकेश सुलभ के पहले उपन्यास 'अग्निलीक' को पढ़ने से पहले 'मैला आँचल' ज़ेहन में अनायास ही नहीं आ जाता। 'मैला आँचल' के पहले संस्करण की भूमिका में पूर्णिया को उपन्यास का कथानक बताते हुए रेणु ने कहा था—"इसमें फूल भी है, शूल भी; धूल भी है, गुलाब भी; कीचड़ भी है, चन्दन भी; सुन्दरता भी है, कुरूपता भी—मैं किसी से दामन बचाकर नहीं निकल पाया। कथा की सारी अच्छाइयों और बुराइयों के साथ साहित्य की दहलीज़ पर आ खड़ा हुआ हूँ, पता नहीं अच्छा किया या बुरा। जो भी हो, अपनी निष्ठा में कमी महसूस नहीं करता।" इस उपन्यास के पेपरबैक संस्करण के बैक कवर पर छपा है—

> 'अग्निलीक' में बिहार के गाँवों के बदलने की कथा दर्ज है। यह कथा फणीश्वरनाथ रेणु की कथा-भूमि की याद दिलाती है। रेणु ने कोसी तट के आसपास बसे गाँवों को अपना कथा विषय चुना था। सुलभ जी ने अपने इस पहले उपन्यास में घाघरा नदी के किनारे बसे गाँवों की कथा कही है। वे आज़ादी के पहले और उसके बाद घाघरा और गंडक नदी के आसपास के इलाक़ों में आए बाह्य परिवर्तनों को चिन्हित करने के साथ-साथ वहाँ की सामन्ती संरचना में हो रहे अन्दरूनी बदलावों को भी सामने लाते हैं। वे स्त्रियों के जीवन में घटित हो रहे परिवर्तन की अन्तर्कथा को भी सूक्ष्मता से मुख्यधारा के साथ पिरोते चलते हैं। यह पुरबियों के जीवन की परिवर्तन की कथा है। इतने दावे के बाद जहाँ उपन्यास का कैनवस बड़ा हो जाता है, और यह रेणु के समकक्ष आ खड़ा होता है तो उससे उम्मीदें भी बढ़ जाती हैं।

लेकिन उपन्यास पर बात करने से पहले यह जानना ज़रूरी है कि हृषीकेश सुलभ कहानीकार, नाटककार हैं। वह नाटक लिखते हैं और मंच पर करते हैं। उनके द्वारा किये गए नाटक काफ़ी प्रशंसित भी होते हैं। इस उपन्यास को पढ़ते समय मेरे ज़ेहन में तीन उपन्यास आए। पहला, सुरेन्द्र वर्मा का 'मुझे चाँद चाहिए'। यह इसलिए याद आया क्योंकि सुरेन्द्र वर्मा भी सुलभ जी की ही तरह नाटककार हैं। 'मुझे चाँद चाहिए' का फ़लक कितना विस्तृत है, इसे उपन्यास को पढ़कर ही जाना जा सकता है। इसके साथ ही उपन्यास में सुरेन्द्र वर्मा ने लगभग हर किरदार के साथ न्याय किया है। इसलिए वह हिन्दी का एक महान उपन्यास है। दूसरा उपन्यास ज़ाहिर है फणीश्वरनाथ रेणु का 'मैला आँचल' था। दोनों उपन्यासों की पृष्ठभूमि क्योंकि एक ही है तो आपको दोनों के बीच तुलना करने का अवसर मिल जाता है। 'मैला आँचल' कोसी तट के आसपास बसे गाँवों पर लिखा गया तथा सुलभ जी ने अपने उपन्यास में घाघरा के किनारे बसे गाँवों की कथा को उपन्यास के केन्द्र में रखा है। आंचलिक उपन्यासों के मास्टर कथाकार ज़ाहिर है अपने समय और किरदारों के साथ अधिक आत्मीय रहे होंगे। 'अग्निलीक' को पढ़ते हुए जो तीसरा उपन्यास मेरे ज़ेहन में आया वह तेलुगु साहित्य का किसानों के जीवन पर लिखा केशव रेड्डी का महत्त्वपूर्ण उपन्यास 'भू देवता' है। इस उपन्यास का कालखंड 1950 है। कथा इस प्रकार है : एक किसान की ज़मीन उससे छिन जाती है। लेखक ने दिखाया है कि किस तरह ज़मीन छिनने का किसानी से जुड़े तमाम पेशों पर असर पड़ता है। महज़ 95 पेज का यह उपन्यास एक किसान की मृत्यु और उसके पुनरुत्थान की महागाथा है। ऐसा नहीं है कि लेखक ने इस उपन्यास में कल्पनाशीलता का सहारा नहीं लिया। केशव रेड्डी ने एक किसान की तकलीफ़ को 'यूनिवर्सलाइज़' करते हुए

उसे देश के सभी किसानों की तकलीफ़ में बदल दिया है। यही इस उपन्यास की ताक़त है। लेखक ने अपनी कल्पनाशीलता से उपन्यास को क्षेत्रीय परिधि से बाहर निकाला है।

सुलभ जी के उपन्यास 'अग्निलीक' की शुरुआत शमशेर साँई नामक एक राजनीतिक कार्यकर्ता की हत्या से होती है।

> हत्या मन्दिर से पाँच सौ गज़ की दूरी पर, रौज़ा के अहाते के किनारे, बीच सड़क पर हुई थी। यह कच्ची सड़क गाँव के दक्खिनी छोर पर बसे 'हरिजनों' के टोला टटोहा से आती थी (यहाँ लेखक को यह ध्यान रखना चाहिए था कि हरिजन शब्द का प्रयोग 1982 से ही ग़ैरक़ानूनी है) और रौज़ा के किनारे-किनारे होती हुई मन्दिर के पिछवाड़े तक पहुँचकर मुख्य सड़क से मिल जाती, जिस पर खड़ंजी ईंटें बिछाने का काम शुरू होने वाला था।

उपन्यास की इस नाटकीय शुरुआत से पाठक की यह आकांक्षा बढ़ जाती है कि शायद यह पूरा उपन्यास ही नाटकीयता से भरपूर होगा। सुलभ जी ने इस मामले में पाठकों को निराश भी नहीं किया है। हत्या के पार्श्व में पाठक लगातार उपन्यास से जुड़ा रहता है। हत्या किसने की इसका खुलासा अन्त तक नहीं होता। उपन्यास की कथा और किरदार इतने स्तरों पर फैले हैं जिन्हें बताना आसान नहीं है।

महाभारत के विषय में एक बार किसी ने कहा था कि यदि इसमें आए सारे किरदार वास्तविक हैं तो यह लेखकीय क्षमताओं का प्रमाण है, लेकिन अगर ये सारे किरदार काल्पनिक हैं तो ये लेखकीय क्षमताओं की पराकाष्ठा है। 'अग्निलीक' में भी किरदारों की आवाजाही इतनी अधिक है कि पाठक के लिए उन्हें याद रखना सम्भव नहीं है और शायद लेखक के लिए भी उनका विकास करना सम्भव नहीं हो पाया। किरदार आते हैं और अपने संवाद बोलकर चल जाते हैं। किरदारों की ग्रोथ होती दिखाई नहीं देती। किरदार ठहरते नहीं और न ही अधिकांश किरदार कथा में कोई भूमिका निभाते हैं।

उपन्यास की कथा इतने स्तरों पर फैली है कि इसे संक्षेप में बताना सम्भव नहीं है। मुख्य रूप से यह कथा अकलू यादव और उनकी चार पीढ़ियों की कथा है। इस कथा में पाठक को ग्रामीण जीवन से भी ज़्यादा सामन्तवाद के बदले चेहरे, बदल रहे चेहरे दिखाई देंगे, दिखाई देगा कि किस तरह सत्ता के नये केन्द्र पनप रहे हैं और लोकतंत्र किस तरह खोखला हो रहा है। इस उपन्यास में छल, कपट, शूल (बन्दूकें), सौन्दर्य, शराबख़ोरी, स्त्री गमन का बिन्दास चित्रण है। पाठक इसे पढ़ते हुए यह भूल भी सकता है कि वह ग्रामीण पृष्ठभूमि के उपन्यास को पढ़ रहा है। उपन्यास में जिस तरह सुलभ जी ने पुलिस, कचहरी, ग्रामीण अन्धविश्वास,

अपने पराभव को प्राप्त सवर्ण समाज, संघर्ष करती जातियों का समाज और मुस्लिम समाज में अगड़े-पिछड़ों की करुण दास्तानें दर्ज की हैं, वह चकित करने वाला है। बड़े फ़लक के इस उपन्यास में इतने अधिक किरदार और परिस्थितियाँ हैं, जिन्हें याद रखना आसान नहीं है। हर कथा के साथ उससे जुड़े किरदार हैं और उसका परिवेश है। चार पीढ़ियों की कथा है तो यह भी मुमकिन नहीं है कि उपन्यास में प्रेम न हो। इस विशाल कथा में कई प्रेम कहानियाँ अन्तर्निहित हैं। जसोदा और लीला, रामझरी-अकलू, कुन्ती-मुचकुन्द और चौथी पीढ़ी की—जोसादा की परपोती रेवती-मनोहर की प्रेम कथाएँ। लेकिन ये प्रेम कथाएँ हाशिये पर ही रहती हैं। ये उपन्यास की मुख्यधारा में शामिल नहीं हो पातीं। हाशिये पर ही उभरती हैं और समाप्त हो जाती हैं। बावजूद इसके कि जसोदा और लीला की प्रेम कहानी पहली प्रेम कहानी है और उपन्यास के केन्द्र में है। प्रेम का इज़हार लीला साह फगुआ से पहले जसोदा से यह पूछकर करता है—"हमारे संग फगुआ नहीं खेलोगी?" जसोदा जवाब देती है—"खेलेंगे काहे नहीं?...तुम भौजी सब से फगुआ खेलने आना हमारे घर। उसी समय हमहूँ खेल लेंगे।" दोनों के प्रेम का आलम यह था कि लीला साह को देखे बिना जसोदा के लिए भोर नहीं होती थी। लेकिन यह प्रेम अपनी परिणति तक नहीं पहुँच पाता। जसोदा का विवाह अकलू से हो जाता है।

असफल प्रेम कथाओं में केवल मुन्ने मियाँ और नबीहा की प्रेमकथा ही सिरे चढ़ती है और उसमें आत्मीयता भी दिखाई देती है। अन्यथा सभी प्रेम कथाओं को सुलभ जी छूकर निकल जाते हैं। उपन्यास में जिस तरह हत्याओं और आपसी झगड़ों का दर्शाया गया है उसे लगता है कि लेखक एक हत्यारे समय को चित्रित कर रहा है। उपन्यास में समाज की जो खिड़कियाँ दिखाई देती हैं, उनमें झाँककर लगता है कि पूरा समाज ही सत्ता द्वारा पोषित अपराधियों के आतंक की छाया में जी रहा है। सुलभ जी ने इसी पर अपनी पैनी नज़र रखी है। इस उपन्यास की एक और ख़ास बात है इसके स्त्री चरित्रों का चित्रण। रेशमा, जसोदा, कुन्ती, रेवती, रामझरी, नबीहा, नाज़ बेगम, गुल बानो और मुन्नी बी जैसी स्त्रियों का चित्रण सुलभ जी ने पूरे मनोयोग से किया है। रेशमा के चरित्र की जिस तरह की ग्रोथ उपन्यास में दिखाई देती है, वह प्रभावित करती है। यहाँ स्त्री किरदार एक-दूसरे से संघर्ष न करके एक-दूसरे के पूरक नज़र आते हैं। यह बात उपन्यास को बड़ा बनाती है।

रंगकर्म की अपनी समझ का भरपूर प्रयोग हृषीकेश सुलभ जी ने उपन्यास में किया है। एक हत्या से शुरू हुआ उपन्यास रेवती के प्रेमी मनोहर रजक की हत्या पर समाप्त होता है। दृश्य को कहाँ खोलना है और कहाँ ख़त्म करना है यह नाटककार से बेहतर कोई नहीं समझता। सुलभ जी ने भी अपनी इस समझ का इस्तेमाल 'अग्निलीक' में किया है। दृश्य और संवाद कैसे पाठकों को बाँधते हैं

इसकी एक बानगी उपन्यास में देखी जा सकती है। उपन्यास के अन्त से कुछ पहले (पृष्ठ 244) रेवती मनोहर से कहती है—हमारे साथ फगुआ नहीं खेलोगे? यही संवाद कभी रेवती की दादी से उसके प्रेमी लीला साह ने पूछा था। पाठक इस तरह के संवादों से प्रभावित होता है और घटनाओं को कनेक्ट कर पाता है। लेकिन फिर सवाल यही पैदा होता है कि चार पीढ़ियों में प्रेम के लिए बोला जाने वाला यह संवाद बिलकुल भी नहीं बदला? रेवती पढ़ी-लिखी लड़की है, क्या उसे प्रेम के इज़हार के लिए कोई और संवाद नहीं चुनना चाहिए था? आज के समय में पठनीयता को प्राथमिकता में शामिल कर लिया गया है। निस्सन्देह यह बेहद पठनीय उपन्यास है। हृषीकेश सुलभ रूमानियत और स्त्री के दैहिक वर्णन में कहीं-कहीं यथार्थ से दूर निकल जाते हैं। कहीं-कहीं उपन्यास की भाषा भी ख़ासी रोमांटिक हो जाती है, जो आम पाठकों को तो प्रभावित कर सकती है लेकिन यही इस उपन्यास को बड़ा फ़लक का होने के बावजूद बड़ा होने से रोकती है।

कुछ जगह पर सुलभ जी ने एक ख़ूबसूरत दृश्य का वर्णन इस तरह किया है—

> सावन-भादों में भी धरती की प्यास नहीं मिटी, आषाढ़ की छिटपुट वर्षा धरती की कोख तक नहीं पहुँच सकी। धरती की कोख अगर नम नहीं होती तो खरीफ की फसल तो जाती ही है, रबी की आस भी टूट जाती है। देवली, मनरौली, पुरैना, मानिकपुर आदि गाँवों के चँवर में धान की रोपनी तक नहीं हो सकी। आषाढ़ के पानी में लगे बीचड़े रोपनी के इन्तज़ार में खड़े-खड़े झुलस गए। सावन भादो में बाँकी अदा से लहराने वाली सँपही के पेट में धूल उड़ती रही। दुधही के विशाल उदर में फटी दरारें जल की बूँद की आस में मुँह बाये आसमान की ओर ताकती-तरसती रह गईं।

भाषा के 'वैभव के मोह' में कई बार सुलभ जी सीमाओं का भी उल्लंघन करते दिखाई पड़ते हैं। उपन्यास का सबसे सशक्त स्त्री किरदार रेशमा है। थानाध्यक्ष गरभू पाँड़े द्वारा रेशमा को रौंदे जाने के बाद शारीरिक-मानसिक तक़लीफों से घिरी रेशमा की मन:स्थितियों का वर्णन करते हुए नैरेटर की भाषा पर ग़ौर किया जाना चाहिए—

> रेशमा की अधनंगी देह बिछावन पर कुहुक रही थी और पतिया मलिया में सरसों का तेल लिये उसे मालिश कर रही थी। सम्भोग-प्रिया रेशमा को अपनी देह से घिन आने लगी थी। गरभू पाँड़े ने उसकी देह को रौरव नरक में बदल दिया था।

यहाँ लेखक को यह ध्यान रखना चाहिए था कि बलात्कार के बाद अधनंगी देह कुहुक नहीं सकती। कुहुकना एक सकारात्मक शब्द है। पक्षी मधुर स्वर में कुहुकते हैं, बलात्कार के बाद कोई स्त्री देह कुहुक नहीं सकती।

कुहुकना पीड़ा का परिचायक नहीं है। वह ख़ुशी का परिचायक है। नैरेटर की यह भाषा-कहीं-ना कहीं उसकी नीयत को दिखाती है। इस तरह के प्रसंग उपन्यास में कई जगह आते हैं, जो पाठक को सम्भव है अच्छे लगें लेकिन उपन्यास की आत्मा के साथ न्याय नहीं करते।

चार पीढ़ियों की इस महागाथा में कई कमज़ोर कड़ियाँ छूट गई हैं। अकलू का अचानक डाकू बन जाना भी समझ से बाहर है। शमशेर साँई और मनोहर रजक की हत्या के पेच भी अधूरे ही रह जाते हैं। बावजूद इसके उपन्यास में सारे औपन्यासिक तत्त्व हैं, प्रेम, हिंसा, शराबख़ोरी, बन्दूकें, हत्याएँ, स्त्री देह का खुला प्रदर्शन और इन सबके साथ-साथ राजनीतिक सामाजिक बदलाव की बयार। इसलिए इस उपन्यास को पढ़ा जाना चाहिए।

कहा जा सकता है कि उपन्यास में 'मुझे चाँद चाहिए' की नाटकीयता और दृश्य हैं, जिन्हें सुलभ जी ने नाटककार के रूप में वर्णित किया है। दूसरी तरफ़ 'मैला आँचल' का परिवेश उपन्यास में मौजूद है। छल, कपट, षड्यंत्र, सुन्दरता और कुरूपता भी उपन्यास में अलग-अलग स्वरूपों में उपस्थित है। लेकिन केशव रेड्डी के भू देवता की झलक उपन्यास में दिखाई नहीं देती। न उस तरह के किसान हैं न उनकी तकलीफ़। इसके बावजूद 'अग्निलीक' उपन्यासों की दुनिया में एक नई लीक स्थापित करेगा, इसमें कोई सन्देह नहीं है।

अतीत के कालखंडों में वर्तमान की दस्तक

अरविन्द कुमार

हृषीकेश सुलभ रचित उपन्यास 'अग्निलीक' 2019 में आया। 'अग्निलीक' की कथा सीवान के देवली और मनरौली होते हुए अमरपुर जाती है और फिर पटना के कुछ इलाक़ों में घूमती है। हालाँकि इस उपन्यास का अन्त देवली में ही होता है। सीवान का देवली सत्ता के एक ऐसे नये केन्द्र के रूप में उभरता है जहाँ राजनीति का एक नया समीकरण बनता दिखाई देता है। देवली के जीवन में यह समीकरण स्वीकार्य नहीं है पर राजनीति में सब चलता है। वहाँ सत्ता के शीर्ष के लिए जातियों की घृणा नहीं है, धर्मगत विद्धेष भी नहीं है।

'अग्निलीक' में कथा की चार पीढ़ियाँ हैं। इन चारों पीढ़ियों में जीवन और प्रेम का स्वीकार नहीं है। पहली पीढ़ी जसोदा देवी की है जिनका विवाह उनकी इच्छा के विपरीत अकलू यादव से कर दिया जाता है। जसोदा देवी अपने ही गाँव के एक युवक लीला साह से प्रेम करती हैं और उसे अपने जीवन में ग्रहण करना चाहती हैं पर यह जसोदा देवी के पिता राम आसरे यादव को मंज़ूर नहीं है और देखते-देखते एक दिन लीला साह घाघरा तट की रेत में ग़ायब हो जाते हैं। जसोदा देवी के सपनों को पंख नहीं मिलते, उन्हें घाघरा के जल में बहा दिया जाता है। ...अकलू यादव डकैत हैं पर जसोदा देवी के सामने विकल्प कहाँ है! जसोदा देवी को सब पता है, इसलिए अकलू यादव के साथ भी वे अपने को ख़ुश रखने का प्रयास करती हैं। उन्हें यह भी पता है कि अकलू यादव के सम्बन्ध गाँव के सामन्त रामबरन सिंह की विधवा बहन रामझरी से हैं पर जसोदा देवी के गर्भ में लीलाधर यादव हैं और उसे अपना सब कुछ मानने को विवश हैं। जिस "लीला साह को देखे बिना जसोदा के लिए भोर नहीं होती और न साँझ आती," वे अब सिर्फ़ उनकी स्मृतियों में थे। उन्हें याद है कि कैसे "बलखाती छाड़न धाराओं के बीच फैली रेत पर अपने पाँव धँसा-धँसाकर पगचिह्न बनाते लीला साह और उनके पीछे-पीछे उनके पगचिह्नों पर अपने डेग धरती जसोदा।" घाघरा के तट पर शाहजहाँ की बनवाई "मस्जिद के खँडहरों के बीच पसरी लताओं से पके लाल कुन्दरु के फल तोड़कर लीला

पर फेंकती जसोदा तो कभी अपने लीला के लिए करजीरी के लाल-काले दाने चुनकर माला गूँथती" जसोदा। लीला साह का मन भी तो जसोदा के मन के पिंजरे में क़ैद था। जसोदा का बोलना, जसोदा का हँसना, जसोदा का चलना, जसोदा का नज़र से नज़र मिलते ही पलकें झुका लेना और एक पुकार पर दिन-दुपहरिया या रात-बिरात लीला के पास आ जाना ही लीला के लिए सब कुछ था। "...शाहजहाँ के इस अधूरे ख़्वाब की निर्जन छाँह में बैठकर जसोदा और लीला अक्सर अपनी दोपहरी गुज़ारते।" सुनसान मस्जिद की लाल ईंटों वाली सुर्ख़ दीवारों के एकान्त में वे बुनते अपना नीड़, रचते अपना अन्तरंग। ...यह थी अमरपुर के जसोदा के ख़्वाबों की पहली हत्या। ...ख़्वाबों की दूसरी हत्या तब हुई जब दूसरी पीढ़ी के लीलाधर यादव की पुत्री कुन्ती ने गाँव के ही एक स्कूल मास्टर मुचकुन्द शर्मा से प्रेम किया। कुन्ती के भाई रमन सिंह यादव की शान के विरुद्ध था यह कि उनकी बहन से कोई प्रेम करने की जुर्रत करे। और एक दिन मास्टर मुचकुन्द शर्मा अपने स्कूल में ही रहस्यमय परिस्थितियों में मरे पाए गए। और सुनहरे ख़्वाबों की यह दुनिया तीसरी बार तब रौंदी गई जब उसी परिवार की लड़की रेवती ने रजक जाति के एक लड़के से प्रेम किया। मनोहर उसका सहपाठी था और रेवती का सपना उसे सामाजिक समृद्धि और प्रतिष्ठा तक पहुँचाना था। पर वह रक्त विकारी था, इसलिए इस बार भी एक भाई ने ही रेवती के प्रेम का गला घोंट दिया। सुजीत सिंह यादव ने पटना के दलदली गली के भक्तिन लॉज में दिन-दहाड़े मनोहर की गोली मारकर हत्या कर दी। यानी असहमति की कोई जगह कहीं भी नहीं है। चाहे वह घर का गलियारा हो या राजनीति का।

1857 की क्रान्ति में घाघरा का जो तट अंग्रेज़ों के विरुद्ध बग़ावत का केन्द्र बना हुआ था, वही सौ साल बाद डाकुओं के बड़े गिरोह का आश्रय-स्थल हो गया था। वहाँ हत्याएँ और ख़ून-खराबा आम बात थी। अमरपुर के महाजन रामजस साह के पुत्र लीला साह भी तो यहीं से हमेशा के लिए ग़ायब हो गए थे। इसी के तट पर कई बड़ी डकैतियों की रूपरेखा तैयार हुई थी, जिसमें से एक में असफल होने पर लीलाधर यादव के पिता अकलू यादव अपनी माशूका रामझरी के हाथों मार डाले गए थे। तब लीलाधर बहुत छोटे थे। इसलिए जब वे बड़े हुए तो जल्दी परिपक्व हो गए। उनके पिता ने उनके परिवार पर जो दाग़ छोड़े थे वो उससे मुक्त होने की कोशिश में लगे रहे। उनका मुखिया बनना और मुखिया बने रहना इसी कोशिश का एक प्रतिफल था। ज़ाहिर है कि पूर्व के वो दाग़ धुलते चले गए और पूरे देवली में उनका दबदबा क़ायम हो गया। बाद में देवली की सीट के महिला आरक्षित हो जाने पर इसी दबदबे को बरक़रार रखने के लिए अपनी परपोती रेवती के पास वे गए। हालाँकि इसमें एक भाव यह भी छुपा हुआ था कि मुखिया बनने के बाद रेवती का ध्यान स्वतः ही मनोहर की ओर से हट जाएगा और उन पर अपनी माँ को दिये गए

वचन को पूरा करने का भार नहीं रहेगा। साथ ही रेवती और मनोहर के रिश्ते से जो निन्दा उनके परिवार की होगी उससे भी वे अपने परिवार को निकाल ले जाएँगे।

पर यह हो नहीं पाता। मुखिया लीलाधर यादव का आँगन घृणा, अपमान, अविश्वास और अस्वीकार का लावा उगलते ज्वालामुखी में बदल जाता है। वहाँ बौराये हत्यारों का एक ऐसा झुंड प्रकट होता है जिनके लिए रिश्तों की कोई अहमियत नहीं होती, न प्रेम जैसे शब्दों का कोई मतलब होता है। वैसे इस कथानक में कई हत्याएँ हैं। उपन्यास शुरू ही होता है शमशेर साँई की हत्या से और इसका अन्त भी इसी तरफ़ मुड़ता है जब कथानक के ख़त्म होने के ठीक पहले मनोहर रजक की हत्या हो जाती है। अर्थात समाज में जो अति पिछड़े हैं दलित हैं उनकी भागीदारी समाज और राजनीति में कम-से-कम हो, वे किसी भी तरह बराबरी के साथ खड़े नहीं हो पाएँ और यदि वे ऐसा करने का प्रयास करते हैं तो अंजाम सामने है।

ऐसे संस्कारों के बीच मुखिया लीलाधर यादव यदि रेशमा कलवारिन को सरपंच के पद के लिए खड़ा करवाते हैं तो इसलिए कि रेशमा हमेशा रेवती का ढाल बनी रहेगी। वे जानते हैं कि रेशमा ने अब तक अपनी देह को हथियार बनाकर अपना फ़ायदा निकाला है, वे यह भी जानते हैं कि रेशमा के कई-कई मर्दों से नाजायज़ सम्बन्ध रहे हैं, फिर भी उनके लिए राजनीति में शुचिता और पवित्रता का कोई अर्थ नहीं। लीलाधर रेशमा से कहते हैं—'तुमको चुनाव लड़ना है इस बार। सरपंच का चुनाव।' "...महाजाल फेंककर जैसे कोई सधा हुआ मछुआरा धीरज के साथ इन्तज़ार करता है, वैसे ही मुखिया लीलाधर यादव ने अपनी बात कहकर चुप्पी तान ली और निहारते रहे रेशमा को।" रेशमा इसे सहज ही स्वीकार लेती है—'हम तैयार हैं। लड़ेंगे सरपंच का चुनाव। आपका आसीरवाद मिल रहा है, यही बड़की बात है मेरे लिए।' "...रेशमा के चेहरे पर तिर्यक मुस्कान उभरी और लुप्त हो गई..." एक ऐसा ही महाजाल लीलाधर ने अपनी पोती रेवती के लिए भी फेंका था। अपने दामाद मनन चौधरी के साथ रेवती के छात्रावास जाकर उन्होंने मनन चौधरी की मदद से उसे समझाया था—

> हम चाहते हैं कि तुम चुनाव लड़ो। ...चुनाव के बाद...जीतने के बाद भी तुम्हारी पढ़ाई चलती रहेगी। आई.ए.एस. बनकर किसी नेता के पीछे डोलने से बेहतर है राजनीति। यह शुरुआत होगी तुम्हारी। ... देवली में तुम्हारा तीन सौ पैंसठ दिन रहना ज़रूरी नहीं। तुम्हारे बाबा देखेंगे सारा काम। तुम पढ़ी-लिखी हो। तुम्हारा परिवार राजनीतिक परिवार है। मुखिया की कुर्सी जल्द ही बहुत छोटी हो जाएगी तुम्हारे लिए। ...एक लीक पकड़कर चलने से कुछ नहीं होता। कई बार बेहतरी के लिए रास्ता बदलना पड़ता है। ...हम तुम्हारे पास बहुत भरोसे से आए थे।

घिर गई थी रेवती। "...'बाबा!' बरसात में भीगकर गिरती भीत की तरह रेवती की आवाज़ भहराकर गिरी।" वह उठी और अपने बाबा से लिपट गई। "...वह बिलख-बिलखकर रोए जा रही थी। लीलाधर रो भी रहे थे और अपनी एक हथेली से उसका माथा सहला रहे थे। मनन चौधरी किसी मँजे हुए खिलाड़ी की तरह बैठे बाबा-पोती की यह रुदन-लीला निहार रहे थे।" उन्होंने कहा था—

> बबुनी, अपने हिसाब से जीने के लिए यह ज़रूरी है कि ताक़त अपने हाथ में हो।...ताक़त और सत्ता तुम्हारे दुआर पर खड़ी है। ठुकराओ मत इसे।...

यह कहते हुए लोकतंत्र के धर्मयुद्ध में रेवती को झोंककर चले गए उसके अपने पुरखे, हितु, परिजन—

> रेवती की आँखों के सामने आजी जसोदा देवी के चेहरे की रेखाएँ झिलमिल कर उठीं ...पहाड़, जंगल, वनचर और सभ्यता की नई सन्तानें-सबके सब शामिल हैं इस महोल्लास में। वह ढोल बने गर्भ में ही अँगुलियों की थाप से मार दी जाएगी एक दिन! उसके कंठ से औचक एक आर्द्र पुकार फूटी, "आजी!"

और सचमुच रेवती का भरोसा टूट गया एक दिन, जब उसका सबसे प्रिय सखा, दोस्त, प्रेमी उससे छीन लिया गया। किसने की यह साज़िश? क्या उन्होंने जिन्होंने कुन्ती बुआ से उनका जीवन छीन लिया था या फिर उन्होंने जिन्होंने उसकी आजी के प्रेम को अर्गला लगा दी थी। उपन्यासकार यहाँ भावनाओं के ज्वार में बह जाता है और लिखता है—

> ...अचानक बत्तीस तारों के झुंड वाले सत्ताईसवें नक्षत्र का ज्योतिपुंज आकाश से गिरा और मुखिया लीलाधर यादव के आँगन में रेज़ा-रेज़ा बिखर गया। ...एक आकुल अँधेरा पसर गया था चारों ओर। इस अँधियारे में अपने थरथराते पाँवों पर स्मृतियों के चिथड़े ओढ़ी खड़ी थी रेवती। ...एक विलाप-स्वर फूटा जो अग्निलीक की तरह धरती से आसमान की ओर ऊपर उठता गया।

अब तक जसोदा देवी निर्भय गोद में उनकी हथेलियों की छुअन से रेवती को सुकून मिलता रहा था। पर अब यह सुकून कौन देगा?...रेवती का सिर अपनी गोद में रखे जसोदा देवी ख़यालों में डूबी सोचती रहीं... (जब घाघरा जैसी) बिना कूल-किनारों वाली नदी नहीं मरी, उसका जल नहीं सूखा...अगर यह साँच है तो भला रेवती का कौन कसूर? ...क्या दुनिया का कोई सुख सोख पाएगा रेवती की आँखों का लोर? इसीलिए उन्होंने लीलाधर से कहा था—

> हमको नहीं पता कहिया तक जिनगी है हमारी? आज हैं, कल न रहें। बस एक बचन दो कि इसके साथ घर—परिवार में कोनो आदमी अनियाय ना करेगा। इसकी पढ़ाई हर हाल में बन्द ना होगी। जितना चाहे पढ़ना, उतना पढ़ाओगे। ...इसका विवाह बिना इसकी मर्जी के मत करना।

...पर जसोदा देवी के जाते ही सब कुछ बदल गया। न ही उसकी पढ़ाई ही चल पाई और न ही प्रेम। वह तो पूरी तरह ठगी गई।

जसोदा देवी को यह डर सता रहा था। मर्दों की जननी होकर भी उन्हें मर्दों की बातों पर विष्वास नहीं था। इन मर्दों की दुनिया वे पहले भी देख चुकी थीं। उन्हें आज भी लाल ईंटों से बनी मस्जिद के किनारे बहती घाघरा याद आ रही थी, उसकी छाड़न धाराओं का कज्जल जल याद आ रहा था। और याद आ रहे थे बरसात के दिनों में मस्जिद के मीनारों तक जा पहुँची आवारा लताओं में लटके कुन्दरु के पके टेस लाल फलों को उसके लिए तोड़ने को उद्दत लीला साह। उसकी हर चाहत को अपने पंखों की उड़ान सौंपते लीला साह। जसोदा देवी इसी से डरती रही थीं। क्या पता कोई आवारा नज़र उनके पंख ही कुतर दे। और हुआ भी यही था। ठीक फगुआ के दिन छाड़न की एक पतली धारा के बीच खड़े लीला किनारे खड़ी जसोदा पर जल उलीच रहे थे। जसोदा भीग रही थी। जसोदा की पीठ के पीछे राम आसरे यादव आ खड़े हुए थे। वे घर से स्नान के लिए निकले थे। लीला ने ही उन्हें सबसे पहले देखा था। छाड़न की रेत में लीला के पाँव धँसने लगे थे। पाँव खींचने के लिए जितना बूता लगाते लीला, छाड़न की तलहटी और ज़ोर से जकड़ती जाती। लीला से जसोदा का यह अन्तिम दरस-परस था। ...इसलिए उनके स्वर में रेवती के लिए याचना थी। और एक माँ होने के नाते लीलाधर के लिए निर्देश भी था। क्योंकि उन्हीं के परिवार के एक लड़के ने रेवती को बाल पकड़कर घसीटा था और उसे कुट्टी-कुट्टी काटकर घाघरा में बहा देने की बात कही थी। इसलिए जसोदा देवी का डर लाजमी था, क्योंकि अपने बड़े होने का अहंकार और दुनिया को अपने ढंग से चलाने का दर्प मनुष्य को काफ़ी नीचे गिरा देता है। यह अपने परिवार में वे देख चुकी थीं।

'अग्निलीक' में भले ही सत्ता के शीर्ष के लिए जातियों में घृणा नहीं हो, न ही कोई धर्मगत विद्वेष हो पर पारिवारिक रिश्तों के आकाश में यह जातिगत या वर्णगत घृणा पूरी तरह मौजूद है। वैसे 'अग्निलीक' में सामाजिक परिवर्तन की कोई पृष्ठभूमि भी नहीं है और न ही कोई वर्तमान मौजूद है। वहाँ सत्ता का केन्द्र सिर्फ़ एक ही परिवार है जो कई पीढ़ियों से उस पर क़ाबिज़ है और इसका बीज नई पीढ़ी में डालने की दिशा में अग्रसर भी। रेवती को बदलते समय की हवा से बिलगकर अकेला करना या उसे अपने वर्चस्व के लिए छीन लेना एक नया समीकरण है जहाँ रेवती अकेली होती चली जाती है। वह कहती भी है—

> "मैं देवली जा रही हूँ मनोहर। मैं। अगर नहीं गई, तो शायद...।" तुम सिर्फ़ ग़रीबी से लड़ रहे हो, जाति से लड़ रहे हो। मैं एक लड़की हूँ और अपने से कई गुना ताक़तवर जाति और धर्म के पुरुषों से लड़ रही हूँ। ...मैं जिनसे लड़ रही हूँ, ये लोग बाबा, पिता, भाई या परिजन होते हुए भी मेरी पूरी ज़िन्दगी को तबाह कर सकते हैं।

...ज़ाहिर है, ये पुरुष एक स्त्री को हथियार बनाना चाहते हैं। चाहे वह रेशमा हो या रेवती...। रेवती जान चुकी है कि ये लोग उसका आकाश छीन लेना चाहते हैं। वह अब उड़ नहीं पाएगी, उसके पंख कतर देने की दिशा में उनके क़दम बढ़ चुके हैं। अब शायद मनोहर को पाने की उसकी लड़ाई फलित न हो सके। "रेवती मन-ही-मन पूछ रही है अपने-आप से कि क्या कसूर है उसका? उसने सिर्फ़ एक आकाश ही तो चाहा है। ...वह ज्योति से अभिसिंचित उन नक्षत्रों को किस समुद्र में डुबो आए जो उसकी आत्मा में बसने के लिए आतुर हैं? इन हताशा भरे पलों में वह किसको पुकारे? ...रेवती की आँखों के सामने आजी जसोदा देवी के चेहरे की रेखाएँ झिलमिल कर उठीं" और उसके कंठ से एक आर्द्र पुकार फूटी—"आजी!..." पर आजी की आवाज़ आज कहाँ थी जो रेवती की कामनाओं को फलने से रोकनेवाली बाँहों को पकड़ सके। उसकी कामनाओं की दृढ़ दीवार में तो उसके बाबा लीलाधर यादव सेंघ लगा चुके थे। ...रेवती अपना जीवन अपने आदर्शों के हिसाब से जीना तो चाहती है पर अपने बाबा के प्रति उपजी भावनाओं के वश में आकर अपना फ़ैसला बदल लेती है। वह सहज ही घाघरा के जल और उसकी रेत के विस्तार से लीला साह और अपनी आजी जसोदा के अधूरे रह गए प्रेम को पूर्णता तक ले जाने वाले रास्ते से अपने पैर पीछे खींच लेती है...और सत्ता के गलियारे में दाख़िल हो जाती है।

'अग्निलीक' में दिल को उजाड़ने में लीलाधर यादव का परिवार शामिल है जबकि जसोदा देवी इसी दिल को बचाने की बात जीवन-भर करती रही हैं। ...आज का सीवान या पुराना सारण कभी नीलहे अंग्रेज़ों की ज़मींदारी और ज़ुल्म का इलाक़ा हुआ करता था। उपन्यासकार इसीलिए तब की बनी एक लिलही कोठी की चर्चा करता है जो अब खँडहर हो गई है। सौ-सवा सौ सालों तक नीलहे अंग्रेज़ विपदाओं के असंख्य नीले दाग़ इस देवली गाँव की देह, आत्मा और धरती पर लगाते रहे थे। पर क्या देवली आज भी इन जुल्मों से मुक्त है? या फिर उस पर लीलाधर यादव जैसे बलशालियों का क़ब्ज़ा है? जॉर्ज मूर कहते हैं कि उपन्यास जिस युग में हम जी रहे हैं, उसके सामाजिक परिवेश का बिलकुल पूर्ण और सही-सही पुनर्निर्माण है। इस लिहाज़ से 'अग्निलीक' के जो निर्माणात्मक तत्त्व हैं, वे एक पाठक को बार-बार अपनी ओर लौटने को विवश करते हैं।

बिहार के एक ग्राम्यांचल का सजीव दस्तावेज़

चन्द्रेश्वर

'अग्निलीक' हृषीकेश सुलभ का पहला प्रकाशित उपन्यास है। वर्ष 2019 के आख़िर में राजकमल प्रकाशन, नई दिल्ली से आए इस उपन्यास को मैंने पिछले दिनों इत्मीनान से फ़ुरसत में पढ़ा। सुलभ जी की कहानियों का मैं पहले से ही पाठक रहा हूँ और उनके मंचित नाटकों का प्रेक्षक भी। वे समकालीन रंगमंचीय मुद्दों पर भी 'कथादेश' मासिक में एक नियमित कॉलम लिखते रहे हैं। उनकी कहानियाँ गाँव से लेकर शहर तक के बदलते समाज और वहाँ की ज़िन्दगियों को अपने में समेटे हुए हैं।

'अग्निलीक' को उन्होंने बेहद परिपक्व उम्र में रचा है। साठ के पार जाकर। इस उपन्यास को पढ़ने के पहले मैं कुछ ज़्यादा उत्सुक था, इसके कथ्य और भाषा-शिल्प की बुनावट-बनावट को लेकर, उपन्यासकार सुलभ की कल्पना और यथार्थ को प्रस्तुत करने के उनके तौर-तरीक़ों को लेकर।

बहरहाल, उपन्यास के केन्द्र में बिहार के सीवान जनपद की एक ग्राम पंचायत देवली और उससे जुड़ा जवार-पथार है। यह अंचल घाघरा और गंडक जैसी गंगा की सहायक नदियों से जुड़ा हुआ है। इससे ही सटा भिखारी ठाकुर का छपरा है। सीवान और छपरा के दक्षिण में भोजपुर है। छपरा और भोजपुर के बीच में गंगा बहती है। अब इन दोनों के बीच हाल ही में बने लम्बे सेतु ने दोनों ओर के एक-जैसे समाजों को जोड़ने का काम किया है। यही अंचल भोजपुरी के अमर पूर्वी गीतों के रचनाकार महेन्दर मिसिर का भी है। यह ठेठ पुरबिया समाज है। यहाँ की बोली-बानी ठेठ भोजपुरी है। यह एक ऐसा समाज है जहाँ परिवर्तन की गति बहुत ही धीमी है। यह अब भी एक पिछड़ा हुआ अर्द्ध सामन्ती और पितृसत्तात्मक समाज है। यहाँ की सामाजिक संरचना में जाति, वर्ण, सम्प्रदाय, धर्म और मज़हब की नियामक और निर्णायक भूमिका है। सुलभ इसी समाज से अपना कथानक उठाते हैं। वे अपने इस उपन्यास में इस अंचल के पूरे ढाँचे (स्ट्रक्चर) को उठाकर रख देने की सामर्थ्य रखते हैं। यहाँ के हर तबके का समाज, यहाँ की पूरी प्रकृति, यहाँ के पूरे परिवेश, खेतीबारी, फ़सलें, खलिहान, बाग़-बग़ीचे, ब्रह्म, पीर, नदी-नाले, ताल-पोखर, तीज-त्योहार,

होली-दिवाली, छठ परब और शादी-बियाह, मरनी-जीनी और किरिया-करम को पूरी सजीवता, सहजता एवं स्वाभाविकता के साथ वे प्रस्तुत करते हैं। वे अपने शिल्प की संरचना में बहुत ही यथार्थवादी हैं। वे इस मामले में प्रेमचन्द और रेणु की शैली को ही और ज़्यादा तराशने का काम करते हैं। वे इसमें बहुत ही सजग-सचेत नज़र आते हैं। वे अपने इस उपन्यास में कथ्य को प्रसंगानुकूल और ज़्यादा तीक्ष्ण, बेधक और व्यंजक बनाने के लिए पारम्परिक भोजपुरी लोकगीतों का भावानुवाद प्रस्तुत करते हैं। इस उपन्यास की एक मुख्य स्त्री किरदार जसोदा के परित्यक्त जीवन के प्रसंग में ये गीत आकर व्यंजकता प्रदान करते हैं। वे गीत संवाद में ढल जाते हैं। अगर सुलभ चाहते तो उन्हें उनके मूल स्वरूप में ही रहने देते पर ऐसा नहीं कर वे अपनी हिन्दी को और ज़्यादा प्रेषणीयता प्रदान करते हैं। जब जसोदा के पति अकलू यादव बहुत दिनों बाद जेल से रिहा होकर आते हैं तो जसोदा कहती है—

सालों-साल दिन गिनती रही हूँ मैं

दिन गिनते अँगुरी घिस गई और बाट निहारते नयन थके
...और अब आए हो तो जोगी की तरह सेज से दूर खड़े हो
...यह जो घर के पीछे जो चन्दन का गाछ है
उसे कटवाकर सारंगी बनवा देती हूँ
...जाओ घूमो नगर-नगर,...दुआरे-दुआरे और माँगो भीख
जब अब तक रह लिया तुम्हारे बिन, तो आगे भी रह लूँगी
जोगी का बाना धर आओगे कभी मेरे दुआर,
तो भीख भी दे दूँगी कि जोग सफल हो तुम्हारा।

इस गीत में उपालम्भ का भाव है और एक स्त्री का उदात्त भाव भी। सुलभ कई अर्थों में भोजपुरी के लोक नाटककार भिखारी ठाकुर की रचनाओं की ज़मीन और लोक चेतना से भी गहरे जुड़े हैं।

यह उपन्यास एक लम्बे समय के कथानक को तफ़सील में सामने लाता है। इसमें चार पीढ़ियों की कथा है। इसमें एक पूरी पिछली सदी और 21वीं सदी के डेढ़ दशक भी शामिल हुए है। कुछ ऐतिहासिक संकेत और पीछे उन्नीसवीं सदी के मध्य तक ले जाते हैं।

इस कथानक के मूल या केन्द्र में देवली पंचायत के मुखिया लीलाधर यादव का परिवार है। लीलाधर यादव की माँ ही जसोदा देवी हैं, जिनका नइहर अमरपुर है, जो अकलू यादव से ब्याही गईं। अकलू यादव गाँव के एक राजपूत परिवार रामबरन सिंह के सामन्ती उत्पीड़न का शिकार होकर डकैत बन जाते हैं। जसोदा भी अपने गाँव के युवक लीला साह से प्रेम करती है। उसका प्रेम रिश्ते में नहीं बदल पाता है। वह अपने जीवन के आख़िरी दिनों तक अपने प्रेम को भूल नहीं पाती है। इस उपन्यास में कई नई-पुरानी पीढ़ी के स्त्री पात्रों के भीतर प्रेम को अंकुरित होते या पुष्पित-पल्लवित होते

दिखाया गया है। एक तरह से देखा जाय तो इन चार पीढ़ियों में जसोदा, जसोदा की पोती कुन्ती और प्रपौत्री रेवती को इतर जाति के लोगों से प्रेम करते बताया गया है। इनमें सबके प्रेम का क़त्ल हो जाता है। गाँव से विवाह कर विदा होने के बाद जसोदा लीला साह से दुबारा नहीं मिल पाती है। लीला साह भी किसी और स्त्री से विवाह नहीं करते हैं। बाद में उनका सुखी-सम्पन्न वैश्य परिवार हमेशा-हमेशा के लिए उजड़ जाता है। जसोदा अपने इसी प्रेमी के नाम पर अपने बेटे का नाम लीलाधर रखती है।

इसी तरह कुन्ती अपने स्कूल के अंग्रेज़ी ट्यूटर से प्रेम करती है, उसका भाई ही इसकी भनक मिलते ही उसका मर्डर कर देता है। वह सवर्ण भूमिहार जाति का शर्मा है। लीलाधर की पोती रेवती अपने कॉलेज के एक मेधावी सहपाठी मनोहर रजक से प्रेम करती है, जिसका मर्डर उसका ही चचेरा भाई सुजीत गोली मारकर करता है। रेवती को जबकि दबाव में लाकर उसके बाबा लीलाधर यादव मुखिया का प्रत्याशी बनाते हैं।

एक तरह से देखा जाय तो सुलभ का यह उपन्यास मुख्यतया दो बातों को पूरी शिद्दत से सामने लाता है—

एक तो यह बिहार के पुरबिया भोजपुरी अंचल के सामाजिक-राजनीतिक चेहरे को सामने लाता है कि किस तरह उस इलाक़े में आज़ादी के बाद के दशकों में उतरोत्तर सवर्ण जातियाँ हाशिए पर पहुँची हैं और पिछड़ी-दलित जातियों के साथ मुसलमान भी केन्द्र में स्थापित हुए हैं। यही यथार्थ कमोबेश पूरे बिहार का है। मुस्लिम-यादव यानी माई समीकरण की भी बात आती है। सुलभ इस यथार्थ को बहुत ही सलीके के साथ और शान्त-संयत तरीक़े से रखते हैं। मैंने पहले ही कहा है कि वे कुछ भी अलग से आरोपित नहीं करते हैं। वे पूरी ईमानदारी और कलात्मकता के साथ, एक 'परफैकशनिस्ट' की तरह, एक कलात्मक तराश के साथ समय के यथार्थ को उपस्थित करते हैं। इसमें वे कहीं से कोई झोल या अनावश्यक प्रसंग नहीं लाते हैं। इस मामले में रेणु की कथात्मकता की कला उनका मॉडल है। यद्यपि वे दूसरा रेणु होने से बचते भी हैं।

प्रेमचन्द या रेणु या अन्य यथार्थवादी उपन्यासकारों में जो एक गतिशील यथार्थ है वो सुलभ में बहुत ही बारीक स्तर पर दिखता है। दूसरी बात कि इस उपन्यास में कुछेक पुरुष पात्रों को छोड़कर ज़्यादातर सामन्ती सोच, छल-छद्म और प्रपंच से जुड़े दिखते हैं; जबकि ठीक इसके विपरीत ज़्यादातर स्त्री पात्र स्नेहिल, कोमल और उदात्त भावभूमि पर दिखते हैं; लेकिन सामन्ती जकड़बन्दी में घुटते रहते हैं। सुलभ की इन स्त्रियों को सामन्ती और पारम्परिक समाज के मकड़जाल और उत्पीड़न के बीच से ही राह बनाते देखा जा सकता है।

इस उपन्यास में जसोदा, रेशमा, कुन्ती, रेवती, गुल बानो, मुन्नी बी आदि ऐसी ही स्त्रियाँ हैं। पुरुष पात्रों में अकरम अंसारी, रज्जन, मनन चौधरी, पवन यादव, सुजीत आदि पात्र मौक़ापरस्त और सामन्ती प्रवृत्तियों के शिकार हैं। उस इलाक़े में ब्राह्मणों का जैसे कोई हस्तक्षेप ही न हो। राजपूत भी लगातार खोखले होते गए हैं। इस उपन्यास का यथार्थ इस विश्लेषण को सामने लाता है कि राजपूतों को किनारे कर

यानी पुराने सामन्तवाद को धकियाकर नवसामन्तवाद के प्रतिनिधि पिछड़ी जाति से हैं। इनमें यादव अग्रणी हैं।

सुलभ का यह उपन्यास स्थानीयता से यानी स्थानीय यथार्थ से सम्बद्ध होते हुए भी पूरे बिहार के यथार्थ से जुड़ता है। सुलभ ने हर जाति के लोगों के सुभाव, बर्ताव, रहन-सहन को, बोली-बानी को संजीदा तरीक़े से रखा है। वे राजपूतों और कायस्थों के बीच के फ़र्क़ को भी बतलाते हैं। वे जिस पुरबिया समाज और अंचल की यथार्थ कथा को 'अग्निलीक' में पिरोते हैं, उसमें गहरे पैठे हुए हैं।

अन्ततः यह उपन्यास अपने कथानक की अन्तर्धारा में कई-कई प्रेम कथाओं को बहाए लिये चलता है। सुलभ ने इसमें कुछ यादगार स्त्री पात्र रचे हैं मसलन, जसोदा, रेशमा, रेवती और गुल बानो।

इन स्त्री पात्रों के निर्माण और कल्पना में उपन्यासकार ज़्यादा उदार दिखता है। सम्भव है कि यही सच्चाई या वास्तविकता भी हो। कुछ स्त्री पात्र एकाध दृश्यों में दिखाई पड़ते हैं और बहुत ही अल्पजीवी हैं; मगर यादगार हैं। मसलन, पतिया हजामिन और पीरती गोड़िन। पीरती गोड़िन का घर से अँधेरी रात में भागती रेवती को दौड़कर पकड़ लेना और पतिया का रेशमा की देह दबाते हुए मार्मिक लोकगीत गाना—यादगार छोटे-छोटे प्रसंग हैं।

सुलभ देवली बाज़ार की कलाली की दुकान या चाय-पानी-समोसे की मदन साव की दुकान का या देवली के गँजहों का अच्छा दृश्य और विवरण प्रस्तुत करते हैं। वे डकैतों और डकैती का जीवन्त चित्रण करते हैं। इस उपन्यास को पढ़ते हुए बराबर यह महसूस होता है कि कोई फ़िल्म देख रहे हों। इस तरह के जीवन्त और नाटकीय दृश्यों को रचने के पीछे सुलभ का नाटककार भी शामिल है।

मुझे इस नाते भी यह उपन्यास पठनीय और दिलचस्प लगा कि मैं उस पुरबिया समाज के ही आसपास या अगल-बग़ल के समाज का हिस्सा हूँ। यह समाज मेरी रगों में बहता है, मेरे दिल में बसा है।

यह उपन्यास एक स्थानीय पेशेवर हत्यारे मुस्लिम शमशेर साँई की हत्या के प्रसंग से आरम्भ होता है और रेवती के प्रेमी मनोहर की हत्या के प्रसंग पर समाप्त होता है। ज़ाहिर-सी बात है कि इन हत्याओं के पीछे यादव परिवार के ही स्वार्थ और अन्तर्विरोध हैं। मुखिया लीलाधर यादव चुप्पे और डिप्लोमेटिक आदमी हैं। अन्दर से बहुत ही निर्मम और अपने स्वार्थ के आगे संवेदनहीन भी दिखते हैं।

इन दो हत्याओं के बीच में देवली के आसपास के ग्राम्यांचल का यथार्थ है जो नवसामन्ती जकड़बन्दी में कराह रहा है। यह दीगर बात है कि इन हत्यारी और क्रूर स्थितियों के बीच ही कुछ परिवर्तन के बारीक रेशे, धागे या तन्तु दिख जाते हैं।

उपन्यास के अन्त में रेवती का विलाप स्वर फूटता है जो अग्निलीक की तरह धरती से आसमान की ओर ऊपर उठता जाता है। उपन्यास के अन्त का संकेत साफ़ है कि इस अग्निलीक से ही उस अंचल के भविष्य का यथार्थ निर्मित होने वाला है।

केन्द्र का हाशिया और हाशिये का केन्द्र

अनघ शर्मा

कथा अपने जीवन में, अपने खाँचे में, अपनी गोद में न जाने कितने ही जीवन, कितने ही शीर्षकों के उप-शीर्षक, कितने ही किरदारों को एक साथ उँगली से थामे कभी तेज़ तो कभी धीमे, कभी थम के तो कभी बाढ़ में डूबी नदी-सी अचानक ही हरहराकर आगे बढ़ जाती है। हर कथा मानती है और कहती भी यही है कि उसके विस्तार में चाहे कितने ही लोगों की आवाजाही दिखे पर असल में पात्र तो बस दो ही होते हैं; एक जो नींव में घुल जाता है और दूसरा वह जो पहले वाले से कहता है कि 'तुम नींव में लगे तो चलो अब मैं उठकर छत की तरह फैलता हूँ।' बाक़ी सब किरदार बीच-बीच में आकर कथा के इस विस्तार को सुतून बन, दीवारें बन थामे रहते हैं, ऐसा होने से ये बिलकुल नहीं है कि इन किरदारों की कोई स्वतंत्र इकाई नहीं, स्वायत्तता नहीं...स्वतंत्र होकर भी ये नींव और छत को थामे रहते हैं; और इन्हीं दोनों पात्रों 'नींव और छत' के बीच कथा अपने पूरे आवेग से थमती, बढ़ती रहती है। यही पात्र कथा का हाशिया भी तय करते हैं और अक्सर आगे बढ़ केन्द्र भी।

'अग्निलीक' उपन्यास ऐसे ही दो पात्रों जसोदा देवी और रेवती (दादी-नातिन) की कथा है। यही दोनों पात्र इस उपन्यास की नींव भी हैं, छत भी हैं, केन्द्र भी हैं और हाशिया भी...इन दोनों के साथ एक पात्र ऐसा और है जो बीच धुंध से उठता हुआ नमूदार हुआ और धीरे से एक नई छत की तरह पूरी कथा में छाया रहा...ये है रेशमा कलवारिन का पात्र, एक तरह से ये पात्र इस उपन्यास की कथा की क्षैतिज रेखा है जिसके पास अतीत और वर्तमान के एक जगह जुड़ने, बनने, टकराने और वहाँ से आगे बढ़ उसके बिखरने का दस्तावेज़ है।

हृषीकेश सुलभ जी का यह उपन्यास लगभग 85 वर्षों के कालखंड पर खड़ा है और इस वजह से 'अग्निलीक' किसी एक की कथा न होकर कई पीढ़ियों की कथा बनकर खुलता है। उपन्यास का पहला ही दृश्य हत्या और उसके बाद की तफ़्तीश का है जो रहस्य-रोमांच से जल्दी ही आगे निकलकर बिहार के कई दशकों

में फैले सामाजिक-राजनीतिक जीवन के गठजोड़ और पुलिसिया छल-बल का दस्तावेज़ बन जाता है, जैसे—

> थानाध्यक्ष बोला—'दरोग़ा ने रिपोर्ट किया है कि वकुआ वाली जगह पर तुम्हारा असलाह बरामद हुआ है। ...जाओ, लाश को सीवान तक पहुँचवाना और सीवान से लाकर कफ़न-दफ़न करवाना अब तुम्हारी ज़िम्मेवारी है। सब ठीक-ठाक हो जाए तो कल आकर ले जाना अपना फुटफुटिया।' (पृ. 26)

इस उपन्यास को पढ़कर ये भी समझ में आता है कि एक प्रदेश, एक राज्य धीरे-धीरे कैसे करवट बदलता है और अपने नये-पुराने समीकरणों से उलझता, निकलता हुआ क्या शक्ल अख़्तियार करता है। 'अग्निलीक' बहुपाठ का उपन्यास है; बहुपाठ से मेरा मन्तव्य यहाँ इस उपन्यास में लिखे हुए के बीच जो जीवन और राजनीति के सूत्र दिये हैं उन्हें खोजने और डी-कोड करने से है...ख़ासकर मेरे जैसे पाठक के लिए जिसका बिहार से बस इतना ही सम्बन्ध रहा है कि यह एक पड़ोसी राज्य है या लालू प्रसाद यादव कभी यहाँ के मुख्यमंत्री थे या अब नीतीश कुमार हैं; पर इतने ही भर से तो किसी राज्य को समझा-बूझा नहीं जा सकता; उसे समझने के लिए बिलकुल पहले पायदान की राजनीति और उससे उपजे समीकरण समझने होंगे। कहने वाले ये भी कह सकते हैं कि पूरे भारत में राजनीति का ऐसा ही स्वरूप तो है तो इसमें ऐसा नया क्या। पर जैसे हर राज्य-प्रदेश की मिट्टी, नदी के पानी का रंग अलग-अलग वैसे ही उसकी राजनीति और उससे उपजी कथाओं का आस्वाद भी भिन्न ही होता है और इस उपन्यास ने इस समीकरण, इस राजनीतिक स्वाद को बेहद ख़ूबी से दर्शाया है।

'अग्निलीक' कई पात्रों, कई स्थानों को समेटे हुआ एक बड़ा आख्यान है। इतने सारे पात्रों के साथ चलती कथा में भटकाव और लहक की गुंजाइश बन जाती है पर सुलभ जी ने इस कथा के एक-एक पात्र को जैसे निकष पर चढ़ाकर गढ़ा है, वह सीखने लायक चीज़ है। इस उपन्यास का एक-एक पात्र ऐसा है मानो हमारे-आपके बीच से उठ खड़ा हुआ हो; हमारे ही घर-आँगन से निकलकर सामने आया हो जिसके हाव-भाव, बोली-बानी, सुख-दुख सब अपने ही हों, यही इन पात्रों की विशेषता है, ताक़त है।

इस उपन्यास के सब किरदार चाहे बड़े हों या छोटे, मुख्य हों या सहायक अपने-अपने स्पेस में इतने सटीक, इतने 'प्रिसाइस' हैं कि इनकी ऐसी उपस्थिति के बिना 'अग्निलीक' का कोई और ख़ाक़ा, कोई और रूप सोचना मुश्किल है।

सुलभ जी ने अपने हर किरदार को उसके अनगढ़, हिंसक, कोमल, हिम्मती, हर रूप में जस का तस स्वीकारा है जो इन सभी किरदारों को काग़ज़-क़लम से

परे जीवन्त और अपने निर्णय स्वयं लेने वाला बना देता है; विशेषत: इस उपन्यास के स्त्री-पात्र फिर चाहे वह बियफी देवी हो, जसोदा हो, रेशमा हो, गुल बानो हो, मुन्नी बी हो, रेवती हो सब हिम्मती और ख़ुदमुख़्तार हैं; यही नहीं उपन्यास के पुरुष पात्र अकलू यादव, लीलाधर यादव, शमशेर साँई, मुन्ने मियाँ सब चाहे बाहर से कैसे भी रूखे-अराजक दिखाए गए हों पर इन सबके भीतर एक तरह की कोमलता भी दिखाई देती है जो कि बड़े पटल पर, लम्बे दृश्य में देखने में समाज के बदलाव के लिए ज़रूरी है। भले से अकलू यादव झूठे केस में फँसा के जेल भेजे जाने का बदला लेने के लिए डकैतों में शामिल दिखाए गए हों पर फिर भी निर्दोष नायक ही रहेंगे, क्यूँकि ये भी तो समाज की ही ज़िम्मेवारी है कि किसी की भी हक़तलफी न हो और किसी भी अन्याय की पुश्त-पनाही को जगह न मिले।

'अग्निलीक' की कथा मात्र सत्ता और राजनीति के इर्द-गिर्द ही नहीं घूमती बल्कि दो सदियों, बीसवीं शताब्दी के एक बड़े हिस्से और इक्कीसवीं शताब्दी के शुरू के दो दशकों में होने वाले सामाजिक-आर्थिक बदलावों को भी दर्ज करती है। जितनी सहजता से ये उपन्यास बाहर समाज के बड़े दृश्य में आ रहे बदलाव को नज़र में रखता है उतनी ही सहजता से परिवारों के भीतर होने वाली उठापटक, भीतरी घात को भी बिना लाग-लपेट दर्ज करता है फिर चाहे वह कोई लगभग सत्तर बरस पहले परिवार और जाति के नाम पर जसोदा की अकलू यादव से शादी हो या फिर इतने ही बरसों बाद परिवार और जाति के नाम पर की गई मनोहर रजक की हत्या हो। 'अग्निलीक' इसी मायने में बड़ा आख्यान है कि अपने समय के, अपने अतीत के, वर्तमान के और आने वाले कल के सवालों से मुँह नहीं चुराता, बेचैनियों से नहीं भागता। यह उपन्यास समय के एक बड़े कालखंड लगभग पौन सदी में जगह-जगह बिखरी स्त्री विवशता को देखता है और निडर हो हमें दिखाता भी है फिर चाहे वह ऑनर किलिंग हो, प्रेम के नाम पर मन और देह का शोषण हो या अपने हौसले से आगे बढ़ती स्त्री को हाथ पकड़ रोकना हो।

इस उपन्यास का कथ्य, कथा, भाषा और ट्रीटमेंट इतना कसा और शानदार है कि इसे पढ़कर बहुत कुछ सीखा जा सकता है; दुख और त्रासदी के आख्यान को जिस तेवर में जिस कलेवर में इस उपन्यास ने बाँधा है वह गुनने और बार-बार पढ़ने लायक है।

जाति और पितृसत्ता की जकड़नों में स्त्री

श्रद्धांजलि सिंह

समकालीन हिन्दी साहित्य के सशक्त हस्ताक्षर हृषीकेश सुलभ लोक और शास्त्र को समान शक्ति और क्षमता से साधने और रंगमंच पर अपने नये-नये प्रयोगों के लिए जाने जाते हैं। भिखारी ठाकुर की प्रसिद्ध लोकनाट्य शैली 'बिदेसिया' में अन्तर्निहित शक्ति और सम्भावनाओं को पहचानकर उसे आधुनिक नाटक और रंगमंच से जोड़ने का महनीय दायित्व उन्होंने निभाया है। कथा, नाटक और नाट्यालोचना के बाद उन्होंने उपन्यास विधा को अपनी जादुई लेखनी से छुआ है। 'अग्निलीक' हृषीकेश सुलभ का पहला उपन्यास है, जो आज़ादी के बाद बदलते गाँवों की तसवीर प्रस्तुत करता है। पुस्तक के फ्लैप पर इसे रेणु की याद दिलानेवाला उपन्यास बताया गया है। रेणु ने जहाँ कोसी तट के आसपास बसे गाँवों के बदलने की कथा कही थी वहीं हृषीकेश सुलभ ने घाघरा और गंडक नदी के आसपास बसे गाँव—देवली और मनरौली—की सामन्ती सामाजिक संरचना में आते सूक्ष्म परिवर्तनों को दर्ज करने का प्रयास किया है।

'पुरबियों के जीवन-परिवर्तन' की इस कथा में उपन्यासकार ने भारतीय सामाजिक संरचना की दो मुख्य शोषणकारी संस्थाओं—जातिसत्ता और पितृसत्ता को निशाने पर रखा है। इन्हीं दो संस्थाओं की चुनौतियों और इनमें होते सूक्ष्म आन्तरिक परिवर्तन से उपन्यास का तानाबाना बुना गया है। यह भी देखना दिलचस्प है कि किस तरह इन दोनों सत्ताओं के गँठजोड़ से समाज की सामन्ती संरचना का नया रूप उभरकर सामने आया है और कुछ नये शक्ति-समीकरण भी बन रहे हैं। इस नवसामन्तवाद ने सामाजिक परिस्थिति को, ख़ासकर स्त्रियों के लिए और अधिक जटिल बनाने का काम किया है जिसके विश्लेषण में पाठक का सहज बोध गहरे धक्का भी खाता है।

उपन्यास का आरम्भ शमशेर साँई की हत्या और अन्त मनोहर रजक की हत्या के साथ होता है। इन दो हत्याओं के बीच फैली कथा-भूमि में राजनीतिक परिवर्तनों, बदलते आर्थिक-सामाजिक समीकरणों और सत्ता केन्द्र के खिसकने की कहानी दर्ज है।

हिन्दुओं और मुसलमानों के बीच वर्चस्ववादी राजनीति यहाँ अपने क्रूरतम रूप में सामने है, जिसकी एक परिणति है शमशेर साँई की हत्या। यह विचित्र विडम्बना है कि 1857 की स्मृतियों को अपने गर्भ में छुपाए होने के बावजूद ये गाँव उसकी साम्प्रदायिक सौहार्द की विरासत को बचा नहीं पाए हैं। इन सबके बीच स्त्रियों का वह समाज भी पूरी शिद्दत के साथ मौजूद है जो तमाम राजनीतिक-आर्थिक-सामाजिक परिवर्तनों के बावजूद आज भी मातहत स्थिति में पड़ा हुआ प्रेम करने और ज़िन्दगी के फ़ैसले स्वयं लेने की आज़ादी के लिए संघर्ष कर रहा है। उपन्यास के अन्तिम पृष्ठ पर दर्ज मनोहर रजक की हत्या सामाजिक परिवर्तन के सुन्दर स्वप्नों पर नवसामन्तवादी मानसिकता का क्रूर अट्टहास बनकर आती है।

हृषीकेश सुलभ ने इस उपन्यास में जाति-सत्ता में होते परिवर्तन, यानी जातिगत समीकरणों के बदलने की प्रक्रिया और उसके कारणों का सूक्ष्म विश्लेषण किया है। जातिगत समीकरण बदलने से समाज के सत्ता केन्द्र भी बदल रहे हैं। राजपूत अहंकार और अकर्मण्यता के कारण अपनी पुरानी सामाजिक सत्ता और प्रतिष्ठा क़ायम नहीं रख पा रहे थे। अब बबुआन टोला में न वह ताब बची थी कि 'मलिकार-मलिकार' पुकारते रहने वाले अपने पुराने मातहतों के वंशजों पर रोब झाड़ सकें और न गाँठ में वह गर्मी ही थी कि बग़ावत करने वाली अपनी रखैल का झोंटा पकड़कर घसीटें और सरे बाज़ार उसकी इज़्ज़त उतारकर उसकी औक़ात बता सकें। गाँव की बदली हुई फ़िज़ाँ में राजपूतों की स्थिति ऐसी थी कि—

> पूर्वजों की जंग लगी प्रतिष्ठा और ग़रूर का बोझ लादकर जीवन की गाड़ी खींचने में कमर टूट रही थी। शादी-ब्याह और मरनी–जीनी में खेती बिकने लगी थी। जवान लड़कों की निकम्मी और जाहिल फ़ौज रोज़ी-रोज़गार और खेती-किसानी के बदले गाँजे की चिलम में उलझी हुई थी। कोई ऐसा परिवार नहीं था, जो कलह में आकंठ डूबा हुआ नहीं हो। जवान बेटे बूढ़े बाप को पीटते और बहुएँ सास को भात के एक-एक कौर के लिए तरसातीं। पूरा बबुआन टोला गँजहों से भरा हुआ था। बात-बेबात झगड़ा-फसाद और फ़ौजदारी आम बात थी। (पृ. 90)

दूसरी तरफ़ ब्राह्मणों को जी-खोलकर दान-दक्षिणा देने वाले कायस्थ घर-दुआर और खेती-बाड़ी बेचकर शहर जा बसे थे। जिनके यहाँ थोड़ी-बहुत ज़मीन बची थी, उनकी भी नई पीढ़ी का गाँव से लगाव नहीं बचा था। केवल ढहते हुए मकान और डीह बची थी।

पुराने सत्ताधीशों की सत्ता में सेंधमारी का काम पिछड़ी जातियों और मुसलमानों द्वारा पूरा हो रहा था। खाड़ी देशों से यूनियन मानी ट्रांसफर के ज़रिये आने वाले पैसों के बल पर अकरम अंसारी जैसे मुसलमान बाबुओं की बबुआनी में सेंध लगाने

में सफल हुए थे। राजपूतों और कायस्थों की बिकने वाली अधिकांश ज़मीनों को एकमुश्त पैसे देकर खरीदने वाले अकरम अंसारी इलाक़े के बड़े जमींदार बन गए थे। दूसरी तरफ़ पिछड़ी जाति वालों ने खेती-किसानी और अपने हुनर के दम पर जब अपनी आर्थिक स्थिति मज़बूत की तो सामाजिक स्थिति में भी परिवर्तन होना ही था। ब्राह्मणों को दान-दक्षिणा देने की हैसियत रखने वाले अब ये गाँव की नई आर्थिक शक्ति हैं—

> पिछड़ी जातियों के परिवारों के पास बीते दिनों के दुखों और अपमान की हमेशा टीसती रहने वाली स्मृतियाँ थीं, जो उनकी सन्तानों को पढ़-लिखकर योग्य बनने और भूमि अर्जित करने के लिए ताप दे रही थीं। खेती-किसानी सहित श्रम के अन्य हुनर उनके पास थे। राजपूत-ब्राह्मणों की तरह इनकी पीठ पर झूठी प्रतिष्ठा का कूबड़ नहीं निकला हुआ था, सो इन घरों में पैसे की आवग थी। (पृ. 92)

पिछड़ी जातियों के रूप में नई सामाजिक और आर्थिक शक्तियों के सामने सबसे असमंजस की स्थिति में ब्राह्मण समाज पड़ा हुआ था। जजमानी के भरोसे जीवन काटने वाले प्राय: भूमिहीन ब्राह्मणों के पुराने जजमानों की स्थिति अब ऐसी नहीं रही कि उनके भरोसे जीवन आराम से कट जाए। यादवों-पिछड़ी जाति वालों के रूप में जो नये धनैत हुए हैं, उन्हें अपना जजमान मान लेने में पारम्परिक संस्कार आड़े आ रहे हैं। लेकिन समय के खेल को समझते हुए अपना पेट पोसने के लिए मन मारकर विनम्र और सहिष्णु बने रहने के अलावा ब्राह्मणों के पास और कोई चारा भी नहीं है। यही कारण है कि पिछड़ी जातियों के हाथ में राजनीतिक सत्ता सौंपने में इन ब्राह्मणों की भी भूमिका है।

देवली और मनरौली की यादव सहित अन्य पिछड़ी जातियों और मुसलमानों के नेता के रूप में लीलाधर यादव उभरते हैं। वे डकैती में मारे गए पिता के कलंकित अतीत को धो-पोंछकर अपनी कुशाग्र बुद्धि और विनम्र स्वभाव के बल पर इलाक़े के सबसे प्रतिष्ठित और शक्तिशाली व्यक्ति के रूप में सामने आते हैं। उपन्यास के केन्द्र में लीलाधर यादव का परिवार है। उनके माता-पिता जसोदा देवी और अकलू यादव से लेकर लीलाधर के पोते-पोती सुजीत और रेवती की चार पीढ़ियों को कथा के केन्द्र में रखकर उपन्यासकार ने बदलते गाँवों की कहानी कही है।

हर सत्ता का अपना चरित्र होता है। विभिन्न राजनीतिक-आर्थिक-सामाजिक दबावों के तहत सत्ताधारी बदलते हैं, लेकिन सत्ता का चरित्र आसानी से नहीं बदलता। उपन्यास में मौजूद सूक्ष्म विश्लेषणों पर ध्यान दें तो समझा जा सकता है कि अपने हुनर और मेहनत के बल पर नई आर्थिक शक्ति बनकर उभरी पिछड़ी जातियों ने राजपूत और ब्राह्मणों को अपदस्थ करके अपनी सामाजिक-राजनीतिक

सत्ता तो स्थापित की लेकिन सत्ता के उस सामन्ती चरित्र से ख़ुद को बचा नहीं पाईं, जिसकी शिकार कभी वे स्वयं थीं। सत्ता के सामन्ती चरित्र को बदलने के बजाय उसके मूल्यों-मानदंडों को आत्मसात करने वाली पिछड़ी जातियाँ नवसामन्तवाद की ध्वजवाहक बनती गईं। सत्ता का सामन्ती चरित्र अपने क्रूरतम रूप में इन नये सत्ताधीशों तक स्थानान्तरित हुआ है—जातिगत अहंकार, वर्चस्व को चुनौती देने वाली शक्ति और प्रतिरोध की आवाज़ों को हमेशा के लिए दबा देना, अपने से निचली जातियों के प्रति घृणा और विद्वेष, जातिगत शुद्धता को बरक़रार रखना, स्त्रियों की यौनिकता का प्रबन्धन, उन पर पितृसत्तात्मक मूल्यों-मानदंडों की जकड़बन्दी को मज़बूत करना ऐसे ही सामन्ती पितृसत्तात्मक मूल्य हैं, जिन्हें सामाजिक उन्नयन की प्रक्रिया में पिछड़ी जातियों ने आत्मसात किया है। यही कारण है कि जाति सत्ता में जिस गति से परिवर्तन हुआ है पितृसत्ता नहीं बदली है।

पिछड़ी जातियों के सामाजिक उन्नयन की प्रक्रिया में यह उम्मीद की जा रही थी कि इन समाजों की स्त्रियाँ भी आगे आएँगी और उनके जीवन में अपेक्षित परिवर्तन होगा। लेकिन ऐसा नहीं हुआ। उपन्यास में जसोदा देवी और उनकी परपोती रेवती के समय और समाज में काफ़ी फ़र्क़ है। इसके बावजूद इन चार पीढ़ियों में स्त्री की नियति में कोई विशेष परिवर्तन नहीं हुआ है। आज भी उनकी जीवन-यात्रा पुरुषों के तय किये रास्तों पर चलने के लिए बाध्य है।

गाँव की सामाजिक संरचना और शक्ति-समीकरणों के बदलने के बावजूद स्त्रियों की स्थिति में अपेक्षित परिवर्तन नहीं होने का एक बड़ा कारण इनके संघर्ष की जटिलता है। हृषीकेश सुलभ की बड़ी उपलब्धि स्त्रियों के संघर्ष की इस जटिलता की पहचान कराना है। गाँव के सामन्ती परिवेश के भीतर इन सभी स्त्रियों का संघर्ष, चाहे वे किसी भी जाति अथवा वर्ग से सम्बन्धित हों, इसलिए जटिल है क्योंकि दलितों या आदिवासियों की तरह इनका अपना कोई अलग समाज नहीं है। इनका संघर्ष किसी व्यक्ति, वर्ग या समुदाय के ख़िलाफ़ नहीं बल्कि उस पितृसत्तात्मक मानसिकता के ख़िलाफ़ है, जिसके वाहक इनके अपने ही हैं। संघर्ष की इसी जटिलता को स्पष्ट करते हुए रेवती मनोहर से कहती है—

> तुम नहीं समझ सकते मनोहर। तुम सिर्फ़ ग़रीबी से लड़ रहे हो...जाति से लड़ रहे हो। मैं एक लड़की हूँ और अपने से कई गुना ताक़तवर हर जाति और धर्म के पुरुषों से लड़ रही हूँ। तुम्हारी दरिद्रता और जाति कुछ देर के लिए तुम्हारे मनोबल को तोड़ सकती है, पर मैं जिनसे लड़ रही हूँ, ये लोग बाबा, पिता, भाई या परिजन होते हुए भी मेरी पूरी ज़िन्दगी को तबाह कर सकते हैं। (पृ. 243)

जसोदा देवी उपन्यास में वर्णित स्त्रियों की उस पहली पीढ़ी से हैं, जिनका प्रेम कुल-मर्यादा और सजातीय विवाह जैसे पितृसत्तात्मक विधानों की बलिवेदी पर क़ुर्बान होता है। अपने गाँव के महाजन रामजस साह के बेटे लीला साह की मीठी मधुर वाणी और विनम्र स्वभाव के प्रति जसोदा आकर्षित होती हैं। पारिवारिक बन्धन और सामाजिक मर्यादाओं से दूर दोनों प्रेम के उन्मुक्त आकाश में उड़ान तो भरते हैं, लेकिन ज़मीनी सच्चाइयों से अनजान भी नहीं हैं। अपने प्रेम के भविष्य को लेकर सशंकित जसोदा की उलझन का एक ही उपाय है लीला के पास, 'हम लोग नदी के पेट में समा जाएँगे।' फगुवा के दिन जब राम आसरे यादव के सामने दोनों का प्रेम उजागर होता है, उसके बाद शायद लीला साह यही राह चुनते हैं। जबकि जसोदा तो न अपने जीवन की अधिकारिणी थी और न मृत्यु की। अपने पिता के फ़ैसले को निर्विरोध चुपचाप स्वीकार करते हुए जसोदा देवी अकलू यादव की ब्याहता बन अमरपुर से देवली आ जाती हैं। लेकिन मन ही मन एक संकल्प भी लेती हैं—

> न सही लीला साह के हाथों माँग में चुटकी भर सेनुर, पर बेटा हुआ तो उसे लीला ही पुकारेगी। (पृ. 49)

परिवार और समाज के आदेश के विरुद्ध अपने प्रेम को बचाए रखने और विरोध करने का यह जसोदा देवी का अपना तरीक़ा है।

सवर्ण पितृसत्तात्मक व्यवस्था में सजातीय विवाह विधान का जाति व्यवस्था से बहुत गहरा सम्बन्ध होता है। इस विधान के ज़रिये पुरुष के वंश की शुद्धता और निरन्तरता तो बरक़रार रहती ही है, उस जाति या उपजाति की शुद्धता का भी निर्वाह सम्भव होता है, जिसका पुरुष सदस्य होता है। इस तरह सजातीय विवाह समाज की प्रत्येक जाति का सीमाबद्ध समूह और अलग सामाजिक इकाई के रूप में पुनरुत्पादन सम्भव बनाता है। कहना न होगा कि सजातीय विवाह विधान के ज़रिये जातिगत शुद्धता को बरक़रार रखने के पीछे ऊँची जातियों का जातिगत अहंकार और निम्न जाति के प्रति घृणा और विद्वेष की भावना काम करती है। पिछड़ी जातियों द्वारा आर्थिक सबलीकरण और सामाजिक उन्नयन की प्रक्रिया में अपनाए गए पितृसत्तात्मक प्रतिमानों में सजातीय विवाह का विधान भी था।

उपन्यास में जाति के भीतर विवाह करने की बाध्यता लीलाधर यादव के परिवार का इतिहास है और वर्तमान भी। इस बन्धन को तोड़ने की जितनी बार कोशिशें हुई हैं, अन्त त्रासद हुआ है। जसोदा देवी-लीला साह के प्रसंग में तो यह अन्त अपेक्षाकृत निर्विरोध और शान्त ढंग से होता है, जबकि कुन्ती-मुचकुन्द मास्टर तथा रेवती-मनोहर के प्रसंग में इसका ख़ूनी अन्त होता है। मुचकुन्द मास्टर की हत्या कुन्ती के बड़े भाई और लीलाधर के पुत्र पवन सिंह यादव के हाथों होती है और मनोहर की हत्या रेवती के चचेरे भाई सुजीत के हाथों।

अन्त के स्वरूप में इस अलगाव का एक बड़ा कारण दोनों परिवारों की सामाजिक हैसियत और बदले हुए जातिगत समीकरण हैं। जसोदा देवी के साधारण परिवार से लेकर कुन्ती, और फिर चौथी पीढ़ी रेवती तक आते-आते उपन्यास के केन्द्र में स्थित इस परिवार की न केवल आर्थिक स्थिति में सुधार हुआ, बदलते राजनीतिक-सामाजिक समीकरणों के बीच इस पूरी जाति की सामाजिक अवस्थिति भी बदली है और अब ये समाज के नये सत्ताधीश हैं। सत्ता के स्थानान्तरण की इस प्रक्रिया में उसका क्रूर-हिंसात्मक चरित्र भी स्थानान्तरित हुआ है। यही कारण है कि जातिगत शुद्धता को बरक़रार रखने का प्रयास पिछड़ी जातियों में भी अधिक हिंसात्मक ढंग से हो रहा है। साथ ही इन जातियों की स्त्री पर पितृसत्तात्मक विधानों की जकड़बन्दी अधिक मज़बूत हुई है।

यह भी समझना होगा कि ऐसा नहीं है कि पितृसत्ता के अन्तर्गत सभी स्त्रियाँ समान रूप से शोषित होती हैं और सभी पुरुष बेहतर स्थितियों में होते हैं। इसमें जाति और वर्ग की महत्त्वपूर्ण भूमिका होती है। उच्च वर्गीय सवर्ण पुरुष समाज की सभी स्त्रियों के साथ निम्न वर्गीय दलित पुरुषों पर भी शासन का अधिकार रखता है। यानी निम्न वर्गीय दलित पुरुष एक तरफ़ अगर अपने परिवार और जाति की स्त्रियों पर विशेष अधिकार रखते हैं, तो वहीं उच्च वर्गीय सवर्ण पुरुषों और सवर्ण स्त्रियों के मुक़ाबले स्वयं अधीनता की स्थिति में होते हैं। इसी तरह ऊँची जाति की स्त्री अपनी जाति के भीतर पराधीनता की स्थिति में होती है, लेकिन ऊँची जाति में होने से मिलने वाली सुविधाओं का, जिसमें वर्चस्वता भी शामिल है, वह लाभ भी उठाती है। ये सुविधाएँ उसे अपने परिवार और जाति के पितृसत्तात्मक क़ायदों के पालन की शर्त पर ही मिलती हैं। क़ायदों के पालन न करने की स्थिति में उसे सब कुछ खोना पड़ सकता है।

इस आधार पर स्त्री की स्थिति को समझने के लिए उपन्यास में एक बहुत महत्त्वपूर्ण प्रसंग है—रामझरी और अकलू यादव का। कम उम्र में विधवा हुई रामझरी का शेष जीवन अपने भाई रामबरन सिंह के यहाँ देवली में कट रहा था। बड़े भाई जहाँ इस बात का ख़याल रखते कि विधवा बहन के मन को कोई ठेस न पहुँचे, वहीं घर की अन्य स्त्रियाँ भी परिवार के मुखिया की इस मौन आज्ञा का पालन करते हुए रामझरी से दबकर रहती थीं। विधवा जीवन के लिए निर्धारित नियम-क़ायदों का पालन करने के एवज में ही रामझरी को वह सम्मान और वर्चस्व मिला था, जिसके तहत वह 'घर की व्यवस्था और ज़िम्मेवारियों के केन्द्र में आ गई थी।' हालाँकि इन नियम-क़ायदों के नीचे अपनी नैसर्गिक इच्छाओं और शारीरिक कामनाओं को हमेशा के लिए दफ़न कर देना भी उसे मंज़ूर नहीं था। इसलिए अपने 'देह-यज्ञ की आहुति' के लिए उसने घर के हलवाहे अकलू यादव को चुना था।

यह जातिगत विशेषाधिकार ही था जिसने रामझरी को ताक़त दी थी कि वह अपने घर में काम करने वाले अकलू यादव को अपनी दैहिक इच्छाओं की तृप्ति के लिए इस्तेमाल कर सके, सवर्ण परिवार की विधवा होने के कारण पितृसत्तात्मक समाज में जिसकी तृप्ति सम्भव नहीं थी। लेकिन इस देह-यज्ञ का धुआँ जब परिवार के भीतर फैलता है, तो एक तरफ़ जहाँ रामझरी का पारिवारिक वर्चस्व ख़त्म होता है और उसके शरीर में होते अनपेक्षित परिवर्तनों के उचित बन्दोबस्त के लिए उसे एक साल के गुप्तवास पर भेजा जाता है, वहीं दूसरी तरफ़ अकलू यादव को जाति के बन्धन तोड़ने और सवर्ण समाज की मर्यादा को कलंकित करने के जुर्म में साज़िशन डकैती के मामले में फँसाकर जेल भेज दिया जाता है।

इस पर भी ध्यान देना चाहिए कि जाति समाज में पितृसत्तात्मक आदर्शों और विधानों का निर्धारण और इनके पालन की व्यवस्था सभी स्त्रियों के लिए समान नहीं होती है। यहाँ ऊँची और निम्न जाति के रीति-रिवाजों और उनकी स्त्रियों के यौनिक व्यवहारों में भारी विविधता मिलती है। ऊँची जाति की स्त्रियों के लिए पतिव्रत, यौन शुचिता और सतीत्व के नियमों का कठोरतापूर्वक पालन ज़रूरी है जबकि निम्न जाति की स्त्रियाँ 'गृहिणी' या 'पारिवारिक' नहीं मानी जातीं और न ही उनके लिए सतीत्व के नियमों का पालन ज़रूरी होता है। ऊँची जातियों में विधवा विवाह को आमतौर पर निषिद्ध माना गया, क्योंकि उनमें स्त्रियों की सामाजिक भूमिका केवल उनकी प्रजनन क्षमता के कारण होती है। निम्न जाति की स्त्रियों के लिए पुनर्विवाह ही नहीं जबरन सहवास तक का विधान किया गया। इसके दो बड़े कारण हैं—एक तो सवर्ण पुरुषों के यौन-सुख के लिए निम्न जाति की स्त्रियों की सहज उपलब्धता को सुनिश्चित करना और दूसरा उनकी पुनरुत्पादन क्षमता को व्यर्थ न जाने देकर उसका लगातार दोहन करना। निम्न जाति की स्त्रियाँ स्वयं तो श्रम संसाधन थीं ही, उनकी प्रजनन-क्षमता भविष्य के श्रमिकों को उत्पन्न करने वाली भी थी। श्रमिकों की संख्या ज़्यादा होने से आधार चौड़ा और भूमि तथा रीति-रिवाजों के नियंत्रकों की कम संख्या की वजह से शीर्ष सँकरा था यानी व्यवस्था का स्वरूप पिरामिड के समान था। इस तरह ऊँची और निम्न जाति की स्त्रियों के लिए निर्धारित पितृसत्तात्मक नियम-क़ायदे जाति व्यवस्था के भौतिक सम्बन्धों और उसकी धारणा से संरचनात्मक तौर पर जुड़े हुए थे।

जातिगत आधार पर स्त्री यौनिकता के इस विभेदपूर्ण प्रबन्धन को उपन्यास में रामझरी और रेशमा की स्थितियों के अन्तर से समझा जा सकता है। ऊँची जाति की विधवा होने के कारण रामझरी के पास पुनर्विवाह का विकल्प नहीं है। अपने परिवार और समाज का सम्मानित सदस्य बने रहने के लिए उसका जीवन-भर विधवा जीवन के विधि-निषेधों और सतीत्व के नियमों का पालन करना ज़रूरी है। जबकि रेशमा की स्थिति इससे बिलकुल भिन्न है। सत्रह साल की उम्र में सत्तर साल के बूढ़े से

ब्याह दी गई रेशमा हजामिन दर-ब-दर होते हुए देवली पहुँचकर रेशमा कलवारिन बनती है और फिर सरपंच पद की उम्मीदवार भी..। उसके जीवन में एक के बाद एक कई मर्द आते हैं। सबको अपनी इच्छा से अपना शरीर सौंपती है और ख़ुद की स्थिति को किसी हद तक मज़बूत भी करती जाती है। इन सबके बीच उसे न कोई पश्चात्ताप होता है और न किसी तरह का नैतिकता बोध बाँधता है।

रेशमा को न तो रामझरी की तरह अपने सम्बन्ध को समाज से छुपाकर रखने की ज़रूरत पड़ती है और न ही जसोदा, कुन्ती अथवा रेवती की तरह परिवार और कुल-मर्यादा की वेदी पर अपने प्रेम और सपनों को क़ुर्बान करना पड़ता है। अपने गाँव टंड़वा के ब्राह्मण चन्दन तिवारी के साथ अवैध सम्बन्ध को पूरी ठसक के साथ बड़की तिवराइन के सामने खोलते हुए रेशमा कहती है—

> पतोह को कहिए मलिकाइन कि अपने भतार को बाकस-पेटी में ताला मार के रखें। हम तो हजामिन हैं,...घरघुमनी। (पृ. 20)

देवली में अच्छेलाल की ब्याहता होते हुए भी वह खुलेआम पिंटू सिंह और फिर अकरम अंसारी से शारीरिक सम्बन्ध बनाती है। दरअसल रेशमा का चन्दन तिवारी और पिंटू सिंह जैसे ऊँची जाति के पुरुषों के साथ अवैध सम्बन्ध रखने के बावजूद जीवित और साबुत बचे रहना इस बात का प्रमाण है कि निम्न जाति की स्त्रियों की यौनिकता का प्रबन्धन किस तरह सवर्ण पुरुषों की इच्छा और ज़रूरत के हिसाब से किया गया है। ऊँची जाति के पुरुष और निम्न जाति की स्त्री के अवैध सम्बन्ध पर थोड़ी थुक्का-फ़ज़ीहत भले हो, सामान्यतः यह कोई बिरला मामला नहीं होता और इस पर एक आम मौन स्वीकृति समाज में होती है।

यह उपन्यास स्त्रियों के बीच नये सहयोगितापूर्ण सम्बन्ध के लिए याद किया जाएगा। 'नारी ही नारी के कष्टों का कारण है' जैसे स्त्री-विरोधी मुहावरों और स्टीरियोटाइप वर्णनों से अलग हटकर हृषीकेश सुलभ ने नये तरह के स्त्री सम्बन्धों को चित्रित किया है, जहाँ एक स्त्री दूसरी स्त्री की सहायता के लिए खड़ी होती है। इसी क्रम में लेखक ने अच्छी और बुरी, घरेलू और बाज़ारू औरत जैसे पितृसत्तात्मक वर्गीकरणों और उनसे जुड़े नैतिक मूल्यों-मानदंडों को चुनौती दी है। पूरे उपन्यास में कई ऐसी तथाकथित बदचलन और चरित्रहीन स्त्रियाँ हैं, जिनके भीतर मनुष्यता के उच्च मूल्य बचे हुए हैं। अकरम अंसारी द्वारा शारीरिक और मानसिक स्तर पर शोषित होकर सर्वहारा स्थिति में पड़ी हुई मुन्नी बी का सहारा शमशेर साँई की बेवा गुल बानो बनती है और गुल बानो के जीवन सघर्ष में रेशमा साथ देती है।

ऐसा लगता है कि ये सभी स्त्रियाँ एकजुट होकर अपने शोषकों के ख़िलाफ़ किसी बड़े संघर्ष की तैयारी में हैं। स्त्री पात्रों को लम्बा संघर्षपूर्ण जीवन देकर उपन्यासकार ने उनकी जिजीविषा को पहचान देने की कोशिश की है,

जबकि विपरीत परिस्थितियों का सामना होने पर पुरुष पात्रों के लिए हत्या और आत्महत्या के विकल्प हैं। अकरम अंसारी जेल से छूटकर जहाँ आत्मघाती जीवन जीते हैं वहीं उनके द्वारा इस्तेमाल की गई दोनों औरतें रेशमा और मुन्नी अपना संघर्ष जारी रखती हैं। रेशमा सरपंच के चुनाव में खड़ी होती है और उसके चुनाव प्रचार में गुल बानो भी बढ़-चढ़कर उसका साथ देती है।

दूसरी तरफ़ हैं जसोदा देवी, कुन्ती और रेवती जैसी स्त्रियाँ जो गाँव के सामन्ती परिवेश में जीने की जद्दोजहद के साथ कुछ सपने देखने की हिमाकत करती हैं। अपनी परवश नियति के कारण उन सपनों को जी लेना तो सम्भव नहीं होता, लेकिन उन्हें अगली पीढ़ी की आँखों में रोप ज़रूर देती हैं। जसोदा देवी अगर अपनी परपोती रेवती के लिए अपने बेटे लीलाधर से दो वचन माँगती हैं—रेवती की पढ़ाई जारी रहे और उसकी इच्छा के विरुद्ध उसका विवाह न हो—तो इसके पीछे कहीं उनके अपने सपनों की हत्या का दर्द छिपा था। इसी तरह मुचकुन्द मास्टर की हत्या के बाद परवश नियति के महाजाल में फँसकर कुन्ती ससुराल तो चली जाती है लेकिन टूटे सपनों की किरचें उसके मन में हमेशा चुभती रहती हैं। इसलिए जब उसकी भतीजी रेवती और मनोहर के सम्बन्ध की बात आती है तो वह उन्हें मौन समर्थन देती है—

> कुन्ती को मालूम है कि इस महाजाल को वह केवल इसलिए नहीं काट सकी क्योंकि वह ख़ुदमुख़्तार नहीं बन सकी। वह चाहती है कि रेवती पढ़-लिखकर इतनी ताक़तवर बन जाए कि उसे कोई महाजाल फांस ही न सके।

हृषीकेश सुलभ ने स्त्रियों की स्थिति में परिवर्तन के लिए राजनीतिक सत्ता में हिस्सेदारी को एक महत्त्वपूर्ण हथियार के रूप में दिखाया है। रेवती और रेशमा दोनों चुनाव में खड़ी होती हैं। हालाँकि यहाँ भी 'किंगमेकर' की भूमिका में लीलाधर यादव उपस्थित हैं क्योंकि उन्हीं के फ़ैसले का अनुसरण करते हुए दोनों स्त्रियाँ गाँव की महिला आरक्षित सीट की उम्मीदवार बनती हैं। ऐसे में यह सन्देह स्वाभाविक है कि तथाकथित बदले समय में भी असल सत्ता पुरुषों के हाथों में सुरक्षित रहेगी और स्त्री कठपुतली ही बनी रहेगी। हालाँकि रेवती अपने बाबा और गाँववालों की इच्छा के विरुद्ध बिना कोई तमाशा-जुलूस के शान्त ढंग से अपना नामांकन भरती है लेकिन यह छूट बस उतनी ही है जिससे कि लीलाधर की पूर्व-योजना में कोई विशेष अन्तर नहीं पड़ता। रेवती को मुखिया बनाकर सत्ता अपने हाथों में ही सुरक्षित रखने की जो योजना लीलाधर के दिमाग़ में है, उसे मनन चौधरी इन शब्दों में व्यक्त करते हैं—

> चुनाव के बाद,...जीतने के बाद भी तुम्हारी पढ़ाई चलती रहेगी। ...छपरा से अंग्रेज़ी में एम. ए. कर लेना। देवली और छपरा के बीच दूरी ही कितनी है। जब जी किया आना-जाना करना। देवली में तुम्हारा तीन सौ पैंसठ दिन रहना ज़रूरी नहीं। तुम्हारे बाबा देखेंगे सारा काम। (पृ. 240)

रेवती पढ़-लिखकर, आई.ए.एस. बनकर गाँव के सामन्ती परिवेश से बाहर निकलना चाहती है ताकि अपने जीवन के निर्णय वह स्वयं ले सके। लेकिन बाबा लीलाधर की सत्ता लोलुपता उसके भावी जीवन के सुखद सपनों को कुचल कर उसे पुनः उसी सामन्ती परिवेश के बीच घसीट लाती है। अपने फ़ूफ़ा मनन चौधरी द्वारा दिये गए इस सूत्र को मानकर रेवती मुखिया के चुनाव में खड़े होने के लिए हामी भर देती है—

> बबुनी, अपने हिसाब से जीने के लिए यह ज़रूरी है कि ताक़त अपने हाथ में हो। घर-परिवार और समाज की सत्ता अपने हाथ में हो। ताक़त और सत्ता तुम्हारे दुआर पर खड़ी है। ठुकराओ मत इसे। (पृ. 241)

रेवती के लिए मुखिया के चुनाव की उम्मीदवारी राजनीतिक सत्ता के ज़रिये सामाजिक सत्ता और वैयक्तिक शक्ति हासिल करने का ज़रिया थी। इस सत्ता और शक्ति के साथ उसका उद्‌देश्य अपने जीवन की बागडोर अपने हाथों में लेकर स्व निर्णय का अधिकार पाना था ताकि वह अपने प्रेमी और सहपाठी मनोहर रजक के साथ विवाह कर सके। लेकिन कथा का अन्त रेवती के चचेरे भाई सुजीत द्वारा मनोहर की हत्या के साथ होता है और एक बार फिर एक स्त्री अपने प्रेम को पाने में असफ़ल स्त्रियों की जमात में शामिल हो जाती है। ऐसा लगता है मानो शिक्षा, स्वावलम्बन के बावजूद स्त्री के स्वनिर्णय के अधिकार की लड़ाई अधूरी और बेमानी साबित हो रही है क्योंकि सुजीत जैसे पुरुषों की दम्भी मानसिकता में कोई परिवर्तन नहीं आ पा रहा है। लेखक ने कहना चाहा है कि स्त्री को बदलने, उसे साहसी-स्वावलम्बी बनाने की तमाम कोशिशों के साथ सुजीत जैसे पुरुषों का नया संस्कार करना भी ज़रूरी है जो आज भी श्रेष्ठता, दम्भ और परिवार की झूठी मर्यादा के नाम पर ख़ून की होली खेल रहे हैं।

दरअसल कोई भी सत्ता, वह जातिसत्ता हो, पितृसत्ता अथवा अन्य कोई वर्चस्ववादी सत्ता, महज़ सामाजिक संरचना के ठोस धरातल पर ही मौजूद नहीं होती, विचारधारा के सूक्ष्म स्तर पर भी उसकी मौजूदगी होती है और यहाँ अपेक्षाकृत अधिक लम्बे समय तक वह क़ायम रहती है। शिक्षा, आर्थिक स्वावलम्बन और राजनीतिक सत्ता में हिस्सेदारी के बावजूद अगर स्त्री की मातहत स्थिति में कोई ठोस परिवर्तन नहीं हो रहा है, तो समझना होगा कि पितृसत्ता महज़ सामाजिक संरचना के स्तर पर ही नहीं, विचारधारात्मक स्तर पर भी व्याप्त है। सामाजिक संरचना को बदलने के

साथ पितृसत्ता के ख़िलाफ़ विचारधारात्मक लड़ाई ज़रूरी है। साथ ही इस लड़ाई को और अधिक व्यापक और सूक्ष्म स्तर पर लड़ना होगा। सुजीत जैसे पितृसत्ता के प्रत्यक्ष झंडाबरदारों के ख़िलाफ़ संघर्ष के साथ लीलाधर जैसे अप्रत्यक्ष एजेंटों को पहचानना भी ज़रूरी है जो अपनी निष्क्रिय चुप्पी से पितृसत्तात्मक विधानों और मूल्य-मानदंडों को मौन स्वीकृति देते हैं। जब तक पुरुष के श्रेष्ठता बोध और उससे जुड़े दम्भ में परिवर्तन नहीं आएगा, स्त्री के व्यवहार, उसके चरित्र को परिवार और कुल-मर्यादा से अभिन्न रूप से जोड़ा जाता रहेगा और उसके जीवन की बागडोर पुरुषों के हाथों में बनी रहेगी, ऐसे में न तो स्त्री की वास्तविक मुक्ति सम्भव है और न पितृसत्ता की जकड़नें ढीली होंगी।

स्त्री संवेदना का दस्तावेज है 'अग्निलीक'

उषारानी राव

जिस अनुभूति, अनुभव और अवसाद ने हमें आक्रांत किया है, उसे किस्सागोई के रूप में रूपांतरण कर अभिव्यक्त करना भाषा शैली की कारयित्री प्रतिभा का प्रमाण है। उपन्यास अग्निलीक का आरंभ इस कथन से होता है—"शमशेर साईं की हत्या हो गई थी"। हत्या की सूचना कथाकृति का प्रवेश द्वार है। वर्तमान की खिड़की से अतीत को निहारना है और अतीत का नवीनीकरण भी करना है। समाज के संत्रास को आँखों देखी घटना के रूप में उभारता चला जाता है अग्निलीक। शुरू से अन्त तक बरबस ही बांधे रखने वाले उपन्यास का कैनवास संपूर्ण स्त्री दृष्टि के विमर्श का आख्यान प्रस्तुत करता है। इसकी अन्तर्वस्तु में समाज के पुर्नसंस्कार का बीड़ा है।

अग्निलीक चर्चित कथाकार हृषीकेश सुलभ का पहला उपन्यास है। दरअसल उपन्यास के आवरण पृष्ठ को ध्यान से देखने पर लगता है कि स्त्री के तरुणावस्था से होते हुए वार्धक्य-ग्रस्त चेहरे से सारी तरलता सूख गयी है। रिश्तों में विश्वास का अभाव अकाल में दरकी पपड़ाई जमीन बना रहा है। दोनों ही रूपों में स्त्री कसौटी पर स्वंय को कसती-सी दीखती है। यहां संघर्ष दुगुना और तिगुना है। एक स्त्री ऊँची जातियों की हिकारत से ही नही वरन् अपने ही वर्ग की पुरुषवादी सोच से भी संघर्ष करती है। पढ़ने पर स्पष्ट होता है कि मुख्य रुप से यह स्त्री संवेदना की व्यथा-कथा के साथ-साथ बदलते समय के वर्ग चेतना की चेतावनी भी है। कहानी के विस्तार में सामंती सोच और जाति विभेद ही नहीं सम्बन्धों में न्यस्त कोलाहल की बेचैन पड़ताल भी है।

हृषीकेश सुलभ लोक प्रतिबद्ध कहानीकार हैं। लोक चेतना एवं मानवीय संवेदना के द्वारा बदलते समय की धारा के साथ ग्रामीण समाज के भिन्न-भिन्न जीवन पक्षों को अत्यधिक सूक्ष्मता से दर्ज करते चले जाते हैं। यदि हम उनके कहानी संसार को देखें, तो उसमें लोक जीवन के उत्सव से लेकर वृक्ष, नदी, पोखर, पहाड़, खेत, किसान, जंगल, फसलें, प्रेम, शहरी जीवन की विसंगतियाँ, सम्बन्धों का जाल, जातीय और राजनीतिक द्वंद्व, स्त्री संघर्ष आदि की बहुरंगी तसवीरें मिलेंगी जिसे

अनुभूति की आँच पर पकी संवेदनशीलता के द्वारा सृजा गया है। सामाजिक यथार्थ पर पड़ी शिला को जब वे हटाते हैं, तो वहाँ जीवन के कितने ही पंक प्रकट होते हैं।

एक परिवार की चार पीढ़ी की कहानी का ताना-बाना मात्र विश्लेषण की वस्तु नहीं है, संवाद की जमीन है जहाँ कथाकार द्वारा बुनी गई घटनाएँ, परिवेश एवं चरित्र एकमेक हो जाते हैं। उन्होंने तटस्थ भाव से आंचलिक परिवेश के सच को जस का तस रखा है। आज के आधुनिक दौर में मूल धारा से जुड़े व्यक्ति और समाज के अन्त:सम्बन्धों की अभिव्यक्ति की बाढ़ आ गयी है, ऐसे में वे मूल धारा से दूर रहने वाले ग्रामीण परिवेश के सुख-दुख को, राग द्वेष की संघर्षपूर्ण स्थितियों में ग्रामीण जीवन की लय को स्पंदित और व्यक्त करते हैं।

"भगत आज तुम्हारे सत् की परीक्षा है। दुसाध होकर भजन करते हो भुईं से पानी निकालो तो जानें ।" (पृ. 13) टोटहा भगत को बबुआन टोला और पंडित टोला के लोग ढोंगी समझते थे। पर आध्यात्मिक जगत का सत्य यह है कि साधना से प्राप्त शक्ति का उपयोग लोकहित में होना चाहिए। यही सच साबित हुआ। बबुआन टोला के टोटका भगत की जल-परीक्षा लोक संवेदना का साक्ष्य बन कर दुधही पोखर के रूप में प्लावित हो गई। इस प्रकार की लोक मान्यता आंचलिक भाव भूमि का हिस्सा रहा है। लेखक की सामाजिक अन्त:सम्बन्धों और अन्त:क्रियाओं की गहरी समझ दृष्टिगत होती है। सामाजिक और सांस्कृतिक पक्षधरता इस उपन्यास का वैशिष्ट्य है। टोटहा टोला और मनरौली के बीच फैली दुधही पोखर की छाती पर देवली और मनरौली की बिसात पर राजनीति की सुरसावृत्ति, अवसरवादिता, स्वार्थ और क्षुद्रता के आदमखोर हो जाने की दुर्घटना से विद्रूप चेहरा सामने आ खड़ा होता है। सन् सत्तर से अठहत्तर तक पंचायत चुनाव में रासबिहारी चौधरी का मुखिया के पद पर बने रहना और उनके बाद देवली और मनरोली की पिछड़ी जातियों, मुसलमानों और यादवों के नेता के रूप में लीलाधर यादव का उभरना, राजपूत और ब्राह्मणों का विरोध में गठबंधन होने के बावजूद मुखिया बनना, इतना ही नही दशकों तक अबाध मुखिया बने रहना एक प्रकार का राजनीतिक सामंतवाद है। बड़ी जातियों ही नहीं छोटी जातियों में भी इस प्रकार के सामंती विचार, भले ही अपवाद के रूप में हों, विकास की समरसता में बाधा ही बनते हैं।

सन् सत्तर के दस्तक के साथ चीनी मिलों का बन्द होना, सहकारी समितियों का अस्तित्व खत्म हो जाना, कृषि के क्षेत्र में तकनीकी दखल के साथ किसानी के तौर तरीकों में भी बदलाव आ जाना एक बड़ी परिघटना थी जिसने हर घेरे को तोड़कर मुक्त आकाश में विचरण की आकांक्षा पैदा कर गाँवों को कृषि रोजगारी से मुक्त ही नहीं विमुक्त भी कर दिया। इस विघटन के भीतर बदलते समय के साथ शोषित वर्ग में वह चेतना अंकुरित होने लगी, जिसने उसे अभाव और शोषण की परिभाषा को समझाया।

हृषीकेश सुलभ हर पीढ़ी की कथा-सरोकारों की जाँच में अतीत और वर्तमान के बीच निरन्तर आवाजाही करते हुए समय विशेष की थाह लेते हैं। इस कथा कृति में स्त्री शोषण के प्रश्न पर पुनरीक्षण किया गया है तथा परम्परा-पोषित पूर्वाग्रहों से साहस के साथ मुक्ति के लिए स्त्री दृष्टि का रेखांकन किया गया है।

देवली गाँव की कथा में अकरम अंसारी जैसा चरित्र शोषक और अय्याश होते हुए भी सरपंच बन जाता है। इस प्रकार की नकारात्मक छवि दबे, ढके, भय और घृणा के भाव को पुष्ट कर दमन शोषण और उत्पीड़न के बीच से स्पेस बनाती है। अच्छेलाल साह के घर से सरपंच अकरम अंसारी को गिरफ़्तार करने के बाद पुलिसिया अहंकार से भरा छद्मी गरभू पांडे का कानूनी दंभ उबल पड़ता है।" तुम लोग सरपंच साहब को लेकर बाहर इन्तज़ार करो मैं इस कुतिया की गर्मी झाड़ कर आता हूँ।" (पृ. 98-99) व्यक्तिगत धारणा से परिचालित थानाध्यक्ष का रेशमा पर शारीरिक अत्याचार उसके मनोविकार का परिचायक है। प्राणान्तकारी पीड़ा से छटपटाती रेशमा की व्यथा गीली लकड़ियों के कसैले धुएँ और कड़वे आंसुओं से मन को भर देती है। अन्तर-ग्लानि की दाह पराकाष्ठा पर है। लगातार रेशमा के मन में कई विचार गुँथ रहे हैं। "देह की बात होती केवल तो वह जी लेती पर क्या करे, छाती के भीतर पसरते रेंगनी के काँट की इन झाड़ियों का!" (पृ. 101) रेशमा के अपमानित होने पर पीड़ा के एकाकार होने की जो सूक्ष्म संवेदना है, वह मनुष्योचित गरिमा के आहत होने की छटपटाहट है। हृषीकेश सुलभ की दृष्टि एक ऐसा आईना है, जिसमें स्त्री की घायल अनुभूति के मर्म को सजीव रूप से दिखा पाने में वे सफल हुए हैं। निर्मला (प्रेमचन्द) में स्त्री परिस्थिति को नियति मानकर विवशता के वातावरण में उदासीनता ओढ़ लेती है, वहीं यह कृति रेशमा के रूप में ऐसा चरित्र गढ़ती है, जो उसे नायकत्व देकर सामाजिक शोषण से भरी विसंगतियों का सामना करते हुए अपने पथ-निर्माण की दृढ़ता देती है। "दिदिया तुमसे उमिर में कम हैं पर जिनगी का दुख कम नहीं देखे है। ...औरत को माटी की भीत बनाकर छोड़ दिया है सब ने। आँधी-बयार-बरखा सब उसी को ढाहे। वाह रे!"..."देखो दिदिया तुम मुन्नी बी का निकाह करवाओ। हम तुम्हारी पीठ पर खड़े हैं। जिनगी भर साथ निभाने के लिए तैयार हैं। बहिन माने हैं तुमको, बहिन मानेंगे।" (पृ. 140) इन दोनों संवादों से स्पष्ट है कि रेशमा ने मानो अपने भीतर एक सुरक्षा कवच ढूँढ़ लिया था। शमशेर साईं की हत्या के बाद गुलबानो की आकृति दर्पण में सिकुड़ने लगी थी। उसके विलाप का कोई अन्त नहीं था। ऐसे में रेशमा कलवारिन का गुलबानो के लिए संवेदनशील होना मरहम का काम कर गया। "दु:ख, दु:ख को टेर रहा था", अपने दुखों को साझा करती दोनों स्त्रियाँ अपने लिए रास्ता स्वयं तलाशती हैं।

जेल से बाहर आने के बाद अकरम अंसारी जब रेशमा से मिलने कलाली जाता है, रेशमा उसकी ऐसी पिटाई करती है कि वह अपमान का घूँट पीकर रह जाता है।

शोषण के दलदल से बाहर निकलने की रेशमा की प्रतिज्ञा उसमें एक नई ऊर्जा भर जाती है। जीवन को मजबूती से थामकर उसमें प्राण भरने की जिजीविषा रेशमा में है। इसीलिए पराजय की कगार पर आकर भी जंग जीतने का उत्कट विश्वास उसमें सामाजिक दृष्टि की नई परिभाषा रचता है। कलाली का धन्धा बन्द कर कर सिंगार की दुकान खोलना मानों सम्मान के वंचित भाव से बाहर निकलना था। "अपनी देह की इज्जत करना सीख गई थी।" (पृ. 205) रेशमा के प्रति लोगों की धारणा बदलने में समय नहीं लगा। यहाँ तक कि पर्व त्योहार या मांगलिक अवसर पर गांव की औरतें उसके घर जाने लगीं। रेशमा का सरपंच पद के लिए खड़ा होना, उसकी सामाजिक स्वीकृति का परिचायक है। लेखक ने बेहद सधे ढंग से रेशमा की स्त्री-गरिमा को संजीवनी दी है।

"मुन्नी बी की ज़िन्दगी भी अजीब थी। किसी अनाम जंगली पौधे की झाड़ियों की मानिन्द जमीन के भीतर पसरती.., माटी को जकड़ कर कभी लतरती, तो कभी झुलस कर राख होती।" (पृ. 116) अकरम अंसारी के सामंती दर्प की शिकार बनी मुन्नी बी महज देह बन कर उपभोग की वस्तु के रुप में सामने आती है। कुँआरी में उसे अकरम अंसारी से तीन तीन बार हमल रहा, जिसे बार बार गिराया गया, उसकी बच्चादानी निकाल दी गयी, दमा के एक मरीज से उसका निकाह कर दिया गया, जिसकी असामयिक मृत्यु के बाद अकरम अंसारी अपनी बेगम नाज़ बेगम के सामने ही उसके साथ अवैध सम्बन्ध रखता रहा। अकरम अंसारी के जेल जाने के बाद नाज बेगम मुन्नी बी को घर से बाहर निकाल देती है। अंसारी टोला चुपचाप देखता रह जाता है। कोई भी उसकी सहायता के लिए आगे नहीं आता। सँपही के किनारे जमीन पर वह पूरी रात गुजारती है। सुबह-सुबह जमीन पर पड़ी मुन्नी बी की दयनीय अवस्था को देखकर साईं टोला की शमेशर साईं की बीबी गुल बानो का उसे अपने घर ले आना और उस स्त्री से, जिसका प्रेमी अकरम अंसारी उसके शौहर शमशेर साईं की हत्या में जेल की सजा काट रहा हो, अपने लंगड़े देवर का निकाह करवाना आज के स्वार्थी और भावनात्मक जड़ता से ग्रस्त समय में दिशाबोधक संवेदना की झलक दिखाता है। जीवन और समाज की सच्चाई के लिए जिस संवेदनात्मक चेतना के प्रमाण को हम खोजते फिरते हैं,वह गुल बानो में दिख जाना कथ्य को सर्वसम्मत बनाता है।

अपने पति के तमाम विलासी फैलाव को चुपचाप समेटती एक गुमनाम-सी प्रतीक्षा में अंतर्मुखी हो चली नाज़ बेगम अकरम अंसारी के जेल चले जाने के बाद आश्चर्यजनक रूप से रौद्र रूप धरकर मुन्नी बी को घर से बाहर निकाल देती है। पति से उपेक्षित रही नाज़ बेगम खत्म होते अपने आत्मविश्वास को सयत्न प्राप्त करती है।जिस प्रकार रेणु के कथा पात्र अपने रेंज से बाहर निकल कर अपनी आजादी को हासिल करते हैं,उसी प्रकार हृषीकेश सुलभ की स्त्री पात्र विकट स्थितियों में भी संवेदनशील विवेक के द्वारा समाज के घनीभूत दबावों से मुक्त होती हैं।

जसोदा का किरदार भी कम संवेदनशीलता से तपा नहीं है। मुखिया लीलाधर की माँ जसोदा की बीती स्मृतियों को रेशे दर रेशे उघाड़ कर दिखाया गया है। ग्रामीण यथार्थ और लोकसत्य को द्वंद्वात्मक दृष्टि से देखने पर यह लगता है कि स्मृतियों का लावा जो वर्षों दबा हुआ था,वह व्यक्तित्व के बनावट की बुनियादी शर्त के रूप में बाहर आ गया हो। भयावह यथार्थ में भी लेखक प्रेम की गुंजाइश तलाश लेते हैं। "और अगर नही मानें बाबू तो...हम लोग नदी के पेट में समा जायेंगे" (पृ. 40) लीलाधर के द्वारा प्रेम की परिणति के निर्णय की घोषणा और जसोदा की आशंका उन दोनों को परम्परागत समाज के कुहासे में ढकेल देती है। यहाँ स्त्री अस्मिता और वैयक्तिक अस्मिता एकमेक जाती है।जसोदा में लीलाधर का प्रेम इतनी गहराई से आविष्ट है कि वह अपने सूक्ष्म मनोलोक में एक संकल्प लेती है..."न सही लीला साह के हाथों माँग में चुटकी भर सेनुर,पर बेटा हुआ तो उसे लीला ही पुकारेगी।" जसोदा का बीज रुपी शक्ति को सहेजकर संकल्प को पूरा कर पाना सशक्त होती चेतना का द्योतक है।

जसोदा का नईहर अमरपुर घाघरा के किनारे बसा है। हृषिकेश सुलभ जल संस्कृति के विस्तार का मनमोहक विवरण देते हैं। एक नदी की अनेक रूपों में यात्रा आँखों के सामने जीवन्त हो उठती है। पौराणिक कथाओं और किंवदंतियों से जुड़ी नदी का सौंदर्य विलक्षण है। संस्कृति से गहरे जुड़ा लेखक ही नदियों की अनोखी छटा का पान करा सकता है।

अब तक हमने प्रेमचन्द और रेणु के कथा साहित्य में ग्राम्य जीवन के अन्तर्गत किसान और उसकी श्रमजीविता, जातीय समीकरणों के संघर्ष आदि को अन्यान्य रुपों में देखा है परंतु हृषीकेश सुलभ समाज के बदलते मिजाज में घुले सामाजिक और सांस्कृतिक पक्ष की परख के लिए किरदारों को निजी स्पेस देते हैं। सुलभ लोक जीवन के गहरे जानकार हैं। गहरी पैठ के कारण ही वे सभ्य सुसंस्कृत से दिखने वाले ग्राम्य जीवन की सतह के भीतर के प्रदूषण को सामने लाने में सफल हुए हैं। किस्सागोई दृश्यों और अनुभव का ब्यौरा मात्र नहीं है, वह उनके हृदय पर पड़े प्रभावों का मंथन है।

समय ने लम्बी करवट ली। अब चौथी पीढ़ी- भुवन सिंह की बेटी रेवती-सिवान में अपनी बुआ कुन्ती के घर में रहकर बी.ए. पढ़ रही है। अपनी दादी से आशीर्वाद लेने देवली आई हुई है कि एक अनचाही घटना घट जाती है। भाई सुजीत के द्वारा उसके बिना पासवर्ड के मोबाइल की टोह लेते हुए सहपाठी मनोहर रजक से प्रेम का रहस्य उजागर हो जाता है। वह पिता और दादा के आने की प्रतीक्षा किए बिना बहन के प्रेम सम्बन्ध को अनैतिक करार देते हुए स्वयं दंड देने का अधिकारी बन बैठता है। जसोदा सोचती हैं..."कौन सी नदी थी?...बिना कूल किनारों वाली यह नदी नहीं मरी। इसका जल नहीं सूखा..अगर यह साँच है तो भला रेवती का कौन कसूर?...

क्या दुनिया का कोई सुख सोख पायेगा रेवती की आँखों का लोर?" पचासी वर्ष की जसोदा का अतीत वर्तमान का रूप ले चुका था। जिस प्रीत की आस ने उनके जीवन में कहर बरपा कर विदा ले ली थी,वही अब रेवती के हृदय में पौधे का रूप ले चुका था। स्त्री-संवेदनशीलता का रक्षण लेखक का उद्‌देश्य है, हालांकि अग्निलीक विशुद्ध प्रेम कहानी नहीं है।

बदले हुए समय के इस बयार में केवल स्त्रियाँ ही सशक्त नहीं हो रहीं थीं, अपितु हरिजन एक्ट जैसा कानून अगड़ी जातियों के दंभ को चुनौती दे रहा था। इनके बीच एक ओर गरभू पांडे जैसा भ्रष्ट पुलिस अधिकारी नये कानून की आड़ में शोषण की नई लकीर खींच रहा था, तो दूसरी ओर सरकार के द्वारा खेती के लिए बीमा कार्ड तथा कर्ज देने के लिए कार्ड—दोनों का लाभ खाद-बीज लगाने वाले, खेत-खलिहान अगोरने वालों को न मिलकर काश्तकारों को ही मिल रहा था। लेखक ने शोषित के जिस संघर्ष को उभारा है, वह अपराध एवं अन्याय की मूल सच्चाई तक पहुँचा कर सामाजिक एवं आर्थिक बदलाव को रेखांकित करता है।

इधर रेवती की बुआ कुन्ती चाहती हैं कि रेवती खूब पढ़े। उन्हें भरोसा भी है कि वह उनके सपनों को पूरा करेगी। देवली में घटी घटना से कुन्ती अपने उस अतीत में पहुँच गई थीं, जहाँ उसने मास्टर मुचकुन्द के साथ एक सपना देखा था, जो लीलाधर यादव और भाइयों द्वारा मास्टर मुचकुन्द की हत्या के साथ ही बिखर गया।...परन्तु रेवती के साथ वे ऐसा होने नहीं देंगी "वे उसे इस हाहाकार की छाया में जीने नहीं देंगी।" परन्तु रेवती के लिए देवली में तो कुछ और ही तय किया जा रहा था। उनका निर्णय पत्थर की कसौटी पर पहले से ही कसकर रखा गया था। स्पष्ट हो जाता है कि परती परीकथा की मल्हारी और ताजमनी वर्गीय जड़ता से मुक्त होने के लिए जूझतीं हैं लेकिन यहाँ—रेशमा, गुलबानो, मुन्नी बी, जसोदा, कुन्ती या फिर रेवती—ये सभी स्त्रियाँ तमाम प्रतिकूलताओं में से स्वयं के बलबूते अपने व्यक्तित्व को उभारने में सफल होती हैं। "रेशमा की जीत ऐसी औरत की जीत होगी, जिसके पास समाज और शासन से लड़कर हक हासिल करने की ताकत है।" (पृ. 249)

पंचायत चुनाव के पहले सभा में लीलाधर यादव ने सरपंच पद के लिए चुनाव लड़ रही रेशमा के लिए जो बातें कही,वह चकित करने वाली थी। सामंतवादी मनोवृत्ति के पैरोकार लीलाधर यादव का यह कहना स्त्री शोषण को इतिहास के आतंक से मुक्त होने के लिए निर्भीकता भरता है, तो दूसरी ओर 'कोई लायक नहीं है, तो रेवती ही सही' कहकर अपने ही परिवार के सदस्य को मुखिया पद आसीन करने का लोभ लोलुपता और सामंती गर्व का अतिरेक है। 21वीं सदी की महत्वाकांक्षी और स्वाभिमान से भरी रेवती के पैरों के नीचे की ज़मीन इतनी खोखली है कि उसकी आकांक्षाएँ और उसके सपनों की सज़ा निर्दोष मनोहर के हिस्से में आती है।

रेवती मनोहर से कहती है—"तुम सिर्फ़ गरीबी से लड़ रहे हो...जाति से लड़ रहे हो। मैं एक लड़की हूँ और अपने से कई गुना ताकतवर हर जाति और धर्म के पुरुषों से लड़ रही हूँ।" (पृ. 243) एक स्त्री का संघर्ष उस व्यवस्था-तंत्र से है, जिसकी मानसिकता ने उसे कमतर आंका है। और जब कभी उसे मुक्त भी किया है तो केवल अपनी लिप्सासिद्धि के लिए। मनोहर की हत्या भी स्त्री शोषण की अन्तहीन कड़ी है। "लोकतंत्र के धर्मयुद्ध में रेवती को झोंककर चले गए उसके अपने पुरखे, हितु, परिजन।" (पृ. 242) रेवती का विलाप अग्निलीक बन कर आसमान को चुनौती दे रहा था।

समकालीन स्त्री विमर्श के स्वर को मुखर बनाने वाले उपन्यासों में स्त्री विमर्श के विभिन्न शेड्स दर्ज हैं। 'अग्निलीक' ऐसी कृति है जो लोकमन में स्थाई संवेदना का संप्रेषण कर दमनकारी विकृतियों को उजागर करती है। शोषितों में चेतना का उन्मेष ही शोषण से बाहर निकाल कर पहचान दिलाता है। पतिता के इमेज से रेशमा की मुक्ति नवाचार है।

उपन्यास में लोकधर्मी, प्रवहमान तथा लयात्मक देशज शैली यथानुसार कहीं मृदु तो कहीं कठोर लोक भाषा से सिंचित है। तत्सम एवं देशज का विरल संगम है। लोकोक्तियाँ एवं लोकगीत का प्रयोग, तथा लहजा जनपदीय भाषा शैली की अनुरुपता को दर्शाता है। लेखक की भाषाई संप्रेषण की दक्षता पाठक को कहन से जोड़ती है।

प्रेमचन्द, रेणु, नागार्जुन आदि आदि ग्राम्य जीवन की लेखकीय परम्परा से निःसृत हृषीकेश सुलभ जनसंवेदना की भाव भूमि में उतर कर समाज में अब भी मौजूद अन्तःसम्बन्धों की जटिलता की सूक्ष्म और गहन पड़ताल के द्वारा स्त्री जिजीविषा और प्रतिरोध को प्रकाश में लाते हैं। 21वीं सदी में सघन संवेदना से समादृत स्त्री चेतना का आख्यान 'अग्निलीक' आंचलिक उपन्यास का पुनरारम्भ है।

'अग्निलीक' की प्रासंगिकता

रत्नेश कुमार सिन्हा

हृषीकेश सुलभ समकालीन हिन्दी साहित्य के बहुचर्चित हस्ताक्षर हैं। नाटक एवं कहानियों के माध्यम से एक विशेष पहचान बनाने वाले ख्यातिलब्ध रचनाकार सुलभ ने अपनी रचनाधर्मिता को 'अग्निलीक' नामक पहले उपन्यास में पूरी निष्ठा एवं ईमानदारी से रूपायित किया है। लेखक का यह प्रथम उपन्यास पाठकों की रोचकता बनाए रखने एवं कथा-प्रसार की जादुई उपलब्धि के बेहतर दृष्टान्त के रूप में रेखांकित किया जा सकता है। ऐसा मैं इसलिए लिख पा रहा हूँ कि 'अग्निलीक' को पढ़ना आसान है क्योंकि इसकी पठनीयता सहजता के साथ-साथ पाठ-सुलभ अर्थ-गाम्भीर्य से इस तरह संगुम्फित है कि पाठक इसकी शुरुआत करने के बाद बरबस इसके अन्त की ओर खिंचा चला जाता है। मेरे विचार में रोचकता एवं प्रवाहात्मकता इस औपन्यासिक कृति की पहली और अनिवार्य विशेषता है जो किसी भी उपन्यास का सर्वग्राह्य गुण होता है। और अगर कोई उपन्यास बार-बार पढ़ा जाता है या एक बार में पढ़े जाने का व्यग्र माद्दा रखता है तो उसकी सफलता असन्दिग्ध है। फिर कोई आरोपित आलोचना पद्धति उसे अपने साँचे में ढाल नहीं पाती है क्योंकि तब उसके अपने सिद्धान्त निर्मित हो जाते हैं।

'अग्निलीक' को जब मैं एक साधारण पाठक के रूप में देखता हूँ तो औपन्यासिक सिद्धान्त के सारे पूर्वग्रह स्वत: तिरोहित हो जाते हैं। दरअसल, किसी नई कथाकृति के सम्बन्ध में उसके पहले की सर्वमान्य कथाकृतियों के समकक्ष देखने-परखने की व्यामोहित परम्परा के कारण हम उसका वास्तविक मूल्यांकन नहीं कर पाते हैं अथवा मौलिक चिन्तन की ज़िम्मेवारी से बच निकलते हैं। इसके कारण किसी नव्य कृति के प्रति हमारा दृष्टिकोण मौलिक नहीं रह पाता है जो आज की समीक्षा दृष्टि की संकुचित सोच का परिचायक है। इसका चिन्त्य परिणाम यह होता है कि समीक्षा या आलोचना के नाम पर हम पुस्तक समीक्षा से आगे नहीं बढ़ पाते हैं। यही कारण है कि किसी कृति को पुनर्प्रस्तुति के रूप

में देखकर हम उसका सर्वांगीण मूल्यांकन करने से बच जाते हैं और कृति का वास्तविक देय उजागर नहीं हो पाता है।

'अग्निलीक' व्यापक अनुभव का सामाजिक दस्तावेज़ है। लेखक ने सामाजिक, सांस्कृतिक एवं राजनीतिक परिस्थितियों को पचाकर ग्रामीण सन्दर्भ में हो रहे तीव्र घालमेल को बड़ी ही चतुराई से समंजित किया है और जीवन-वैविध्य को मूर्त कर दिखाया है। इसमें कथावाचक के रूप में उपन्यासकार सुलभ ने गाँव-समाज की चिर-परिचित पीड़ा को नये तेवर से गत्यात्मकता प्रदान की है जिससे व्यापक सामुदायिक आवाज़ मुखर हुई है। हमारे देश में जाति एवं धर्म की राजनीति ने एक ऐसी दिशाहीन प्रवृत्ति को जन्म दिया है जो समाज के समरस उन्नयन को बाधित कर रही है और हमारा समाज इन कुटिल मनोवृत्तियों का शिकार होकर दमघोंटू वातावरण में जीने को विवश है। समाज की इसी यथार्थमूलक चिन्ता को 'अग्निलीक' में चित्रित किया गया है। इसमें व्यक्ति का भोगा हुआ यथार्थ न होकर समुदाय या समाज का भोगा हुआ यथार्थ विद्रूपता की हद तक मूर्तिमान हुआ है।

हृषीकेश सुलभ ने कथावाचक की सुदीर्घ परम्परा को आत्मसात करते हुए अपने उपन्यास में कथा के भीतर की कथा में रस घोलते हुए प्रसंगानुकूल प्रभाव उत्पन्न करने में अपनी तूलिका का बेहतर उपयोग किया है। शमशेर साँई की हत्या की घटना के बहाने उपन्यासकार ने न केवल बिहार राज्य के सीवान ज़िले के देवली-मनरौली गाँव की व्यथा-कथा सुनाई है, बल्कि भारतीय गाँवों की आम धारणाओं को भी समेटने का प्रयास किया है। ऐसी सोच का कारण यह है कि हमारे देश के गाँवों में पंचायती व्यवस्था लागू होने के बाद बहुत जल्द ही उसमें निहित स्वार्थ की राजनीति प्रवेश कर गई और इस व्यवस्था के विभिन्न पदों का लाभ उठाने के लिए ग्रामीणों के बीच जो दाँव-पेच चलने शुरू हुए वे ग्रामीण विकास के सपनों को आनन-फानन में ध्वस्त करते चले गए। मानव चरित्र के दम तोड़ते मूल्यों को जिस अन्तिम धक्के की ज़रूरत थी, उसे पंचायती चुनाव ने आसानी से पूरा कर दिया। गर्हित राजनीति के निहायत ही स्वार्थलोलुप खेल भारत के सभी ग्रामीण क्षेत्रों में प्रकारान्तर से खेले जाने लगे और सत्ता के गलियारे के रास्ते इसी माध्यम से तय किये जाने लगे। सर्वांगीण विकास के स्वप्नों को साकार करने का उद्देश्य एकदम से पीछे छूट गया, आपसी भाईचारे की रागात्मकता दम तोड़ने लगी तथा एक नई विद्रूपता ग्रामीण समाज को अपनी गिरफ़्त में लेती चली गई। 'अग्निलीक' में इन्हीं भयावह स्थितियों को, उनके मूल स्वरूप में चित्रित किया गया है और यह विद्रूपता भारतीय ग्रामीण समाज की नियति बनती जा रही है। उपन्यासकार ने गाँव की इन जटिलताओं एवं विडम्बनाओं को बख़ूबी परखा है, समझा है और अभिव्यंजित किया है।

'अग्निलीक' में कथावाचक ने वर्तमान के चित्रण में जिन ऐतिहासिक घटनाओं का उल्लेख किया है वे कथावस्तु की प्रामाणिकता को पुष्ट करती हैं और ग्रामीण परिवेश के जातीय समीकरणों को भी रेखांकित करती चलती हैं। लेखक ने यह महसूस किया है कि पिछले कुछ दशकों से गाँवों में दलितों-पिछड़ों के बीच से एक ऐसा सम्पन्न वर्ग तैयार हुआ है जो समय की माँग के अनुसार स्वाभाविक तो है, किन्तु उसकी अपनी विशेषताएँ तथा विडम्बनाएँ भी हैं। इन्हीं विशेषताओं एवं विडम्बनाओं को कथाकार सुलभ ने अपनी विशेष शैली में हू-ब-हू प्रस्तुत कर दिया है, बिना किसी लाग-लपेट के। यही कारण है कि 'अग्निलीक' के पात्र वास्तविक जीवन का आईना दिखाने में सक्षम हैं। गाँव के लोगों की किसी बात को मिर्च-मसाला लगाकर परोसने की कला एवं उसके किंवदन्ती बन जाने को भी उपन्यासकार ने गहराई से परखा है—

> सन्त टोटहा भगत ने बसाया था इसे। दुधही और टोटहा टोले में माई-बेटे का रिश्ता था। ...यह सब टोटहा भगत का पुण्य-प्रताप था। उन्हीं की भक्ति और तपस्या का प्रतिफल था दुधही पोखर। ...एक बार सूखा पड़ा। धरती पर दरारें पड़ने लगीं। माल-मवेशी, चिरई-चुरुँग और मनुष्य के पीने तक के लिए जल का अभाव हो गया। बबुआन टोला के लोगों ने टोटहा भगत को जा घेरा। ...आज जहाँ दुधही पोखर है, वहाँ दरार फटे खेत में पालथी मारकर टोटहा भगत बैठ गए। अपना सारा सत सहेजकर ध्यान लगाया। धरती फटी। जल के सोते फूट निकले। जल की धार में बावन बीघा धरती आप्लावित हो उठी, पर इसके बाद टोटहा भगत नहीं दिखे। लोगों का कहना-मानना है कि इसी जल के अतल में लोप हो गए।

उपन्यास में ऐसे पाठ छोटे-छोटे वाक्यों में समाहित हैं जो लेखक की कथन-भंगिमा और वाग विदग्धता को दर्शाते चलते हैं।

'अग्निलीक' में ग्रामीण मनोवृत्तियों के केवल उपर्युक्त चित्रण ही नहीं हैं, बल्कि जनमानस के अफ़वाहें फैलाने, साधुओं-पुजारियों के धार्मिक कृत्यों में अभिरुचि लेने की, तंत्र-मंत्र में आँखें मूँदकर भरोसा करने आदि भोलेपन से युक्त क्रियाकलापों का भी यथार्थ चित्रण है जो उपन्यास की कथावस्तु की विश्वसनीयता को बनाए रखती है—

> मरघट से थोड़ी दूर पूरब हटकर सगुणीय बाबा का डेरा था। फूस की पलानी के सामने बारहों मास धूनी जलती थी। चिता की बची हुई लकड़ियों की बहुतायत थी, सो धूनी कभी बुझती नहीं थी। सगुनिया बाबा का प्रताप था कि चाहे लाख पीट-पीटकर बरसें मेघ, धूनी की आँच मरती नहीं थी। ...बड़े-बूढ़े-सयाने कहते कि सावन-भादों की रातों में भी,

> जल से आप्लावित होने के बावजूद सगुनिया बाबा की पलानी वाली जगह पर रात-बिरात में धूनी से उठता हुआ धुआँ अक्सर दिखाई पड़ता।

इसी तरह जब गुल बानो दूसरी बार रेशमा कलवारिन से मिलकर लौटती है तो—

> जैसे ही वह भुतहे पाकड़ के पेड़ के नीचे पहुँची एकबारगी उसकी रूह काँप उठी। ...लोग कहते हैं कि इसी पेड़ पर उसका आदमी भूत बनकर रहता है। गुल बानो ने अपने मन को थिर किया। ...सोचा, भूत ही सही, पर काश दिख जाता उसका मरद।

इन अंशों को उद्धृत करने का उद्देश्य यह बताना है कि कथावाचक ने उपन्यास तकनीक की अपनी विशेष शैली में कथा को विन्यस्त किया है।

'अग्निलीक' समकालीन परिदृश्य के यथार्थ से रू-ब-रू करानेवाली एक ऐसी रचना है जो पाठकों को अपनी रोचकता से मोहित करके उसे बाँधे रखती है क्योंकि इस रचना में वर्णित समाज हमारे ही देशकाल की जीवन्त छवि से आच्छादित है। गाँव में जब पहली बार लीलाधर मुखिया और शेख बदरू सरपंच बने तो ग्रामीणों के मन में आशा की नवीन किरणें जगती हैं, किन्तु रूढ़िवादिता, जड़ पारम्परिक अन्धविश्वासों में जकड़े समाज के भोलेपन का फ़ायदा यह सर्वथा जातिवादी और फ़िरकापरस्त नवोदित नेताद्वय उठाना शुरू करते हैं और इसी तिकड़म में अपना जीवन-स्तर सुधारने में तल्लीन हो जाते हैं। उन्हें आमजन के सामुदायिक लाभ से कोई मतलब नहीं रहता। इसी भयावह विद्रूपता को सुलभ रूपायित करते चलते हैं—

> इतना सब कुछ बदलने के बाद भी इस चुनाव में देवली पंचायत के मुखिया लीलाधर यादव और सरपंच शेख बदरू नहीं बदले। पाँच सालों बाद दो हज़ार छह में भी यह जोड़ी बनी रही। दो हज़ार ग्यारह में अकरम अंसारी के उदय के बाद शेख बदरू हारे, पर लीलाधर यादव मुखिया पद पर क़ाबिज़ रहे। इस चुनाव में उनके सहयोगी शमशेर साँई को अकरम अंसारी ने तोड़ लिया था। जिस शमशेर को वह पालते रहे, जिसे उन्होंने समसेरवा से शमशेर साँई बनाया वही पाला बदलकर अकरम के साथ हो गया।

यही पीड़ा लीलाधर को थी, जिसके फलस्वरूप उसने समसेरवा को अपने रास्ते से हटाया और महीन राजनीतिक कुचक्र रचकर सरपंच अकरम को फँसाकर उसी की चहेती रेशमा कलवारिन को सरपंच का उम्मीदवार घोषित किया। यहाँ यह बिलकुल साफ़ है कि उपन्यासकार ने ऐसी घटनाओं के बहाने हमारा वर्तमान परिदृश्य से साक्षात्कार कराया है। यही तो हमारे आसपास की वास्तविक दुनिया है,

जिसे हम समाचार, पत्रों, दूरदर्शनों के विभिन्न समाचार चैनलों के अलावा अपने गली-मुहल्लों में प्रतिदिन देखते हैं, पर इन पर गम्भीर नहीं हो पाते। कथाकार सुलभ ने इन सभी बिखरी घटनाओं को जोड़कर अपने उपन्यास में प्रस्तुत किया है। यहाँ लेखक ने विषय-वस्तु और कथन-भंगिमा में बेहतर सामंजस्य बिठाकर ग्रामीण परिवेश की ज़मीनी हक़ीक़त को दर्शाने की सफल कोशिश की है। यहाँ हम किसी दूसरी कृति से तुलना या मिलान करके अथवा कुछ पूर्वसंचित रचनागत कसौटी पर परखकर इस उपन्यास के साथ न्याय नहीं कर सकते क्योंकि हर कृति की अपनी पहचान होती है, जिसे नकारा नहीं जा सकता।

वर्तमान परिदृश्य के हिन्दी उपन्यासों में एक नई बात देखने को मिलती है। यहाँ भाषागत नवीनता के अलावा मानवीय मूल्यों की गत्यात्मक प्रक्रिया के भी दर्शन होते हैं। पहले के उपन्यासों की तरह इनमें न कोई अलौकिकता है और न ही कोई आरोपित दर्शन या आध्यात्मिकता अथवा कोई कृत्रिम पवित्र आदर्शोन्मुखता। उपन्यासकार किसी निदान की ओर उन्मुख न होकर अपने उपन्यास को अन्ततः खुला छोड़ देता है। हालाँकि यह नवीनता हम मुंशीजी के 'गोदान' में भी देख सकते हैं जिसका अन्तिम वाक्य है "धनिया पछाड़ खाकर गिर जाती है।" मुंशीजी ने ही समझ लिया था कि समस्याओं का निदान नैतिकता और महान आदर्शों की वकालत करने से सम्भव नहीं है, और यही चटकते मूल्य और आदर्श बाद के रचनाकारों के लिए भी चुनौती के रूप में बरक़रार हैं। 'अग्निलीक' भी इस दृष्टि से सृजन नहीं पाठ है, जिसमें मानवता के लिए पुस्तकों में सजाए गए तमाम महान मूल्यों के अर्थ सन्दर्भ मृतप्राय हैं। समकालीन अन्य औपन्यासिक कृतियों की तरह 'अग्निलीक' भी सृजनात्मकता की उस राह का एक मज़बूत पड़ाव है, जहाँ वर्तमान समाज अपने समयानुकूल परिप्रेक्ष्य में ईमानदारी से उद्घाटित दिखता है। निष्कर्षहीनता को ही इस उपन्यास की शैलीगत विशेषता के रूप में रेखांकित किया जा सकता है।

किसी भी नई रचना का मूल्यांकन पुरानी समीक्षा पद्धति से करना जोखिम का काम हो सकता है क्योंकि विद्वानों का मानना है कि पद्धति या सिद्धान्त कला को जन्म नहीं देते, कला स्वयं अपने सिद्धान्त या तो लेकर आती है या बाद में उन्हें गढ़ना पड़ता है, 'अग्निलीक' पर यह आरोप लग सकता है कि एक हत्या की गुत्थी सुलझी नहीं और दूसरी हत्या से उपन्यास का अन्त हो जाता है, यह कि अच्छे उपन्यासों का सफल पिष्टपेषण मात्र है, यह कि लीलाधर की पोती का स्वाभाविक चरित्र विकास नहीं हो पाया है। मेरे विचार से ऐसे वार करने से पहले हमें यह विचार कर लेना होगा कि आज का रचनाकार विमर्श करने वाला है, वह किसी समाधान के लिए रचना नहीं करता, एक निश्चित परिणाम के आरोपित लक्ष्य के प्रति वह प्रतिबद्ध नहीं है। लेखक का मानना है कि उसकी क़लम

कबीर का 'मुराड़ा' या 'लुकाठी' नहीं है, वह तो उसकी तूलिका है जिससे वह समाज का चित्र उकेरता है, सूचनाएँ देता है। वह अपनी ज़िम्मेदारी को समझकर हमें आगाह करता चलता है कि यही समाज का दर्पण है, इसे देखो और जानो। 'अग्निलीक' के अन्त में सुजीत सिंह यादव द्वारा रेवती के प्रेमी मनोहर रजक की हत्या होना और रेवती को 'अग्निलीक' का राही बताकर कथावाचक का मौन हो जाना यही व्यंजित करता है कि जीवन-प्रवाह निर्मम है और यह तो समय की गति का अपना मुहावरा भी है, जिसके समाधान के लिए कुछ आदर्शों की स्थापना का न होना ही तो अग्निलीक पर चलने की मुश्किलें हैं। और कहना न होगा कि यहाँ कथाकार सुलभ ने किसी समाधान की जल्दबाज़ी में न पड़कर अपनी सृजनात्मकता के प्रति तार्किक न्याय ही किया है क्योंकि शमशेर और मनोहर जैसों की हत्याएँ हमारे समाज के लिए कोई अजूबा या अनहोनी नहीं हैं, बल्कि स्वार्थलोलुप मानवीय विद्रूपता का नग्न यथार्थ है जिसे केवल 'आक थू' करके नज़रअन्दाज़ नहीं किया जा सकता।

'अग्निलीक' में भारतीय ग्रामीण समाज की जातिवादी व्यवस्था में व्याप्त धूर्तता सम्बन्धी मनोवृत्तियों को भी उसकी सहजता में उजागर किया गया है। स्वतंत्रता प्राप्ति से पूर्व हमारे ग्रामीण समाज की इस जातिवादी व्यवस्था की बागडोर जिन सवर्णों के हाथ में थी, वह धीरे-धीरे उनकी मज़बूत पकड़ से फिसलती चली गई और यह व्यवस्था जिनमें हस्तान्तरित हुई, वे भी प्रकारान्तर से उन्हीं सब कृत्यों में संलग्न होते गए, जिन कृत्यों से सवर्ण लोग अपना निहित स्वार्थ पूरा करते थे। कथाकार सुलभ ने ग्रामीण समाज के इस शक्ति-समीकरण को क़रीब से परखा है क्योंकि वे स्वयं उस समाज में पले-बढ़े। स्वतंत्रता प्राप्ति के बाद की स्थिति को सामाजिक-राजनीतिक विशेषज्ञों ने नवसामन्तवाद की जिस कसौटी पर कसने की कोशिश की है, वही 'अग्निलीक' में परिवेशजन्य सामाजिक यथार्थ के रूप में वर्णित है।

लेखक स्पष्टतया बताता है—

> यादवों सहित देवली और मनरौली की पिछड़ी जातियों और मुसलमानों के नेता के रूप में उभरे लीलाधर यादव। अपने समरस व्यवहार और अपनी बोली-बानी के चलते ब्राह्मण वोटों में भी उन्हें हिस्सा मिला। राजपूतों की ऐंठ और बात-बेबात फ़ौजदारी करने पर उतारू रहने की आदत के कारण ब्राह्मणों के कई परिवार भीतर ही भीतर लीलाधर के पक्ष में थे। जी खोलकर दान-दक्षिणा देने वाले देवली के कायस्थ खेती-बारी और घर-दुआर बेचकर शहर जा बसे थे। राजपूतों के पास अब ख़ाली जीभ बच गई, जो कतरनी की तरह चलती थी। पिछड़ी जातियों के परिवारों के पास बीते दिनों के दुखों और अपमान की हमेशा टीसती रहनेवाली

स्मृतियाँ थीं, जो उनकी सन्तानों को पढ़-लिखकर योग्य बनने और भूमि अर्जित करने के लिए ताप दे रही थीं।

कथावाचक ने बड़ी ही साफ़गोई से यह स्पष्ट कर दिया है कि गाँव की जातिवादी राजनीति से ब्राह्मणों, क्षत्रियों एवं कायस्थों का अलग हो जाना नये जातीय समीकरण का परिणाम है। इनका मालिकाना हक़ छिनता चला गया और धीरे-धीरे ये मुख्यधारा से कटकर हाशिये पर धकेल दिये गए। इनमें से ज़्यादातर की अगली पीढ़ी शहरों की शोभा बढ़ाने लगी और जो मजबूरी में बच गए, वे नये समीकरण की तीसरी शक्ति के रूप में काम करके अपनी आजीविका चलाने लगे। यह नया समीकरण पिछड़ी जातियों एवं मुसलमानों के उन चालाक लोगों के बीच तैयार हुआ जो किसी-न-किसी रूप में पहले के सत्ताधीशों से जुड़े थे। इन्होंने उन्हीं तकनीकों को अपनाकर पुराने घाघ सत्ताधारियों को अपने अधीन समेट लिया तथा शोषण के विभिन्न हथकंडों की चाबुक से ग्रामीण समाज पर शासन करते हुए अपना उल्लू सीधा करने में जुट गए।

उपन्यासकार सुलभ ने गाँवों में व्याप्त प्रचलित रूढ़ियों, अन्धविश्वासों एवं तज्जन्य बुराइयों को भी चित्रित किया है। सामान्यतया यह माना जाता है कि शहरों में गाँवों की अपेक्षा ज़्यादा स्वार्थी प्रवृत्ति के लोग होते हैं, जबकि वर्तमान प्रसंग में यह उलटा होता जा रहा है। अब गाँवों में भी अमीरी-ग़रीबी के भेद से शोषण का नंगा नृत्य अपने चरम पर है। पंचायती राज़ भ्रष्टाचार में लिप्त है। अपना निहित स्वार्थ पूरा करने में लोग जन-कल्याण की नैतिक ज़िम्मेवारी से भाग रहे हैं। उपन्यास में यह बताया गया है कि विकास की तमाम योजनाओं के बावजूद गाँव में ग़रीबी और अत्याचार का बोलबाला है तथा वहाँ की स्थिति में आज भी कोई परिवर्तन नहीं दिख रहा है।

'अग्निलीक' की शुरुआत शमशेर साँई की हत्या से होना भी सोद्‌देश्य है। लेखक ने वर्तमान समाज की हत्यारी मनोवृत्ति की जड़ पर प्रहार करने का संकेत दिया है। व्यक्तिगत महत्त्वाकांक्षाओं एवं पूर्वग्रह से ग्रसित अहमन्यता की पूर्ति के लिए लोग किस हद तक जुगुप्सित कृत्य कर सकते हैं, इसका स्पष्ट संकेत उपन्यास की घटनाओं से मिल जाता है। जहाँ तक हत्या की गुत्थी के नहीं सुलझने की बात है तो यह भी राजनीतिज्ञों के लीपापोती करने के तथाकथित सर्वविदित तथ्यों को उजागर करने की लेखकीय मंशा का ही परिचायक है। वैसे, उपन्यास पढ़ने पर यह तो स्पष्ट हो ही जाता है कि लीलाधर ने ही सरपंच अकरम अंसारी को अपने रास्ते से हटाने के लिए यह हत्या करवाई और अपनी राजनीतिक पहुँच का लाभ उठाकर इसे सुलझने ही नहीं दिया। यही तो भय की राजनीति आज हो रही है। अब सुलभ जी कर्नल रंजीत या इब्ने सफ़ी की तरह कोई जासूसी उपन्यास तो लिख नहीं रहे थे

कि मेजर बलवन्त या कैप्टन विनोद उचित समय पर होंठों को गोल करके सीटी बजाते हुए हत्या की गुत्थी सुलझा देते! यहाँ अकरम और मुन्ने मियाँ के जेल जाने और लीलाधर के अपने मिशन में सफल हो जाने में ही शमशेर की हत्या का राज़ स्पष्टत: खुल जाता है जो वर्तमान राजनीतिक दाँव-पेच के तथ्यों को रेखांकित करता है।

'अग्निलीक' का प्रमुख किरदार लीलाधर यादव है जिसके परिवार की अन्तर्कथाओं के माध्यम से रचनाकार ने देवली-मनरौली गाँव के विभिन्न पहलुओं पर प्रकाश डाला है। उसके पिता अकलू यादव के चरित्र के विकास के लिए ग्रामीण परिवेश के उन तमाम घात-प्रतिघातों को दर्शाया गया है जो कालक्रम से घटित होते रहते हैं। अकलू यादव का जसोदा से विवाह, उसका रामझरी से शारीरिक सम्बन्ध, डकैती का आरोप लगाकर उसको जेल भेजना, जेल से छूटकर उसका डकैती से जुड़ना और उसी दौरान उसकी हत्या हो जाना—ये सब कथा विकास न केवल ग्रामीण परिवेश की वास्तविक स्थिति को दर्शाने वाले हैं, बल्कि लीलाधर के राजनीतिक व्यक्तित्व की पूर्वपीठिका के रूप में भी हैं और बिहार की राजनीति में 'माय समीकरण' के प्रतीक रूप में भी। राजधानी से लीलाधर के सम्बन्धों से ये विविध घटनाएँ गहरे रूप से जुड़ी हैं। शमशेर की हत्या के समय उसका राजधानी में होना, मौक़े पर फ़ोन बन्द रखना और पूरा जुगाड़ बिठाकर गाँव लौटना यह सिद्ध करता है कि वह राजनीति का घाघ खिलाड़ी है और यही वर्तमान का सच भी है। शमशेर की हत्या के बाद सारा कुछ लीलाधर की योजना के अनुसार सम्पन्न होता है क्योंकि शमशेर तो एक मोहरा मात्र है। और जब पंचायत चुनाव के लिए महिला उम्मीदवारों की अनिवार्यता की घोषणा होती है तो सत्ता अपने हाथ में रखने के उद्देश्य से लीलाधर अपनी पोती रेवती और अकरम की प्रेमिका रेशमा को अपना हथियार बनाकर पेश करते हैं। इसे पितृसत्तात्मक मनोवृत्ति के तहत व्याख्यायित किया जा सकता है, किन्तु यह सर्वविदित वर्तमान सामाजिक-राजनीतिक विद्रूपता ही है। हम सभी अच्छी तरह जानते हैं कि प्राय: सभी ग्राम-पंचायतों और नगरीय वार्डों में महिला उम्मीदवारों को जिताने का कैसा कुचक्र रचा जाता है और उसकी आड़ में पुरुष वर्ग कैसे अपना उल्लू सीधा करते हैं। उपन्यासकार ने स्थानीय स्वशासन पद्धति की बखिया उधेड़कर रख दी है।

'अग्निलीक' के अन्य महत्त्वपूर्ण पुरुष पात्रों में अकरम अंसारी है। वह मुस्लिम समाज के निम्न तबके अंसारियों का प्रतिनिधित्व करता है। वह शेख बदरू के वोट बैंक में सेंध मारकर अपना वर्चस्व सिद्ध करता है। उसके भाई खाड़ी देशों में कमाते हैं, उन्हीं के पैसों से वह ज़मीन ख़रीदता है, और अपना राजनीतिक विस्तार करता है। लेकिन वह विलासिता के पंक में डूबता जाता है। अपनी बुआ की बेटी मुन्नी बी के शील हरण के बाद उसका विवाह दूसरी जगह कर देता है

और ख़ुद नाज़ बेगम से निकाह करके अपना संसार बसाता है। लेकिन मुन्नी बी अपने पति की मृत्यु के बाद जब वापस अपने भाई मुन्ने मियाँ की शरण में आती है तो अकरम उसे अपनी रखैल बनाकर रखता है। बाद में वह 'मरदमार औरत' रेशमा कलवारिन की जवानी में खो जाता है, नाज़ बेगम से उसका सम्पर्क नहीं के बराबर रहता है लेकिन जेल जाने के बाद नाज़ बेगम मुन्नी बी को निकाल देती है। अकरम के इस पतन से और दरोग़ा गरभू पांड़े के बलात्कार से आहत रेशमा जब जेल में उससे मिलने जाती है तो अकरम उसे गरभू पांड़े से शारीरिक सम्पर्क बनाकर उसे छुड़ाने की गुहार लगाता है जिससे रेशमा क्रोधित हो जाती है और ज़मानत पर छूटने के बाद जब वह रेशमा के पास जाता है तो वह उस पर टूट पड़ती है तथा सरे बाज़ार उसकी पिटाई करके उससे सम्बन्ध तोड़ लेती है। इसी के बाद अकरम अंसारी का वर्चस्व समाप्त हो जाता है और वह बेमौत मर जाता है। लेखक ने अकरम अंसारी के माध्यम से ग्रामीण राजनीति के धार्मिक ध्रुवीकरण के साथ-साथ भारतीय राजनीति के इस दुखद सत्य का भी पर्दाफ़ाश किया है कि कुत्सित राजनीति के खेल में जो पिछड़ जाता है उसका हश्र अकरम अंसारी की तरह ही होता है।

उपन्यास का शमशेर साँईं जाति और धर्म की राजनीति का वह मोहरा है जिसका समय-समय पर इस्तेमाल किया जाता है और उसकी उपयोगिता ख़त्म होने पर अथवा उससे गहरे राज़ खुलने का भय होने पर राजनीति के शातिर खिलाड़ी उसे रास्ते से हटा देते हैं। वर्तमान परिदृश्य में इस तरह के मोहरे का इस्तेमाल और उल्लू सीधा होने पर उसकी हत्या का खेल आम घटना है। लेखक ने इस पात्र के माध्यम से अपराध प्रेरित राजनीति का बख़ूबी पर्दाफ़ाश किया है। लीलाधर ने शमशेर को पाला था अपनी स्वार्थसिद्धि के लिए, लेकिन उसी के हथियार से अकरम ने जो चाल चली, उससे शमशेर को अपनी जान से हाथ धोना पड़ा। लेखक कहता है—

> मुखिया लीलाधर यादव का शमशेर से पुराना रिश्ता था। इस चुनाव से पहले वह कई सालों से शेख बदरू के साथ था और शेख बदरू और लीलाधर में गहरी छनती थी। चुनाव में दोनों ने अपना गुट बना रखा था और एक-दूसरे के पक्ष में खड़े रहते थे। पूरे पंचायत पर दोनों मिलकर राज़ करते थे। ...पिछले चुनाव में अकरम अंसारी ने इस गणित को उलट दिया था।

लेकिन अकरम लीलाधर के आगे टिक नहीं सका और शमशेर को रास्ते से हटाकर लीलाधर ने अपना राजनीतिक वर्चस्व बनाए रखा। शमशेर के पास अन्य साँईं परिवारों की तरह ही खेती-बाड़ी नहीं थी। ये लोग बँटाई पर खेती करते अथवा छोटे-मोटे रोज़गार से अपनी जीविका चलाते थे। शमशेर को खेती में रुचि नहीं थी

और बाप बूढ़ा तथा छोटा भाई विकलांग था। बीवी गुल बानो अच्छी गृहिणी की तरह अपने ससुर और देवर का पेट पालती थी क्योंकि शमशेर अक्सर बाहर रहा करता और शेख बदरू तथा लीलाधर के लिए काम करता। हत्या से पहले वह अकरम के साथ हो गया था। यह चरित्र उपन्यास की कथावस्तु के विकास के लिए बुना गया है, जिसमें लेखक सफल हुआ है जिस उद्देश्य से इसे कथा में शामिल किया गया है, वह उद्देश्य पूरा हो जाता है। इसलिए कुछ लोगों का यह कहना कि शमशेर की हत्या की गुत्थी न सुलझाकर लेखक ने पाठकों को निराश किया है—यह बेमानी और 'अग्निलीक' के मूल कथ्य को नज़रअन्दाज़ करने जैसा है और यह पूर्वग्रह वाली आलोचना दृष्टि के कारण हुआ है, होता है।

'अग्निलीक' पढ़ने के बाद यह आसानी से महसूस किया जा सकता है कि लेखक का भरोसा किसी सिद्धान्त या नैतिक पहलुओं के प्रति न होकर अपने रचनात्मक उद्देश्य पर है। इसलिए हम अगर इस उपन्यास से लेखक की राजनीतिक या सामाजिक ज़िम्मेवारी की आदतन अपेक्षा रखते हैं तो निश्चय ही रचनाकार की विशिष्टता उपेक्षित रह जाएगी और हम उसकी रचनात्मक स्वतंत्रता को नकारने की भूलकर बैठेंगे। उपन्यासकार सुलभ ने वही प्रस्तुत किया है जो उसके कलाकार मन की स्वाभाविक उपज है। इस स्वाभाविक उपज के कारण ही तो लेखक जिस पात्र का प्रवेश कराता है, उसका अतीत बताकर अपने रचनात्मक उद्देश्य को मुक़म्मल करता चलता है। इस सन्दर्भ में मिशेल ज़ेराफ़ा का कथन है— "उपन्यास के पाठ में यह बात निहित होती है कि मनुष्य अकेला नहीं जीता है, उसका एक अतीत, एक वर्तमान और एक भविष्य होता है। उपन्यास यह भी सिद्ध करता है कि इतिहास के बिना कोई समाज नहीं होता और समाज के बिना इतिहास भी नहीं होता। उपन्यास वह कला रूप है जो ऐतिहासिक और सामाजिक रूप से पारिभाषित मनुष्य की पुन:प्रस्तुति करता है।"

'अग्निलीक' में वर्णित यथार्थ मानव समाज कहीं से भी आदर्श का संकेत नहीं देता है। इसमें लेखक ने जिन-जिन घटनाओं के माध्यम से कथा कही है, वे व्यक्ति एवं समाज को साधारण फ़लक पर समझने का आग्रह करती हैं। मुन्ने मियाँ उपन्यास का ऐसा पात्र है जो आर्थिक विपन्नता के कारण अकरम का पिछलगुआ होने पर मजबूर है। उसकी लाचारी यह है कि सब कुछ जानते हुए भी वह अपनी सगी बहन की दुर्दशा देखकर भी कुछ कर नहीं पाता है। बहन मुन्नी बी के प्रति उसके स्नेह का प्रमाण वहाँ मिलता है जब वह जेल से ज़मानत पर छूटकर आता है। उसके और अकरम के जेल जाने के बाद नाज़ बानो मुन्नी बी को घर से निकाल देती है और मुन्नी बी को शमशेर की बीवी की शरण मिलती है एवं कुछ अनिवार्य-सी विकट परिस्थिति में वह शमशेर के विकलांग गँजेड़ी भाई नौशेर से निकाह कर लेती है। मुन्नी बी की निर्मम नियति है कि पहले उसके सगे

फुफेरे भाई अकरम ने उसे 'दबोचा' और उसे माँ बनने से वंचित कर वर्षों तक उसके शरीर से खेलता रहा और अब वह नौशेर साँई की हवस का रोज़ शिकार होती है। मुन्ने मियाँ अपनी बहन से मिलने जाता है और उसकी पत्नी उसे अपनी साड़ी मुन्नी बी के लिए देती है। पारिवारिक व्यवहार का यह निर्वाह विचारने पर विवश करता है कि भले ही दुर्भाग्य ने एक भाई को लाचार बना दिया हो, लेकिन पारिवारिक ज़िम्मेवारी से वह विमुख नहीं हो पाया है। इस पारिवारिक मानवीय सम्बन्ध को उपन्यासकार ने उसकी गहराई में जाकर परखा है और मानव-समाज में उसकी अपरिहार्यता को मज़बूती से अभिव्यंजित किया है।

'अग्निलीक' में लेखक ने मुख्य रूप से जसोदा और उसकी पोती रेवती के प्रेम-प्रसंगों का बखान करके यह दर्शाया है कि हमारे समाज में नारी की व्यक्तिगत अभिलाषा पूरी नहीं हो पाती है। जसोदा का लीला साह से प्रेम वैसा ही निरुद्देश्य रह जाता है, जैसा हमारे समाज में सामान्यतया होता है। यह सामाजिक विडम्बना नहीं, बल्कि सामाजिक यथार्थ है। और यह यथार्थ अनवरत अपनी लीक पर अग्रसर है। शरतचन्द्र चटर्जी के नारी पात्र भी समाज के इसी यथार्थ की लीक पर रहे हैं। शरत बाबू भी अपने नारी-पात्रों के लिए कुछ समाजगत आदर्श निर्देशित नहीं कर पाते हैं क्योंकि वे जानते थे कि नारी की नियति समाज की जड़ रूढ़िवादी परम्परा में इस क़दर जकड़ी है कि उससे निजात पाना मुमकिन नहीं है। इसलिए उन्होंने नारी की कारुणिक नियति को उसके हू-ब-हू स्वरूप में चित्रित करना ही अपनी रचनात्मक ज़िम्मेवारी समझी। वे देवदास को पारो का जीवनसंगी नहीं बना पाते हैं। इस पर अब कोई अतिरिक्त प्रगतिशील चिन्तक यह कहे कि शरत बाबू ने कुछ नया नहीं किया तो वैसे लोगों को क्या कहा जा सकता है? शरत बाबू ने वही दिखाया, जो है। सुलभ ने भी वही किया है, जो है। इसलिए जसोदा और रेवती को 'अग्निलीक' का राही बताकर उन्होंने समाज की वास्तविकता को दर्शाया है और हमें उस पर विचार करने के लिए उन्मुक्त छोड़ दिया है। कुछ लोग भले यह कहते हों कि जसोदा का लीला साह से मिलन न होना उस समय की सामाजिक लाचारी हो सकती है लेकिन रेवती को मनोहर से न मिलवाकर लेखक ने पाठकों को निराश किया है और रेवती जैसी मज़बूत नारी पात्र के सम्पूर्ण व्यक्तित्व को विकसित नहीं होने दिया तो यह उपन्यासकार की मंशा को चुनौती देने की हिमाकत के अलावा कुछ नहीं है क्योंकि अब धारणा यह नहीं है कि लेखक अपनी रचनाओं में समाज को कैसा होना चाहिए, इसका उल्लेख करे बल्कि इसके विपरीत आज की धारणा यह है कि समाज जैसा है, वैसा ही पाठकों के सामने रख दिया जाए। मुंशी प्रेमचन्द मानते हैं—"मैं उपन्यास को मानव चरित्र का चित्र मानता हूँ। मानव चरित्र पर प्रकाश डालना और उसके रहस्यों को खोलना ही उपन्यास का मूल तत्त्व है।" प्रसिद्ध उपन्यासकार डेविड लॉज का मानना है कि—

> मेरे उपन्यासों ने यथार्थ से कभी छुट्टी नहीं ली, उनमें वास्तविक जगत् की सार्थक पुन:प्रस्तुति है और अगर मेरे पाठक मेरे उपन्यास पढ़ते समय वास्तविक संसार की कुछ सच्चाइयों की पहचान नहीं करेंगे तो मैं ख़ुद को असफल उपन्यासकार मानूँगा।

'अग्निलीक' के कुछ नारी पात्र जसोदा और रेवती की मनोवृत्ति से अलग चरित्र का उद्घाटन करने वाले हैं। इनमें मुख्यतः रेशमा कलवारिन और गुल बानो का चरित्र ऐसा है कि उपन्यास के कथा विकास में इनकी अनिवार्य भूमिका है। और जो नारी पात्र हैं वे इन्हीं पात्रों के पूरक रूप में वर्णित हैं। रेशमा के सम्बन्ध में उपन्यास से जो जानकारी मिलती है,वह कहीं से भी बनावटी या काल्पनिक नहीं है। रेशमा जाति से नाउन थी और उसका विवाह मात्र सोलह साल की उम्र में सत्तर साल के एक बूढ़े से कर दिया गया था। सत्तर साल के बूढ़े से सोलह साल की लड़की का विवाह जिन परिस्थितियों में होता है वे परिस्थितियाँ हमारे समाज में आज भी प्रकारान्तर से हैं। कथावाचक ने बताया है कि "दो साल तक बुढ़ऊ उसकी देह की साँवली चमड़ी को कुकुर जैसा बस चाटता।" ज़ाहिर है कि रेशमा की कामवासना को उसका अक्षम पति सुलगा तो ज़रूर देता था, लेकिन उसकी कामाग्नि को बुझा नहीं पाता था। उसके पति के ही छोटे बेटे ने उसके साथ ज़बरदस्ती की, जिसे रेशमा ने अपनी शारीरिक इच्छापूर्ति के लिए सहज ही स्वीकार कर लिया, जबकि उसका पति अगर उसकी कामेच्छा को भली प्रकार पूरा कर पाता तो शायद वह उसके बेटे के आगे समर्पित नहीं होती। यहाँ शिवपूजन सहाय की 'भगजोगनी' कहानी की नायिका की याद ताज़ा हो जाती है जो सवर्ण जाति की है और अपने बूढ़े पति के बेटे के साथ अपना घर बसा लेती है। तीन सालों तक रेशमा उसकी अंकशायिनी बनी रहती है, किन्तु जब बुढ़ऊ को पता चलता तो है वह रेशमा की जी-भरकर पिटाई करता है और उसे कमरे में बन्द करके रखने लगता है। इस घटना का ज़रा भी विरोध बुढ़ऊ के छोटे बेटे ने नहीं किया जिससे रेशमा को बेहद पीड़ा हुई और एक रात वह उस नरक से भागने में सफल हुई और अपने नइहर आ गई। बुढ़ऊ ने उसे कई तरह से धमकाया, लेकिन रेशमा उस नरक में वापस नहीं गई और नइहर में ही सात-आठ साल तक चन्दन तिवारी की रखैल बनकर रही। लेकिन जब चन्दन तिवारी की पत्नी ने उससे कारुणिक विनती की तो उसने चन्दन तिवारी से नाता तोड़ लिया। इसी बीच उसकी बुआ ने अच्छेलाल साह से विवाह करने का प्रस्ताव दिया तो वह तुरन्त तैयार हो गई। यहाँ भी उसके पति से उसकी कामवासना की पूर्ति न होने पर उसने पहले तो पिंटू सिंह और बाद में सरपंच अकरम अंसारी से अपना देह-सम्बन्ध बनाया। लेकिन इसके बावजूद वह ऐसी नहीं थी कि जो चाहे वो उसके शरीर से खेल ले। सामाजिक परिस्थिति ने उसे सिखा दिया था कि इस गिद्ध समाज से कैसे निपटना है।

रेशमा कलवारिन के सम्बन्ध में कथावाचक कहता है—

> रेशमा ने इस आप्त वचन को झूठा साबित कर दिया था कि जन्म लेने के बाद जात नहीं बदलती। तीस साल की उम्र में वह रातोंरात हजामिन से कलवारिन हो गई और अच्छेलाल साह के गोतिया दयाद चिल्लाते और गाँव-जवार के लोग फुसफुसाते रह गए।

रेशमा की नियति ही ऐसी थी कि लेखक ने उसके लिए एक जगह 'सम्भोग-प्रिया' शब्द का प्रयोग किया है, जिस पर आपत्ति की गई कि जिस अबला के साथ दरोग़ा गरभू पाँड़े ने जानवर–जैसा व्यवहार करके उसके शरीर को नोचा-खसोटा और इस अति दर्दनाक और ख़ौफ़नाक़ घटना ने उसे भीतर तक मर्माहत किया, उसके लिए कथावाचक द्वारा उस दौरान की उसकी मर्मान्तक पीड़ा के चित्रण के लिए 'सम्भोग-प्रिया' का प्रयोग पुरुषजन्य लोलुप कुदृष्टि का ही परिचायक हो सकता है। लेकिन मेरे विचार से यहाँ लेखक का यह कथन रेशमा के व्यक्तित्व के उस पहलू को उजागर करने के लिए है, जिससे यह पता चलता है कि रेशमा ने अपनी दैहिक कामवासना की पूर्ति के लिए जिस किसी को भी अपनाया, दिल से अपनाया। उसने अपने पर किसी की ज़ोर-ज़बरदस्ती नहीं चलने दी। चाहे वह बुढ़ऊ का छोटा बेटा हो, चन्दन तिवारी हो, पिंटू सिंह हो या अकरम अंसारी। वह इन तीनों के लिए 'सम्भोग-प्रिया' ही थी। शारीरिक सुख से परहेज़ नहीं करने वाली रेशमा के साथ जैसा कुकृत्य गरभू पाँड़े ने किया, वह उसके लिए असह्य था, इसलिए उसे अपने-आप से घृणा का एहसास होने लग गया था। अगर हम कथावाचक के इस शब्द-प्रयोग के पहले और बाद का पाठ देखें तो यह सहज ही समझ में आ जाता है कि पुरुष कथावाचक अपने वर्णन में बिलकुल तटस्थ है—

> अपने साहस के बल पर अब तक के सारे युद्ध जीतती रही थी रेशमा। पर यह युद्ध नहीं था। यह हताश, पराजित और लज्जित समय का अश्लील नाच था, जिसे गरभू नंगा होकर नाच रहा था। ...रेशमा के पाँवों के नीचे की धरती डोल रही थी। अपने थरथराते घुटनों के बल बहुत देर तक डोलती हुई धरती पर खड़ा हो पाना कठिन था रेशमा के लिए। वह औंधे मुँह गिरी। किसी बनैले सूअर की तरह गरभू के गले से निकलकर घों-घों की भयावह आवाज़ गूँजती रही। रेशमा की देह ढीली पड़ गई थी। ...रेशमा अपने बिछावन पर चित पड़ी रही। अपनी निस्तेज आँखों से कोठरी की छत निहारती रही। दिमाग़ सुन्न था। बार-बार आँखों के सामने एक काला वलय उभरता और घूर्णाकार चक्कर काटता और लोप हो जाता।

इसलिए रेशमा के लिए प्रत्येक स्थल पर प्रसंगानुकूल विशेषणों का ही प्रयोग हुआ है। 'पाँक में धँसी सिंघी मछरी की तरह डंक मारकर छिटक' जाने वाली रेशमा ने सरपंच अकरम का दामन थामा था क्योंकि उसे अपने पति के दारू के व्यापार को भी चलाना था, लेकिन गरभू पाँड़े की निर्मम वहशी करतूत ने उसके अन्दर की उस नारी को झकझोर दिया, जो निसर्गतः आत्माभिमानी होती है। यही कारण है कि वह शमशेर की बेवा गुल बानो की मदद करती है और बाद में दारू का धन्धा बन्द कर साज-शृंगार की वस्तुओं की दुकान चलाने लगती है और फिर लीलाधर के कहने पर सरपंच का चुनाव लड़ने को तैयार हो जाती है। इस तरह रेशमा के चरित्र का विकास भी स्वभावतः ही होता है।

'अग्निलीक' की शैली प्रभावोत्पादक और बेहद रोचक है। छोटे-छोटे वाक्य-विन्यास कथा-प्रवाह को बनाए रखने में पूरी तरह से सक्षम हैं। 'हरिजन' शब्द-प्रयोग को लेकर एक समीक्षक को आपत्ति है, लेकिन कथावाचक द्वारा यह प्रयोग उसकी रचनात्मक स्वतंत्रता है, उसके कथन को परिपुष्टता प्रदान करने के लिए है। वह कोई सरकारी दस्तावेज़ तो प्रस्तुत कर नहीं रहा है कि उसे 'असंसदीय' शब्दों का प्रयोक्ता कहकर ख़ारिज कर दें। उसने 'समाज का दर्पण' प्रस्तुत किया है जो समाज का एक्स-रे करके उसके भीतर के तमाम तन्तुओं से हमें परिचित कराता है और यही उपन्यासकार की सफलता है। पात्रानुकूल शब्द-चयन एवं निर्दोष वाक्य-गठन कथा-वाचन के सर्वथा अनुकूल है। जहाँ कथावाचक अपनी ओर से पाठ करता है तो वह पाठकों को कृत्रिम नहीं प्रतीत होता है। जहाँ रचना के पात्र बोलते हैं,वहाँ की भाषा-शैली और कथन-भंगिमा इतनी गतिशील है कि पाठक उससे समरस होता जाता है और जहाँ कथावाचक अपनी तरफ़ से वर्णन करने लगता है तो वहाँ वह भाषिक चतुराई साफ़ झलकती है जो एक सफल रचनाकार के लिए आवश्यक है। इसलिए यह नहीं कहा जा सकता कि उपन्यास में कथावाचक की भाषा और पात्रों की भाषा मिलती-जुलती है। पुलिसिया भाषा का प्रयोग भी उसके अनुकूल ही है। जिसने भी पुलिस की भाषा क़रीब से सुनी होगी वह इस रचना के भाषिक प्रयोग के प्रति आश्वस्त हो सकता है। कहीं-कहीं नारी देह के चित्रण में उसके अनुकूल जिन शब्दों का चयन किया गया है और जिन नज़रों से दिखाकर उनका प्रयोग किया गया है, वे भी लेखक की पुरुषोचित लोलुप दृष्टि न होकर रचनात्मक बुनावट की सहज माँग के परिणामस्वरूप हैं—

> ढोंढ़ाई बाबा को बटुआ निकालते समय बस एक झलक दिखा था रेशमा की छाती की गोलाई का एक छोटा-सा हिस्सा और उनके नयन उसकी धवल आभा से विजड़ित हो गए थे।

पुरुष दृष्टि के इस नैसर्गिक स्वभाव के वर्णन को कुछ अति बौद्धिक पुरुष नारी-उरोज की गोलाई नापने की कामुकता समझते हैं तो यह आडम्बरयुक्त बौद्धिकता के अलावा कुछ नहीं है। यह तो एकदम सहज-स्वाभाविक दृष्टि का यथार्थ चित्रण मात्र है। इस तरह के क्षोद-क्षेम की समीक्षा लेखक की रचनात्मक ज़िम्मेवारी को 'प्रथम दृष्टया' नज़रअन्दाज़ करने वाली ही हो जाती है।

'अग्निलीक' अपने समग्र रूप में ग्रामीण जीवन-प्रवाह की मार्मिक व्यथा-कथा है, जिसमें प्रवेश करने के बाद ग्रामीण परिवेश से जुड़ी ढेर सारी यादें ताज़ा हो जाती हैं और किसी भी ग्रामवासी पाठक को लगता है कि यह तो उसी के गाँव की कहानी है क्योंकि हर गाँव में जसोदा है, रेवती है, रेशमा है, गुल बानो है, मुन्नी बी है, अकलू है, लीलाधर है, शमशेर है, नौशेर है, अकरम है। ये आज भी हैं और आगे भी रहेंगे। उपन्यासकार सुलभ की 'अग्निलीक' हिन्दी उपन्यास साहित्य की एक धरोहर के रूप में सुरक्षित रहेगी, ऐसा विश्वास किया जा सकता है। जहाँ तक कुछ त्रुटियों की बात है तो अपनी-अपनी समझ है, अभिव्यक्ति की स्वतंत्रता है। यह तो मानव स्वभाव ही है कि शुरू में कोई भी प्रयोग पसन्द नहीं किया जाता है और अच्छे-अच्छे प्रयोग की 'शव-परीक्षा' हो जाती है, किन्तु बाद में उसकी विशिष्टता उद्घाटित होती रहती है और सामान्य तथा प्रबुद्ध पाठक चमत्कृत होते रहते हैं।

मज़बूत नारी चरित्र गढ़ता 'अग्निलीक'

कुमारी उर्वशी

हृषीकेश सुलभ हिन्दी के उन लेखकों में से हैं जो लोकजीवन को रचने में सिद्धहस्त हैं। 'अग्निलीक' उनका पहला उपन्यास है। इस उपन्यास का आरम्भ और अन्त दोनों हत्याकांड से होता है। आरम्भ में जिसकी हत्या होती है वह है शमशेर साँई और आख़िर में मनोहर रजक। यथार्थ के धरातल पर खड़े इस उपन्यास में आद्योपान्त उत्कट प्रेम-प्रसंग शामिल है। उपन्यास में प्रेम की बहुतायत को देखते हुए कुछ लोग 'अग्निलीक' को प्रेम का उपन्यास ही समझ सकते हैं। मुख्य तौर पर इस उपन्यास की ख़ूबी यह है कि यह प्रेम की ज़रूरत बताता है। अगर प्रेम जीवन है तो यह उपन्यास जीवन के पक्ष में है। संक्षेप में कहें तो यह उपन्यास स्त्री के शक्ति-सम्पन्न चरित्र गढ़ता है और प्रेम को प्रतिष्ठित करता है।

'अग्निलीक' उपन्यास घाघरा नदी के आसपास के गाँवों की कथा कहता है। उपन्यास में इस सरजमीं की ख़ूबसूरती और संस्कृति का जीवन्त चित्रण है। इस परिवेश के बारे में लिखते हुए उपन्यासकार की लेखनी ऐसे चलती है जैसे वर्णन करते हुए उन्हें बेहद आन्तरिक सुकून मिल रहा हो। एक-एक शब्द पर ठहर-ठहरकर उन्होंने लिखा है। वह लिखते हैं—

> घाघरा की मुख्यधारा से फूटकर कई छाड़न धाराएँ भाँवर काटती हुई अमरपुर तक पहुँचती थीं। गंगा माई से मिलने जाती हैं घाघरा—यह तो सब लोग जानते थे, पर आती कहाँ से हैं; इस पर बड़े-बूढ़े भी एकमत नहीं थे।
>
> दूर देश से आती थीं घाघरा। हिमालय से निकलकर चलतीं कर्णाली नदी बनकर। पहाड़ों-घाटियों को पार करतीं,...किसिम-किसिम की भूमि का रसपान करतीं,... राजा राम के नगर में बहकर सरयू नाम की महिमा को धारण करती और कई नदियों-नालों के जल को सहेजती सँभालतीं युगों से बह रही थीं घाघरा। मानसरोवर का जल रिस-रिस कर रावणह्रद में

पहुँचता और इसी रावणह्रद से विवर बन फूटतीं कर्णाली नदी बनकर। फिर तिब्बत की दुर्गम भूमि में लहराती-बलखाती आगे बढ़तीं। तिब्बत के अन्तिम गाँव शर से विदा लेकर नेपाल के लिए यारी दर्रे में प्रवेश करतीं। वासिष्ठी, हुम्ला, लहगु, मुगु, ठुलो, भेरी आदि नदियों से समागम करतीं। अच्छाम पर्वत शृंखला को केंचुल की तरह लपेटती कर्णाली से जब सेती नदी का मिलन होता, धुंड्रा भी आकुल होकर मिलने आ पहुँचती। यहाँ से आरम्भ होती कर्णाली की तराई यात्रा। धौलागिरि के पश्चिमी क्षेत्र व्यास हिमाल और मानसखंड के अनन्त जल-स्रोतों की विशाल जलराशि को धारण कर कर्णाली जब चूरे पहाड़ के शिखर से घर्घर नाद करती हुई गिरतीं, उन्हें घर्घरा विशेषण मिलता। यही विशेषण आगे चलकर संज्ञा बनता और कर्णाली घाघरा बन जातीं। उद्दाम यौवन के वेग से बहुगुणित होता घाघरा का सौन्दर्य। नये समागम को आकुल, उल्लसित और भव्य यौवन की अकूत शक्ति से अपनी बाँहों में बाँधकर कठोर और विशाल चट्टानों का मान-मर्दन कर उन्हें चूर-चूर करती हुई घाघरा बहती जातीं। अपनी तीक्ष्ण लहरों की चितवन से अपने ऊपर मँडराते मेघों को भेदतीं और बरसने के लिए विवश करतीं। ...अपने तटों पर पुरों-नगरों को बसातीं, इतिहास और मिथक रचतीं और मनुष्यों को जिजीविषा सौंपती घाघरा प्रवाहित थीं युगों से।

इस घाघरा नदी के बहाने बिहार की बदलती जातीय-राजनीतिक संरचना की कथा कहता है कथाकार। घाघरा जितना व्यापक फ़लक है इस उपन्यास का, जहाँ एक तरफ़ कलाली का धन्धा है, जुआरी हैं, शराबी हैं, गंजेड़ी हैं तो दूसरी तरफ़ दादी जसोदा से पोती रेवती तक प्यार की ख़ामोश अन्तर्धारा भी बहती है। इस उपन्यास में चार पीढ़ियों की कथा है, जातीयता है, वर्तमान दौर की राजनीति है, वंशवाद है, लीलाधर यादव के वर्चस्व की कहानी है, जिसमें उनकी पोती रेवती राजनीति का मोहरा बनती है और उसके प्रेमी को मौत मिलती है। उपन्यास के स्त्री पात्र अपनी संवेदना व संघर्ष में इसलिए विलक्षण महसूस होते हैं क्योंकि उनके व्यक्तित्व की दृढ़ता दिलो-दिमाग़ में देर तक ठहरी रहती है। जसोदा, रेवती, रेशमा, गुल बानो, मुन्नी, कुन्ती, सब की अपनी कहानियाँ, अपनी व्यथा लेकिन एक बात सब में प्रमुख है कि इनका चरित्र सशक्त है।

अकलू डकैती डालकर घर आए हैं तब जसोदा की प्रतिक्रिया का लेखक ने कुछ ऐसे वर्णन किया है कि आप मज़बूत स्त्री के अन्तर्मन को कहीं गहराई से समझ सकते हैं। कथाकार सुलभ लिखते हैं—

> जसोदा घर के भीतर ज़मीन पर बिछी चटाई पर अठान कठान डाले पसरी थी। बियफी अपने पोते के साथ पलानी में। सोना-चाँदी के गहनों और सिक्कों वाली वह पोटली, जिसे लेकर लौटे थे अकलू यादव, उसे जसोदा ने हाथ तक नहीं लगाया था। वह घूरे पर फेंकी हुई किसी फालतू सामान की तरह घर में पड़ी थी। बाहर चँचरी पर चित सोए हुए अकलू आसमान निहार रहे थे।

जसोदा जैसी सशक्त स्त्री उस रास्ते से अर्जित धन नहीं छूती जिस रास्ते को अकलू यादव ने पैसा कमाने के लिए चुना है।

ऐसी कमाई को जसोदा हाथ नहीं लगाना चाहती उसका हृदय कहीं भीतर तक आहत है। जसोदा रोती भी है तो कंठ दाबकर क्योंकि "वह नहीं चाहती थी कि उसके रोने की आवाज़ सास तक पहुँचे और जो भी चल रहा है उसके और अकलू के बीच, उसका भेद खुल जाए। उसके कलेजे में उठती हूक उसे मथ रही थी और वह न रो पा रही थी और न अकलू से झगड़ पा रही थी। उस दिन घर छोड़कर निकलने से पहले उसने अकलू से बहुत विनती की थी। पर अकलू ने उसकी एक न सुनी। अपनी मनमर्ज़ी करने निकल गए थे। ब्याह के कुछ ही महीनों बाद, गर्भ के दिनों से ही सात साल का बिछोह काटा था जसोदा ने और यह बिछोह उसके कलेजे में घाव बनकर रिस रहा था। सूखना तो दूर, न फूटता था और न बहता था पूरी तरह।" अब यह नया घाव! वह अकलू को इस रास्ते से हटाना चाहती थी पर उसे अकलू की ज़िद के आगे रास्ता नहीं समझ आ रहा था।

सिर्फ़ स्त्री पात्र की विलक्षणता ही नहीं लेखक द्वारा प्रयुक्त भाषा, लोकगीत और परिस्थितियों का यथार्थ चित्रण पाठकों को अनायास ही समृद्ध बना जाता है। खंडित खँडहर, नदी, पोखर, लहरें, शापित वृक्ष सभी वाचाल हैं 'अग्निलीक' की कथा में। लँगटू ब्रह्म गाँव में स्थित पीपल महाराज हैं जिनके दरबार में भूल-चूक की क्षमा बिलकुल नहीं मिलती है। अमरपुर में घाघरा के तट पर शाहजहाँ द्वारा बनवाई एक ख़ामोश, उपेक्षित अधूरी मस्जिद है जहाँ जसोदा-लीला साह की अधूरी प्रेम कहानी बनी है।

'अग्निलीक' उपन्यास की कथा जो शमशेर साँई के क़त्ल से शुरू होती है और अन्त तक उसकी गुत्थी मुखिया लीलाधर यादव और सरपंच अकरम अंसारी के बीच रहस्यमय बनी रहती है, की एक सशक्त पात्र लीलाधर की पोती रेवती भी है। असल में टूटते सामन्तवाद के युग में अपने वर्चस्व को बनाए रखने की राजनीति क्या हो सकती है, इसे भावी मुखिया लीलाधर यादव की पोती रेवती के ज़रिये लेखक ने गहराई से साधा है। उससे बिहार की राजनीति में गहरी जड़ें जमा चुके वंशवाद को भी देखा-समझा जा सकता है। साथ ही लेखक ने रेशमा कलवारिन के रूप में एक उभरती हुई स्त्री शक्ति का भी इस्तेमाल किया है। जीवन के कई मोड़ों

से गुज़री रेशमा कलवारिन के साथ लेखक ने इतनी आत्मीयता बरती है कि उसका चरित्र बेहद खुलकर सामने आया है। स्त्री चरित्रों की अविस्मरणीय कथा बाँचता है यह उपन्यास। प्रेम में रँगी जसोदा, उसकी पोती रेवती, सरपंच अकरम अंसारी के साथ बिन ब्याहे रहनेवाली उसी की फुफेरी बहन मुन्नी बी, शमशेर साँई की बेवा गुल बानो, सब अलग-अलग परिवेश, स्वरूप, गुण की होते हुए भी उपन्यास को अद्‌भुत एवं सशक्त रूप से स्त्री केन्द्रित बना देती हैं। यह विशेषता हृषीकेश सुलभ को अपने पूर्ववर्ती और समकालीन कथाकारों से अलग करती है। वर्ग, वर्ण और स्थान से अलग तमाम स्त्रियों के दुखों और स्वप्नों में एक ख़ास तरह की साझेदारी लेखक ने चित्रित की है। यह साझेदारी पाठकों को इन स्त्री पात्रों में एक अद्‌भुत क्षमता के दर्शन करवाती है। रेशमा, जसोदा, कुन्ती, रेवती, रामझरी, नबीहा, नाज़ बेगम, गुल बानो, मुन्नी बी जैसी स्त्रियों के चरित्र और व्यक्तित्व में व्याप्त इस्पाती दृढ़ता इस उपन्यास की सबसे बड़ी ताक़त और एक तरह से अस्मिता है। लेखक ने इन पात्रों को इतना जीवन्त और सशक्त बनाया है कि उपन्यास की समाप्ति के बाद कई दिनों तक यह पात्र आपको अपने आसपास घेरे हुए से महसूस होते हैं। हर स्त्री पात्र अपनी निश्चित कथा लेकर उपन्यास में मौजूद है और अपना व्यक्तित्व स्वयं गढ़ रही है। स्त्री पात्रों में अलौकिकता नहीं यथार्थ दिखता है। बावजूद इसके यह सभी यथार्थवादी स्त्री पात्र आपको विशिष्ट छवि का बोध कराते हैं।

यह उपन्यास एक स्त्री के अपूरित स्वप्न को दूसरी स्त्री के स्वप्न में विस्तारित करता है (जसोदा से रेवती), यह स्त्री के द्वारा अपनी पहचान स्थापित करना भी कहा जा सकता है। यहाँ जो स्त्रियाँ हैं, केवल भोग की वस्तु नहीं हैं, वे मुक्ति का साहस भी रचना जानती हैं। इस मुक्ति को छीनकर लेने वालों में मुझे सबसे ज़्यादा रेशमा का चरित्र आकर्षित करता है। रेशमा कलवारिन का लेखक ने जो चित्रण किया है उसे पढ़ें तो आपको हिन्दी साहित्य के 10 मज़बूत और सशक्त स्त्री पात्रों में इसे रखना होगा। रेशमा को जब एक बूढ़े व्यक्ति, अच्छेलाल से ब्याह दिया जाता है तो उस बूढ़े व्यक्ति ने उसके व्यक्तित्व को सही तरीक़े से पहचाना और इसकी राह में रुकावट बनने की कोशिश नहीं की। इस प्रसंग में लेखक ने वर्णित किया है—

> रेशमा के बीते जीवन के बारे में उनकी रुचि नहीं थी। न रेशमा ने कभी कुछ बताया। और न उन्होंने कुछ पूछा। वह क्या पूछते रेशमा से और जानकर करते भी क्या? जितना बताया था पतिया ने वही काफ़ी था उनके लिए। उनकी गरदन में उनके ही बाल-बच्चे फाँस की तरह लटके थे और उनका दम घुट रहा था। भला हो पतिया का जिसने रेशमा को उनकी चौखट तक पहुँचा दिया। रेशमा न मिली होती, तो अब तक बेटे और बहुएँ मिलकर उनकी चिता फूँक चुके होते। अच्छेलाल साह को जितना पतिया ने बताया था, उससे इतना तो समझ गए थे वह कि रेशमा के

सुख-दुख रेशम जैसे मुलायम नहीं। ...पर हाँ, ऊपर से चाहे वह जितनी तीखी और धार वाली दिखती हो, भीतर ही भीतर रेशम का गुच्छा ही है। उनके घर आ बैठने के बाद रेशमा ने चाहे पिंटू सिंह हों या अकरम अंसारी, न तो अच्छेलाल के हित से कोई समझौता किया और न अपनी लालसाओं से। जब पिंटू सिंह ने रेशमा के मन को मारकर उसकी देह पर क़ाबिज़ होना चाहा, उसने बीच बाज़ार छाती ठोककर उन्हें विलगा दिया। सारा गाँव दम साधे देखता रह गया और रेशमा ने उनकी जवानी पर थूक दिया। पिंटू सिंह की ढीली गाँठ और कमर के कस-बल की ऐसी पोल खुली कि वे कहीं के न रहे। पाँक में धँसी सिंधी मछरी की तरह डंक मारकर छिटक गई रेशमा और इस-बिस करते रह गए पिंटू सिंह।

यही रेशमा बाद में राजनीति में भी कूद जाती है। भले ही इसके पीछे वजह महिलाओं को राजनीति में आरक्षण मिलना रहा। महिलाओं ने अपने अधिकारों को पहचाना। इस परिवर्तन की हलचल हम यहाँ 'अग्निलीक' में देख सकते हैं। रेवती, रेशमा और नाज़ बेगम का राजनीति में हस्तक्षेप बिहार क्षेत्र के इस अंचल विशेष में हो रहे परिवर्तन के रूप में देखा जा सकता है।

इस उपन्यास में स्त्रियों की स्थिति को दो स्वरूपों में देख सकते हैं—एक वर्ग है सम्पन्न स्त्रियों का जहाँ सामन्तवादी व्यवस्था के अन्तर्गत मान-मर्यादा और इज़्ज़त के तहत स्त्री के अधिकारों और स्वतंत्रता की डोर पुरुषों ने अपने हाथों में ले रखी है जिसमें जसोदा से लेकर चौथी पीढ़ी की रेवती तक शिकार है। उपन्यास में मास्टर और मनोहर की हत्या इसका उदाहरण है। दूसरी ओर वह स्त्री है जो शारीरिक और मानसिक रूप से प्रताड़ित है, किन्तु विद्रोहिणी है। रेशमा, नाज़ बेगम और मुन्नी बी को हम इस श्रेणी में रख सकते हैं। समाज की अव्यवस्था को सँभालने के लिए इन स्त्रियों का विद्रोह और साहस बहुत आवश्यक लगता है। इन स्त्रियों की भोली-भाली आस्थाएँ, इनके विश्वास, मिथक पाठकों को सम्मोहित करते हैं।

दुख, दुख को टेर रहा था

राजा राम भादू

एक अरसे बाद कोई अच्छा उपन्यास पढ़ने को मिला, अन्यथा तो विवरण और विचार बोझिल ऐसे उपन्यास मिले थे जिन्हें पढ़ना ही काफ़ी दुष्कर रहा था। हृषीकेश सुलभ को एक रंगकर्मी और रंग-समीक्षक के रूप में जानता रहा हूँ। वे कहानियाँ भी लिखते हैं, इसकी सरसरी जानकारी है। लेकिन उन्हें पढ़ा पहली बार है और वह भी उनका पहला उपन्यास 'अग्निलीक'। हाल ही में उनके दूसरे उपन्यास के छपकर आने की ख़बर आ गई है और इस उपन्यास ने उसके प्रति उत्सुकता बढ़ा दी है।

'अग्निलीक' का कथानक घाघरा और गंडक नदी के अंचल में अवस्थित है, ब्लर्ब की टिप्पणी में रेणु की आंचलिक परम्परा से जोड़ते हुए इसे पुरबियों के जीवन परिवर्तन की कथा कहा गया है। यदि अंचल से संलग्नता के स्तर पर यह साम्य देखा जाए वहाँ तक तो ठीक है लेकिन हृषीकेश जी ने यथार्थ के अधुनातन रूप को प्रयुक्त किया है और भाषा में वे स्थानीय शब्दावली का सहज प्रत्यावर्तन करते हैं। यहाँ तक कि वे स्थानीय लोकगीतों के भावानुवादों का इस्तेमाल करते हैं, यदि उन्हें इटैलिक न किया गया होता तो कथा-प्रवाह से अलगाना मुश्किल था।

...क्यों रो रही हो तुम? कैसा विलाप है यह? क्या कोख नहीं हरी हुई तुम्हारी? बाँझ हो तुम या पति ने ठुकरा दिया है तुम्हें? ...न मैं बाँझ और न पति ने ठुकराया मुझे। मैंने अभी-अभी जनमा है एक होरिला। पर मेरी महतारी ने मेरे भाई को नहीं भेजा। बाबा नहीं आए पियरी लेकर। मेरा पति परदेस में है और ससुराल में हर कोई ताने मार रहा।

ई एम फोर्स्टर ने बताया है कि उपन्यास को अन्य कलाओं से अलग करने वाली बड़ी विशेषता यह है कि उसमें गुप्त जीवन को प्रत्यक्ष करने की शक्ति है। इस प्रकार यह कला कविता, या नाटक, या सिनेमा, या पेंटिंग अथवा संगीत से यथार्थ का एक भिन्न दृश्य प्रस्तुत करती है। 'अग्निलीक' का वृत्तान्त अनेक रहस्यों को उद्घाटित करता है लेकिन अपराध-कथाओं के अर्थ में नहीं, जीवन-सत्य के प्रतिस्थापन में। हालाँकि इसकी शुरुआत शमशेर साँई की हत्या से होती है।

सीवान को हम राजनीतिक अपराधियों के कारण जानते रहे हैं जिन्हें मीडिया बाहुबली कहकर सम्बोधित करता रहा है। उपन्यास में वे सुपरमैन नहीं, निरे मनुष्य हैं और वस्तु-स्थितियों की ठोस द्वंद्वात्मकता के प्रतिफल हैं। वे हिन्दू-मुस्लिमों में विभाजित हैं लेकिन इन साम्प्रदायिक श्रेणियों के भी दलित और पिछले अन्त:स्तर हैं तथा इनकी अपनी गतिमयता है। फील्डिंग ने उपन्यास के लिए कुछ ज़रूरी अर्हताएँ प्रस्तावित की हैं। इनमें एक है—सभी श्रेणियों और लोगों के साथ अपनत्व स्थापित करने की क्षमता, और हृषीकेश जी की अपनी ज़मीन के प्रति ऐसी रागात्मकता है।

मार्क्सवादी आलोचक रॉल्फ़ फ़ॉक्स मानते थे कि मानवीय अस्तित्व व्यक्ति की चेतना की निर्मिति करता है। 'अग्निलीक' के स्त्री चरित्रों के प्रसंग में हम अस्तित्वगत प्रस्थिति और चेतना के गतिमान सम्बन्ध को देख सकते हैं। इनमें दो स्त्रियाँ अपनी रखैल जैसी स्थिति से मुक्त होकर अपना व्यक्तित्वान्तरण करती हैं। "...वह रेशमा कलवारिन से कायान्तरित होकर उस लोककथा की नायिका बन गई थी, जो अपने प्रिय के छल के बाद अपने अन्त:पुर के वज्र किवाड़ों को बन्द कर लेती है।" ...तीसरी मेधावी युवा लड़की अपनी पसन्द के अनुसार चयन की आज़ादी की बलि चढ़ जाती है। लेकिन यह उपन्यास किन्हीं तयशुदा फ़ार्मूलों में अपघटित नहीं होता है। यदि किसी समुदाय में परिवर्तन के लिए सचेत और सुनियोजित सामूहिक प्रयत्न नहीं किये जाते तो वहाँ व्यक्ति वैसी ही प्रतिक्रिया करते हैं जैसे कि विभिन्न परिस्थितियों में वे बने हैं। परिणामस्वरूप जो कुछ प्रकट होता है, वह कुछ ऐसा होता है जिसकी किसी ने भी इच्छा नहीं की थी। यही इस वृत्तान्त में घटित होता है।

'अग्निलीक' में लेखक का कहीं प्रत्यक्ष दख़ल नहीं है जबकि वह हर कहीं है। आजकल तो लेखक अक्सर सामने से हटते ही नहीं। कभी फ्लाबेयर ने कहा था कि कला चूँकि एक दूसरी प्रकृति है इसलिए इस प्रकृति के स्रष्टा को भी वैसे ही तरीक़ों से काम लेना चाहिए; हर एक अणु में, इसके हर पहलू में, उसके गुप्त और अनन्त अस्तित्व का बोध होना चाहिए। हृषीकेश इसे सहजता से साध लेते हैं। कुछ इस तरह—

> एक-सी ज़िन्दगी के वलय के भीतर बनी पगडंडियों पर सरक रही थीं दोनों। उनकी देहों की छायाएँ एकाकार होकर ढलान की दूब पर पसर रही थीं और आत्माओं की प्रतिध्वनियाँ जाकर सँपही के पेट में लोट रही थी। जल के अभाव में नंगे पत्थर के छोटे-छोटे टुकड़ों से भरा पेट लिये सँपही का तट पीछे छूट रहा था।

बता दें कि यहाँ उल्लिखित सँपही एक बरसाती नदी है जो देवली के किनारे बहती है। और इन दुखियारी महिलाओं के बीच पनपते इस रिश्ते को स्त्रीवाद में सिस्टरहुड कहते हैं। अनेक उपाख्यान और अन्तर्कथाएँ लिये इस उपन्यास के कथानक का संजाल विन्यस्त है।